21世纪高等学校电子商务专业系列教材

电子商务
理论与案例分析 第3版 微课视频版

◎ 曲翠玉 仲伟娜 主 编
宋秀苗 李亚津 副主编

清华大学出版社
北京

内 容 简 介

本书系统地介绍了电子商务知识框架各方面的基本理论和知识，包括电子商务概述、电子商务技术基础、网络支付、电子商务的安全、电子商务的物流、跨境电子商务、移动电子商务、电子政务等。在此基础上，以案例分析的形式详细介绍了电子商务中各种商业模式实践，包括 B2C、B2B、C2C、C2B、O2O、网络社区、网络营销、电子商务的数据分析等最新电子商务实践。本书既强调知识的科学性、系统性与先进性，又注重与电子商务的创新实践相结合。

本书可作为普通高等学校管理类、经济类、计算机类、信息类相关专业的教材，也可作为广大电子商务工程、项目管理及网络营销人员等的培训教材，同时还可作为相关领域高级管理人员的参考书。

本书封面贴有清华大学出版社防伪标签，无标签者不得销售。

版权所有，侵权必究。举报：010-62782989，beiqinquan@tup.tsinghua.edu.cn。

图书在版编目(CIP)数据

电子商务理论与案例分析：微课视频版/曲翠玉，仲伟娜主编. —3 版. —北京：清华大学出版社，2022.9 (2025.7重印)

21 世纪高等学校电子商务专业系列教材

ISBN 978-7-302-61546-0

Ⅰ.①电… Ⅱ.①曲… ②仲… Ⅲ.①电子商务—案例—高等学校—教材 Ⅳ.①F713.36

中国版本图书馆 CIP 数据核字(2022)第 143789 号

责任编辑：陈景辉
封面设计：刘 键
责任校对：郝美丽
责任印制：杨 艳

出版发行：清华大学出版社
    网 址：https://www.tup.com.cn,https://www.wqxuetang.com
    地 址：北京清华大学学研大厦 A 座 邮 编：100084
    社 总 机：010-83470000 邮 购：010-62786544
    投稿与读者服务：010-62776969, c-service@tup.tsinghua.edu.cn
    质量反馈：010-62772015，zhiliang@tup.tsinghua.edu.cn
    课件下载：https://www.tup.com.cn, 010-83470236

印 装 者：三河市君旺印务有限公司
经 销：全国新华书店
开 本：185mm×260mm 印 张：17.5 字 数：426 千字
版 次：2015 年 1 月第 1 版 2022 年 9 月第 3 版 印 次：2025 年 7 月第 2 次印刷
印 数：1501～1800
定 价：59.90 元

产品编号：093317-01

前言

随着信息社会的到来,信息技术的发展给人们的工作、学习、生活方式带来了巨变。在线上可以在京东、淘宝以及海淘网站进行购物,在线下可以使用微信、支付宝进行支付,出行时可以使用各种网约车软件,通过收集 App 可以轻松搞定火车票、机票等,外出就餐之前可以搜索口碑饭店……而电子商务作为"互联网+"的起点,在这样的环境下,更要进一步改进和创新运营策略,以便更好地为自身和其他行业互联网化提供良好的保障。

本书是《电子商务理论与案例分析》的第 3 版,继续保留原教材的特点——注重教材的可读性和实用性,许多案例经过精心考虑,既能帮助理解知识,又具有启发性。本书增加了一些新的内容,如微信支付、微信营销、跨境电子商务和电子商务的数据分析,并替换了一些陈旧的案例。

本书共 14 章,分两篇。第一篇为"电子商务理论基础",主要介绍电子商务的概念、电子商务的关键技术、电子商务的结构和环境、电子商务的相关支撑;第二篇为"电子商务模式与应用创新",以分析典型案例的形式,介绍电子商务的各种商业模式,包括运营模式、盈利模式等。每章包括本章学习目标、内容介绍、案例分析、思考与实践等板块。通过选择具有时代意义的典型电子商务案例,激发学生对电子商务的兴趣并引导他们对知识点的理解;每章后附有相应的思考题和实践操作,可操作性强,以强调实践训练。

本书特色

(1) 理论与实践相互融合。本书由浅入深地介绍理论知识,并将其与实际应用案例相结合,案例选材贴近读者的生活,易于理解和掌握。

(2) 内容合理、主线清晰。以应用和创建电子商务环境为主线,在介绍运作、管理电子商务的知识后,带领读者掌握电子商务系统的知识和技能。

(3) 体系完整、适作教材。本书涵盖电子商务理论基础、电子商务模式与应用创新两大部分,充分融入实际应用案例,适合全国高等学校选为教材。

配套资源

为便于教与学,本书配有微课视频、教学课件、教学大纲、教案、教学日历、习题答案。

(1) 获取微课视频方式:读者可以先刮开并扫描本书封底的文泉云盘防盗码,再扫描书中相应的视频二维码,观看视频。

(2) 其他配套资源可以扫描本书封底的"书圈"二维码,关注后回复本书书号,即可下载。

本书可作为普通高等学校管理类、经济类、计算机类、信息类相关专业的教材,也可作为广大电子商务工程、项目管理及网络营销人员等的培训教材,同时还可作为相关领域高级管理人员的参考书。

本书由大连理工大学城市学院的曲翠玉、大连市金家街第二小学仲伟娜担任主编，大连理工大学城市学院的宋秀苗和东北大学的李亚津担任副主编，曲翠玉负责组织编写、统稿、修改和定稿。具体分工为：第1、2章由仲伟娜编写，第3、4章由宋秀苗编写，第5、6章由李亚津编写，第7～14章由曲翠玉编写。

在本书的编写过程中，作者直接或间接地参考和借鉴了许多国内外的资料。出于教学的需要，对引用的资料做了一定的修改，在此对有关作者深表谢意！

由于作者水平有限，书中难免有不妥之处，恳请诸位同行专家及教师、学生和广大读者批评指正。

作　者

2022年5月

目 录

第一篇 电子商务理论基础

第1章 电子商务概述 3
1.1 电子商务的产生与发展 3
- 1.1.1 电子商务的产生 4
- 1.1.2 国内外电子商务的发展概况 4
- 1.1.3 电子商务的发展阶段 6
- 1.1.4 推动电子商务发展的积极因素 7

1.2 电子商务的概念 8
- 1.2.1 国际化组织对电子商务的定义 8
- 1.2.2 世界知名公司对电子商务的定义 9
- 1.2.3 电子商务的定义 10

1.3 电子商务的分类 11
- 1.3.1 按交易涉及的对象分类 11
- 1.3.2 按交易活动的地理范围分类 13
- 1.3.3 按交易涉及的商品内容分类 13
- 1.3.4 按使用的网络类型分类 14

1.4 电子商务的功能与特点 14

1.5 电子商务的意义 16
- 1.5.1 电子商务对传统企业的影响 16
- 1.5.2 电子商务的突破方向 20

1.6 思考与实践 21

第2章 电子商务技术基础 23
2.1 EDI 技术 23
- 2.1.1 EDI 系统概述 23
- 2.1.2 EDI 系统的组成 24
- 2.1.3 EDI 系统的实现过程 25
- 2.1.4 EDI 系统的应用 26

2.2 计算机网络技术 27
2.2.1 互联网的产生与发展 27
2.2.2 互联网的接入技术 29
2.2.3 网络协议和网络的体系结构 31
2.2.4 IP 地址与域名 34
2.2.5 Internet 的主要功能 38
2.2.6 Internet 的扩展 40
2.2.7 构建 Internet 网站 41
2.3 Web 应用技术 42
2.3.1 Web 的应用系统模式 42
2.3.2 网络标记语言 43
2.3.3 系统开发技术 45
2.4 新兴电子商务技术 47
2.4.1 个性化推荐技术 48
2.4.2 产品智能搜索技术 49
2.4.3 移动电子商务技术 50
2.4.4 软件即服务 51
2.4.5 云计算技术 52
2.5 思考与实践 53

第 3 章 网络支付 54
3.1 网络支付的基本理论 54
3.1.1 支付方式的发展过程 54
3.1.2 网络支付的基本功能 55
3.1.3 网络支付的特征 56
3.1.4 网络支付系统的构成 57
3.2 网络支付工具 58
3.2.1 信用卡支付 58
3.2.2 电子现金支付 59
3.2.3 电子钱包支付 61
3.3 第三方支付 61
3.4 微信支付 63
3.4.1 微信支付的背景分析 63
3.4.2 微信支付的模式和流程 64
3.4.3 微信支付的商业模式 66
3.4.4 案例——微信支付和体验式营销 67
3.5 中国网上银行的开拓先锋——招商银行网上银行 68
3.5.1 发展概况 69
3.5.2 技术模式 72

    3.5.3　效益分析与主要特色 ·· 72
    3.5.4　问题与建议 ·· 74
  3.6　思考与实践 ·· 74

第4章　电子商务的安全 ·· 76
  4.1　电子商务安全概述 ·· 76
    4.1.1　电子商务的安全问题 ·· 76
    4.1.2　电子商务的安全要求 ·· 78
  4.2　电子商务安全技术 ·· 78
    4.2.1　防火墙技术 ·· 78
    4.2.2　入侵检测系统 ·· 79
    4.2.3　加密技术 ·· 79
    4.2.4　认证技术 ·· 81
  4.3　电子商务安全协议 ·· 84
    4.3.1　SSL协议 ·· 84
    4.3.2　SET协议 ·· 85
  4.4　网络身份安全与信用认证服务商——天威诚信 ···························· 86
    4.4.1　企业发展概况 ·· 86
    4.4.2　业务范畴 ·· 86
    4.4.3　数字证书在联想订单系统的应用 ······································ 87
  4.5　思考与实践 ·· 89

第5章　电子商务的物流 ·· 90
  5.1　电子商务物流概述 ·· 90
    5.1.1　物流的含义 ·· 90
    5.1.2　电子商务与物流的关系 ·· 91
  5.2　传统企业实施电子商务的要素 ··· 93
  5.3　电子商务企业物流配送模式 ·· 95
    5.3.1　物流的分类 ·· 95
    5.3.2　企业选择物流运作模式 ·· 96
  5.4　用网络创造蓝色新经济——中国国际海运网 ······························· 98
    5.4.1　关于shippingchina——中国海运第一网 ·························· 98
    5.4.2　引擎篇——一统海运，再组商机 ····································· 99
    5.4.3　赢运篇——赢在运营，成于超值 ····································· 100
  5.5　思考与实践 ·· 102

第6章　跨境电子商务 ··· 103
  6.1　跨境电子商务概述 ··· 103
  6.2　跨境电子商务的交易模式 ·· 104
  6.3　跨境电子商务平台 ··· 105

6.4 跨境物流 ·········· 105
6.5 跨境支付 ·········· 106
6.6 兰亭集势：外贸电商龙头是怎样炼成的 ·········· 107
 6.6.1 商业模式 ·········· 108
 6.6.2 营销策略 ·········· 109
 6.6.3 技术模式 ·········· 110
6.7 思考与实践 ·········· 110

第7章 移动电子商务 ·········· 112

7.1 移动电子商务概述 ·········· 112
 7.1.1 移动电子商务的发展 ·········· 112
 7.1.2 移动电子商务的内容 ·········· 113
 7.1.3 移动电子商务的特点 ·········· 116
7.2 移动电子商务技术 ·········· 117
 7.2.1 无线通信技术 ·········· 117
 7.2.2 无线通信网络技术 ·········· 118
 7.2.3 无线通信协议 ·········· 123
 7.2.4 移动应用平台 ·········· 124
 7.2.5 移动通信终端 ·········· 125
7.3 移动电子商务的业务与应用 ·········· 126
7.4 移动电子商务未来发展趋势 ·········· 128
7.5 可口可乐"数据空港"移动商务营销案例 ·········· 129
7.6 思考与实践 ·········· 131

第8章 电子政务 ·········· 132

8.1 电子政务概述 ·········· 132
 8.1.1 电子政务的相关概念 ·········· 132
 8.1.2 电子政务的应用模式 ·········· 136
 8.1.3 国外电子政务的发展 ·········· 139
 8.1.4 中国电子政务的发展 ·········· 141
8.2 电子政务的体系结构 ·········· 142
 8.2.1 电子政务的网络结构 ·········· 143
 8.2.2 电子政务的总体结构 ·········· 144
8.3 大数据时代的电子政务数据中心 ·········· 146
 8.3.1 大数据时代 ·········· 146
 8.3.2 大数据处理的核心技术 ·········· 148
 8.3.3 大数据分析的五个经典案例 ·········· 151
 8.3.4 大数据处理带来数据中心的变革 ·········· 153
8.4 指尖上的电子政务——南京市政务App ·········· 154
8.5 思考与实践 ·········· 156

第二篇 电子商务模式与应用创新

第9章 企业对个人的电子商务——B2C模式 161
9.1 B2C电子商务概述 161
9.1.1 B2C电子商务的业务流程 161
9.1.2 网上交易商品类型分析 163
9.1.3 B2C电子商务模式的类型 165
9.1.4 我国B2C电子商务的发展特色及存在问题 167
9.2 中国网上零售传奇——天猫 171
9.2.1 从淘宝商城到天猫 171
9.2.2 天猫商业模式创新 173
9.2.3 天猫核心竞争力 174
9.3 商品垂直到用户——京东商城 175
9.3.1 京东商城发展概况 176
9.3.2 商业模式 177
9.3.3 技术模式 179
9.3.4 资本模式 180
9.3.5 发展前景 180
9.4 B2C网站的盈利模式总结 180
9.5 思考与实践 181

第10章 企业间的电子商务——B2B模式 183
10.1 B2B电子商务概述 183
10.1.1 我国B2B电子商务发展现状 183
10.1.2 B2B电子商务涉及的环节 185
10.1.3 B2B电子商务的模式 185
10.1.4 B2B电子商务的利润来源 187
10.1.5 我国B2B电子商务的发展瓶颈 189
10.2 培育开放、协同的电子商务生态系统——阿里巴巴 190
10.2.1 阿里巴巴发展概况 191
10.2.2 阿里巴巴业务板块 192
10.2.3 阿里巴巴商业生态系统 194
10.2.4 阿里巴巴信用体系 196
10.2.5 打造新商业文明——网商、网货、网规 196
10.2.6 阿里巴巴的收入来源及构成 197
10.3 微创新培育竞争优势——网盛生意宝 198
10.3.1 发展概况 198
10.3.2 微创新构建竞争优势 199

　　　　10.3.3　多维扩展业务 ·· 201
　　10.4　思考与实践 ·· 203

第 11 章　消费者间的电子商务——C2C 模式 ··· 204

　　11.1　C2C 电子商务概述 ·· 204
　　　　11.1.1　中国 C2C 电子商务的发展 ··· 204
　　　　11.1.2　C2C 电子商务的盈利模式 ·· 206
　　11.2　闲鱼：让闲置游动起来 ··· 207
　　　　11.2.1　我国二手交易市场概况 ·· 207
　　　　11.2.2　闲鱼与转转的对比分析 ·· 208
　　　　11.2.3　闲鱼为何能快速发展 ··· 210
　　　　11.2.4　闲鱼目前存在的问题与不足 ·· 210
　　　　11.2.5　解决对策和建议 ··· 211
　　　　11.2.6　借鉴与启示 ··· 212
　　11.3　思考与实践 ·· 212

第 12 章　其他业务模式 ·· 214

　　12.1　C2B 平台服务类：品质团购每一天——聚划算 ·································· 214
　　　　12.1.1　发展轨迹 ··· 214
　　　　12.1.2　聚划算运营模式 ··· 216
　　　　12.1.3　聚划算策略分析 ··· 217
　　12.2　网聚效应：开创消费者点评新模式——大众点评网 ·························· 218
　　　　12.2.1　草根模式的崛起与发展 ·· 218
　　　　12.2.2　主要功能与合作运营模式 ·· 219
　　　　12.2.3　盈利模式 ··· 220
　　12.3　比较购物搜索引擎——一淘网 ·· 222
　　　　12.3.1　一淘网的前世今生 ·· 222
　　　　12.3.2　购物搜索引擎的商业模式 ·· 223
　　　　12.3.3　一淘网的特点 ··· 224
　　12.4　威客模式：智慧外包服务提供商——猪八戒网 ·································· 225
　　　　12.4.1　威客模式在中国 ··· 225
　　　　12.4.2　猪八戒网的发展 ··· 225
　　　　12.4.3　猪八戒网的盈利模式 ··· 226
　　12.5　O2O 平台服务类：线上与线下的完美结合——携程网 ······················ 227
　　　　12.5.1　携程网发展概况 ··· 228
　　　　12.5.2　携程网主要业务 ··· 228
　　　　12.5.3　携程网核心优势 ··· 229
　　　　12.5.4　携程网盈利模式 ··· 230
　　12.6　SNS 平台服务类：社交平台霸主——Facebook ································· 231

            12.6.1　Facebook 发展概况 ·················· 231
            12.6.2　Facebook 的基本功能 ·················· 231
        12.7　人际与人力资源服务类：从非诚勿扰到百年好合——百合网 ·················· 233
            12.7.1　百合网简介 ·················· 233
            12.7.2　商业模式与特色服务 ·················· 234
            12.7.3　如何做好隐私保护 ·················· 235
        12.8　思考与实践 ·················· 236

第 13 章　网络营销 ·················· 237

    13.1　网络营销概述 ·················· 237
        13.1.1　网络营销的特点 ·················· 237
        13.1.2　网络营销的环境分析 ·················· 238
    13.2　网络营销策略 ·················· 241
        13.2.1　网络营销策略组合 ·················· 241
        13.2.2　网络营销的产品策略 ·················· 241
        13.2.3　网络营销的价格策略 ·················· 242
        13.2.4　网络营销的渠道策略 ·················· 243
        13.2.5　网络促销策略 ·················· 243
    13.3　网络营销的常用工具和方法 ·················· 244
        13.3.1　网络广告 ·················· 244
        13.3.2　网络搜索 ·················· 248
        13.3.3　许可 E-mail 营销 ·················· 249
    13.4　微信营销 ·················· 250
        13.4.1　微信营销对电子商务的影响 ·················· 251
        13.4.2　微信营销的特点 ·················· 251
        13.4.3　微信营销的局限性 ·················· 252
        13.4.4　别出心裁的微信营销案例 ·················· 253
    13.5　网络营销成功案例 ·················· 255
    13.6　思考与实践 ·················· 256

第 14 章　电子商务的数据分析 ·················· 258

    14.1　电子商务数据分析概述 ·················· 258
    14.2　网店数据分析指标 ·················· 259
        14.2.1　网店基本流量分析 ·················· 259
        14.2.2　网店基础运营数据分析 ·················· 259
        14.2.3　网店重点数据分析指标 ·················· 260
    14.3　B2C 电子商务数据分析的流程 ·················· 261
    14.4　电子商务的数据分析案例 ·················· 262
    14.5　思考与实践 ·················· 265

参考文献 ·················· 266

第一篇 电子商务理论基础

第1章 电子商务概述
第2章 电子商务技术基础
第3章 网络支付
第4章 电子商务的安全
第5章 电子商务的物流
第6章 跨境电子商务
第7章 移动电子商务
第8章 电子政务

第1章 电子商务概述

本章学习目标
- 了解电子商务的产生及发展;
- 理解电子商务的概念;
- 熟练掌握电子商务的分类。

春节,当大家从自己生活的大城市回到乡村,发现农村正被电子商务所改变,一切都变得不一样了。不仅仅农村的特色农产品,通过电商平台纷纷进入城市居民的家里,国外进口商品也通过这个平台进入了农民的生活,改变了农民的生活和消费习惯。

"以前缴水电气费不方便,每个月只有几天可以缴费,要走很远的路,到了还要排队,现在方便了,楼下就有服务点,水电气费随时都可以交。"近日,家住棠香街道金星社区的王大娘花了不到五分钟时间就完成了生活缴费。

金星社区的生活缴费服务点其实是邮政公司建的农村电商服务中心,该中心提供电商服务、金融服务、公共服务、快递服务等。自从2014年以来,该公司已在全区范围内建成农村电子商务服务中心311个,实现256个行政村电商服务点全覆盖。

太谷县农民于美蓉正在一购物网站挑选小家电。她告诉记者,头天下单的物品,隔天就能收到,便宜又方便,这两天打折加优惠券,非常实惠。但是在前两年,网上购物还不能到村,需要到城里去取,现在,这种情况很少,基本实现了网购到家,电商以及物流的发展正改变着农民的生活习惯。以春节购物为例,在以前,农民朋友三五成伙陆陆续续进城购置年货,但现在,他们的消费方式发生了变化,与传统"线下"购物的拥挤和忙碌相比,他们更喜欢"线上"轻松便捷的购物方式。

不可否认,农村电商在交通基础设施、物流等方面较为弱势,农村电商尚需发展。一旦打破这些制约,农村电商市场将迎来飞速发展。但从"家电下乡"到"电商下乡",农村消费不断变化,农村消费方式逐渐向移动互联等方向发展,打破了空间、时间等限制。农村消费也由基本的生活必需品消费,升级到对知识、教育、信息等的消费,农民的日子也将越来越好。

1.1 电子商务的产生与发展

电子商务代表着21世纪社会经济的发展方向。在当前全球经济一体化的大背景下,伴随着互联网的迅速普及和互联网经济的迅猛发展,电子商务作为Internet的一个新的重要应用领域已真正走入社会生活的各个环节和领域,并直接影响和改变着人类社会生活的各个方面。它带来了一种全新的商业文明——电子商务文明,创造出了新的商业模式和很多的商业机会,给企业的经营模式、政府的管理模式以及人们的生活方式带来了巨大的冲击和积极的影响。

1.1.1 电子商务的产生

早在1839年,人们就开始使用电子手段进行商务活动。20世纪70年代,电子商务最初起源于计算机的电子数据处理(Electronic Data Processing,EDP)技术。字处理软件和电子表格软件的出现,为标准格式商务单证的电子数据交换(Electronic Data Interchange,EDI)的开发应用提供了强有力的工具。这些软件大大加快了企业商业文件的处理,使之从手工书面文件的准备和传递,转变为电子文件的准备和传递。

随着网络技术的发展,电子数据资料的交换从磁带、软盘等物理载体的寄送转变为通过专用的通信网络的传送,近年来又转移到通过 Internet 进行传送。银行间的电子资金转账(Electronic Funds Transfer,EFT)技术与企事业单位间电子数据交换技术相结合,产生了早期的电子商务。

20世纪90年代以来,随着网络、通信和信息技术的突破性进展,Internet 在全球爆炸性增长并迅速普及,使得现代商业具有不断增长的供货能力、客户需求和全球竞争三大特征。在这一新趋势下,任何商业组织都必须及时改变自己的组织结构和运行方式以适应这种全球性的发展变化,电子商务正是为了适应这种变化而出现和发展起来的。

信用卡(Credit Card)、自动柜员机(ATM)、零售业销售终端(POS)和联机电子资金转账技术,以及相应的网络通信技术和安全技术的发展,使网上持卡购物与企业之间网上交易两种模式的电子商务得到进一步完善。

1.1.2 国内外电子商务的发展概况

视频讲解

1. 全球电子商务发展概况

根据联合国贸易和发展会议(United Nations Conference on Trade and Development,UNCTAD)发布的《信息经济报告 2007—2008》,2000—2007 年,全球互联网和电子商务保持了较快的发展速度。

欧洲国家尽管电子商务起步稍晚,但完善的网络基础设施为电子商务的发展提供了优良条件,电子商务的发展也是如火如荼,即使在 2009 年经济危机的情况下,当年网上销售额依旧攀升至 1437 亿欧元,涨幅达到 22%。这其中英国、德国和法国网上销售占欧洲在线交易的 70%,人们越来越倾向于网上购物这种便捷的交易方式。欧洲的网上销售主要集中在旅游、信息、书籍和金融经济四个领域,其中旅游业的网上营业额世界第一。

知名咨询机构弗雷斯特研究公司(Forrester Research)分析师预测电子商务的国际化尝试将冲出欧洲范围。据 Forrester 研究机构高级分析师 Zia Daniell Widder 预测,随着 GAP、ZARA 等品牌陆续开设国际化网站,近几年更多的零售商将侧重全球扩张。加拿大和英国仍是美国在线零售商角逐的海外战场,但北美市场不再独领风骚。更多零售商将目光投向不断膨胀活跃的中国市场,那里聚集着人数最多的网民,将成为美国长期线上的强劲对手。同样,巴西也不可小觑。

调查显示:拉美各国发展极不平衡,墨西哥电子商务发展走在世界前列,而巴西 B2B 处于实验阶段,B2B 大大超过 B2C 的交易额,而拉美东部地区尚处于幼苗阶段。而亚太地区新兴的电子商务市场主要集中在日本、新加坡、韩国、中国。电子商务在大多数国家和地区仍保持了继续增长。根据欧盟和部分国家的电子商务报告,发达国家如芬兰、瑞典、丹麦等国家,企业网上采购的比例已经达到60%以上,发展中国家如特立尼达和多巴哥等也达到了40%以上。

2. 国内电子商务发展概况

纵观我国电子商务的发展史,遭遇了互联网泡沫寒冬、"非典"后的回暖以及随之而来的快速发展,到金融危机下的调整与转型,可以将其分为以下七个发展阶段。

1) 电子商务的雏形(1993—1997年)

1993—1997年,政府领导组织开展"三金工程"阶段,为电子商务发展期打下坚实基础。1993年成立了以时任国务院副总理邹家华为主席的国民经济信息化联席会议及其办公室,相继组织了金关、金卡、金税等"三金工程",取得了重大进展。

1996年1月成立国务院国家信息化工作领导小组,由副总理任组长,20多个部委参加,统一领导组织中国信息化建设。1996年,金桥网与因特网正式开通。

1997年,信息办组织有关部门起草编制中国信息化规划。1997年4月在深圳召开全国信息化工作会议,各省市地区相继成立信息化领导小组及其办公室各省开始制订本省包含电子商务在内的信息化建设规划。1997年,广告主开始使用网络广告。1997年4月,中国商品订货系统(CGOS)开始运行。

2) 起步期(1997—1999年)

业内公认的说法是,国内第一批电子商务网站的创办时期始于自1997年起的三年。当时互联网全新的引入概念鼓舞了第一批新经济的创业者,他们认为传统的贸易信息会借助互联网进行交流和传播,商机无限。于是,1997—1999年,美商网、中国化工网、8848、易趣网、当当网等知名电子商务网站先后涌现。目前,具有一定规模的电子商务网站中,大约有5.2%的网站创办于20世纪90年代。该阶段无疑是我国电子商务的萌芽与起步期。

3) 冰冻与调整期(2000—2002年)

2000—2002年,在互联网泡沫破灭的大背景下,电子商务的发展也受到严重影响,创业者的信心经受了严峻的挑战,尤其是部分严重依靠外来投资"输血",而自身尚未找到盈利模式且尚不具备"造血"功能的企业,经历了冰与火的严峻考验。于是,包括8848、美商网在内的知名电子商务网站进入残酷的寒冬阶段。而依靠"会员+广告"模式的行业网站集群,则大都实现了集体盈利,安然度过了互联网最为艰难的"寒潮"时期。在这三年间创建的电子商务网站不到现有网站总数的12.1%。该阶段无疑是我国电子商务的冰冻与调整期。

4) 复苏与回暖期(2003—2005年)

电子商务经历低谷后,在2003年一场突如其来的"非典"后,出现了快速复苏回暖,部分电子商务网站也在经历过泡沫破裂后,更加谨慎务实地对待盈利模式和低成本经营。

存活电子商务网站数量占网站总数的30.1%。应用电子商务的企业会员数量开始明显增加,2003年成为不少电子商务网站尤其是B2B网站的"营收平衡年"。该阶段无疑是我国电子商务的复苏与回暖期。

5) 崛起与高速发展期(2006—2007年)

互联网环境的改善、理念的普及给电子商务带来巨大的发展机遇,各类电子商务平台会员数量迅速增加,大部分B2B行业电子商务网站开始实现盈利。IPO的梦想、行业良性竞争和创业投资热情高涨这"三驾马车",大大推动了我国行业电子商务进入新一轮高速发展与商业模式创新阶段,衍生出更为丰富的服务形式与盈利模式,而电子商务网站数量也快速增加。仅2007年,国内电子商务网站的创办数量就超过了现有网站总数的30.3%。该阶段正是我国电子商务的崛起与高速发展期。

6) 转型与升级期(2008—2009年)

全球金融海啸的不期而至,全球经济环境迅速恶化,致使我国相当多的中小企业举步维艰,尤其是外贸出口企业随之受到极大阻碍。作为互联网产业中与传统产业关联度最高的电子商务,也难以独善其身。受产业链波及,外贸在线B2B首当其冲,以沱沱网、万国商业网、慧聪宁波网为代表的出口导向型电子商务服务商,纷纷或裁员重组、或关闭、或增长放缓。

而与此同时,在外贸转内销与扩大内需、降低销售成本的指引下,内贸在线B2B与垂直细分B2C却获得了新一轮高速发展,不少B2C服务商获得了数目可观的风险投资(VC)的青睐,传统厂商也纷纷涉水,B2C由此取得了前所未有的发展与繁荣。而在C2C领域,随着百度的进入,网购用户获得了更多的选择空间,行业竞争更加激烈。仅在此不到一年的时间内创建的电子商务网站占现有网站总数的22.3%,且有75.4%的电子商务网站专注于细分行业的B2C。该时期的电子商务行业优胜劣汰步伐加快,模式、产品、服务等创新层出不穷。该阶段无疑是我国电子商务的转型与升级期。

7) 成熟阶段

2010年以来,国内电子商务已经进入大规模发展、应用和运营的阶段,无论是B2B企业电子商务,还是个人电子商务(B2C、C2C、团购、代购等),新模式、新平台、新特征均层出不穷。移动电子商务增长速度快,电子商务向二、三线城市及农村发展。中国电子商务研究中心预测:未来5~10年我国电子商务整体水平,将有望继续高速发展并领先世界。电子商务服务业正在成为促使电子商务发展的强大引擎和信息时代的商业基础设施,电子商务对经济社会的影响日益广泛和深刻。在由中华人民共和国工业和信息化部牵头,中华人民共和国国家发展和改革委员会等9部委联合制定的《电子商务"十二五"规划》中,电子商务被列入国家战略性新兴产业的重要组成部分。

2020年,网络零售在新冠肺炎疫情的挑战下体现出强大的社会支撑能力,保障各类生活必需品的及时供应,我国网络零售发展形势持续向好。截至2020年三季度,我国网络零售额达8.01万亿元,同比增长9.7%。实物商品网上零售额达6.6万亿元,同比增长15.3%,占社会消费品零售总额的比重为24.3%,较2019年同期提高4.8个百分点。

1.1.3 电子商务的发展阶段

1. 基于EDI的电子商务

电子数据交换(EDI)起源于20世纪60年代的美国,20世纪80年代发达国家的大型企业基本上都实现了EDI。当时的贸易商们在使用计算机处理各类商务文件的时候发现,由人工输入一台计算机中的数据的70%来源于另一台计算机输出的文件,由于过多的人为因素影响了数据的准确性和工作效率的提高,人们开始尝试在贸易伙伴之间的计算机上使数据能够自动交换,由此EDI应运而生。

EDI是将业务文件按一个公认的标准从一台计算机传输到另一台计算机的电子化传输

方法。由于EDI大大减少了纸张票据,因此被形象地称为"无纸贸易"或"无纸交易"。

20世纪90年代之前的大多数EDI都不是通过Internet,而是通过租用的电话线在专用网络上实现的,这类专用的网络称为VAN(增值网),这样做的目的主要是考虑信息传递的安全问题。

2. 基于Internet的电子商务

EDI的应用,使得单证制作和文件处理的劳动强度、出错率和费用都大为降低,效率大大提高,极大地推动了国际贸易的发展,显示出巨大的优势和强大的生命力。但是由于EDI通信系统的建立需要较大的投资,使得VAN的费用很高,因此限制了基于EDI的电子商务应用范围的扩大,而且EDI对于信息共享的考虑也较少,比较适合大型跨国公司。随着大型跨国公司对信息共享需求的增加和中小企业对EDI的渴望,一种成本低廉、能够实现信息共享的电子信息交换系统迫切需要建立起来。20世纪90年代中期之后,Internet迅速普及,逐渐进入企业和寻常百姓家,其功能也从信息共享演变为一种大众化的信息传播工具。1991年以后,一直排斥在Internet之外的商业贸易活动正式进入这个王国,因而电子商务成为Internet应用的最大热点。全球普及的Internet克服了EDI应用网络环境不足的缺点,满足了中小企业对于电子数据交换的需要。Internet作为一种费用更低、覆盖面更广、服务更好的系统,已表现出替代VAN而成为EDI的硬件载体的趋势。在Internet上建立的电子信息交换系统,成本低廉并可实现信息共享,为所有企业实现商务活动的电子化——电子商务提供了可能。

3. 移动电子商务阶段

移动电子商务具有以下优势。

(1) 通过个人移动设备进行可靠的电子交易的能力被视为移动互联网业务最重要的方面。

(2) 互联网与移动技术的结合为服务提供商创造了很多新的商机,使其能够提供更多种类的服务项目,并且能够根据客户的位置和个性提供服务,从而建立和加强客户关系。

(3) 由于移动电子商务本身固有的特点,移动电子商务非常适合大众化的应用。

(4) 通过移动电子商务,用户可随时随地获取所需的服务、应用、信息和娱乐。

(5) 服务付费可通过多种方式进行,以满足不同需求。

1.1.4 推动电子商务发展的积极因素

在不长的时间内,电子商务几经更新换代,它的发展速度远远超出了人们对它的估计,其根本原因如下所述。

1. 各国政府的支持与推动

自从1997年欧盟发布欧洲电子商务协议、美国随后发布"全球电子商务纲要"以后,电子商务受到各国政府的重视。许多国家开始尝试"网络政府",推广"网上采购",这为电子商务的发展提供了强有力的支持。

以美国为例,美国是互联网的发源地,也是网络设施最好的国家之一,美国电子商务应用的领域和规模都处于领先地位,这和政府大力宣传以及注重网络的基础设施建设是分不开的。美国参议院在1991年9月通过的《高性能计算机法案》中,第一次提到了"信息高速公路",不久这个词就传遍了世界。1997年2月,克林顿政府提出"12岁以上的青年儿童必须会上互联网"。在1997年11月的世界电子商务大会上,美国提出把电子商务作为推动全球经济的一个契机。据美国市场调查的报告显示,1999年12月,美国人在圣诞节期间利用互联网购物者颇多,克林顿总统也在互联网上购买圣诞礼物,感受世界上最新潮的购物送礼方式。据统计,美国有89%的被调查者对自己的网上购物经历非常满意。

2. 计算机的广泛应用

20世纪80年代以后,计算机走出科学实验室,进入企业和机关的工作领域,20世纪90年代以后开始进入普通百姓家庭。计算机技术的发展速度越来越快,处理能力越来越强,价格越来越低,应用越来越广泛,这为电子商务的应用奠定了基础。

3. 网络的普及和成熟

由于互联网技术的出现,网络逐渐成为全球通信与交易的重要媒介,20世纪90年代后期,全球上网用户的数量每年呈几何级数增长趋势。快捷、安全、低成本的特点为电子商务的发展创造了条件。

4. 完善的网络服务

近年来,在Internet上建立了许多信息服务网站,几乎每一个网站都能开通电子商务信息和业务功能,这些优秀的信息搜索网站对电子商务的开展奠定了良好的基础。

5. 新的经济消费观念的形成

随着信息技术的发展,人们新的消费观念正在形成,他们不仅希望能买到最新的产品,而且希望节省购物时间并且能获得更完善、个性化的服务。电子商务正是适应这种需求而得到了迅猛的发展。

6. 信用卡的普及与应用

信用卡以其方便、快捷、安全等优点而成为人们消费支付的重要手段,并由此形成了完善的全球性信用卡计算机网络支付与结算系统,为电子商务中的网上支付提供了手段。

1.2 电子商务的概念

电子商务作为一门新兴的学科,处在迅速发展之中,由于内容十分广泛,使得各种组织、政府、公司、学术团体……都依据自己的理解和需要为电子商务下了定义。因此,目前还没有一个全面的、权威性的、能够为绝大多数人认同的电子商务的定义。为此,并不能追求对电子商务下一个十分严格的、固定不变的定义,而应从专家学者、IT企业、政府、国际组织等对电子商务的认识着手来理解电子商务的本质。

1.2.1 国际化组织对电子商务的定义

国际化组织包括全球信息基础设施委员会、国际标准化组织、联合国国际贸易法律委员会、联合国经济合作和发展组织等都曾提出过对电子商务的定义。

(1) 全球信息基础设施委员会(GIIC)电子商务工作委员会在报告草案中定义:电子商务是运用电子通信作为手段的经济活动,通过这种方式,人们可以对带有经济价值的产品和服务进行宣传、购买和结算。这种交易方式不受地理位置、资金或零售渠道的所有权影响。公有私有企业、公司、政府组织、各种社会团体、一般公民都能自由地参加广泛的经济活动,其中包括农业、林业、渔业、工业、私营和政府的服务业。电子商务能使产品在世界范围内交易并向消费者提供多种多样的选择。

（2）国际标准化组织(ISO)的定义：电子商务是企业之间、企业与消费者之间信息内容与需求交换的一种通用术语。

（3）联合国经济合作和发展组织(OECD)是较早对电子商务进行系统研究的机构，它将电子商务定义为：电子商务是利用电子化手段从事的商业活动，它基于电子数据处理和信息技术，如文本、声音和图像等数据传输。其主要是遵循 TCP/IP、通信传输标准和 Web 信息交换标准，提供安全保密技术。

（4）世界贸易组织电子商务专题报告中定义：电子商务就是通过电信网络进行的生产、营销、销售和流通活动，它不仅指基于 Internet 的交易，而且指所有利用电子信息技术来解决问题、降低成本、增加价值和创造商机的商务活动，包括通过网络实现从原材料查询、采购、产品展示、订购到出品、储运以及电子支付等一系列贸易活动。

（5）欧洲议会给出的关于"电子商务"的定义是：电子商务是通过电子方式进行的商务活动。它通过电子方式处理和传递数据，包括文本、声音和图像。它涉及许多方面的活动，包括货物电子贸易和服务、在线数据传递、电子资金划拨、电子证券交易、电子货运单证、商业拍卖、合作设计和工程、在线资料、公共产品获得。它包括产品（如消费品、专门设备）、服务（如信息服务、金融和法律服务）、传统活动（如健身、教育）和新型活动（如虚拟购物、虚拟训练）。

（6）美国政府在其《全球电子商务纲要》中比较笼统地指出：电子商务是指通过 Internet 进行的各项商务活动，包括广告、交易、支付、服务等活动，全球电子商务将涉及全球各国。

加拿大电子商务协会给出了电子商务的较为严格的定义：电子商务是通过数字通信进行商品和服务的买卖以及资金的转账。

1.2.2 世界知名公司对电子商务的定义

国内外一些知名的公司根据自己在电子商务发展过程中所处的地位和业务竞争的需要，也纷纷提出了各自的电子商务理念和定义。

（1）IBM 公司对电子商务的定义：电子商务是在 Internet 的广泛联系和传统信息技术系统的丰富资源相互结合的背景下应运而生的一种相互关联的动态商务活动。它强调的不仅仅是硬件和软件的结合，也不仅仅是通常意义上的强调交易的狭义的电子商务，而是把买方、卖方、金融机构、厂商及其合作伙伴在互联网、企业内部网和企业外部网结合起来的网络计算环境下的商业电子化应用。IBM 公司在 1997 年提出电子商务概念时，将电子商务诠释为 E-Business＝IT＋Web＋Business。

（2）Intel 公司对电子商务的定义：电子商务是基于网络连接的不同计算机间建立的商业运作体系，利用 Internet/Intranet 使商务运作电子化。电子商务＝电子化市场＋电子化交易＋电子化服务。

（3）HP 公司对电子商务的定义：电子商务是通过电子化的手段来完成商业贸易活动的一种方式，使人们能够以电子交易为手段完成产品与服务的交换，是商家与客户之间的联系纽带。它包括两种基本形式：商家之间的电子商务及商家与最终消费者之间的电子商务。

(4) SUN 公司对电子商务的定义:电子商务就是利用 Internet 进行的商务交易。其强调的是电子商务的技术基础(特别是基于 Java 技术的企业计算)和企业电子商务的逐步实现过程:在现有 Web 信息发布的基础上,加上 Java 网络应用软件以完成网上公开交易;在现有企业 Intranet 的基础上,开发 Java 的企业网上应用,实现企业应用 Intranet 化,进而扩展到外部 Extranet,使外部客户可以使用该企业的应用软件进行商务交易;商务客户将通过网络计算机、机顶盒、电话、手机、个人数字助理等具有 Java 网络计算功能的各种电子设备进行企业和跨企业的交易。

(5) GE 公司对电子商务的定义:电子商务是通过电子方式进行商业交易,分为企业与企业间的电子商务和企业与消费者之间的电子商务。企业与企业间的电子商务:以 EDI 为核心技术、增值网(VAN)和 Internet 为主要手段,实现企业间业务流程的电子化,配合企业内部的电子化生产管理系统,提高企业从生产、库存到流通(包括物资和资金)各个环节的效率。企业与消费者之间的电子商务:以 Internet 为主要服务提供手段,实现公众消费和服务提供方式以及相关的付款方式的电子化。

(6) 用友公司的电子商务理念:电子商务的基础是企业内部资源的网络化和业务模块的集成化,一个企业要实现电子商务,首先必须从企业的财务管理入手,实现内部资源(资金流、物流、信息流)的网络化管理。而在其中,财务又是企业管理的核心,所以以财务管理为核心的企业信息化是企业电子商务的基础。

纵览上述定义和理念可以看出,它们没有谁对谁错之分,人们只是从不同角度,从广义上和狭义上,各抒己见。

1997 年 10 月,欧洲经济委员会在比利时首都布鲁塞尔举办了全球信息社会标准大会。明确提出了一个关于电子商务的比较严密完整的定义:"电子商务是各参与方之间以电子方式而不是以物理交换或直接物理接触方式完成任何形式的业务交易。"

1.2.3 电子商务的定义

广义的电子商务(Electronic Business,EB)可称为电子业务,指各行业,包括政府机构和企事业单位的各种业务的电子化、网络化,包括电子商务、电子政务、电子军务、电子医务、电子教务、电子事务、电子家务等。

狭义的电子商务(Electronic Commerce,EC)是指人们利用电子化手段进行以商品交换为中心的各种商务活动,如公司、厂家、商业企业、工业企业与消费者个人利用计算机网络进行的商务活动。EC 也可称为电子交易,包括电子商情、电子广告、电子合同签约、电子购物、电子交易、电子支付、电子转账、电子结算、电子商场、电子银行等不同层次、不同程度的电子商务活动。

本教材如果不特别指定,一般指的电子商务是狭义的电子商务。

电子商务可以通过多种电子通信方式完成,目前人们所谈论的电子商务主要是以电子数据交换(EDI)和 Internet 来完成的。随着 Internet 技术的日益成熟,电子商务真正的发展是建立在 Internet 技术上的。

要实现完整的电子商务会涉及很多方面,除了买家、卖家之外,还要银行或金融机构、信息公司或证券公司、企业、政府机构、认证机构、配送中心等加入才行。由于参与电子商务的各方在物理上是互不谋面的,因此整个电子商务过程并不是物理世界商务活动的翻版,网上银行、在线电子支付等条件和数据加密、电子签名等技术在电子商务中发挥着不可或缺的作用。

1.3 电子商务的分类

对电子商务的分类可以从交易涉及的对象、交易活动的地理范围、交易涉及的产品内容和使用的网络类型等方面进行。

1.3.1 按交易涉及的对象分类

按交易涉及的对象分类,电子商务可以分为企业与企业之间的电子商务(Business to Business,B2B)、企业与消费者之间的电子商务(Business to Consumer,B2C)、消费者与消费者之间的电子商务(Consumer to Consumer,C2C)、消费者与企业之间的电子商务(Consumer to Business,C2B)等类型,如图1.1所示。

	企业	消费者
企业	**B2B** 戴尔 海尔 阿里巴巴 环球资源 中国五金商城 ……	**B2C** 亚马逊 天猫 苏宁易购 京东商城 1号会员店 走秀网 当当网 ……
消费者	**C2B** 聚划算 拉手网 窝窝商城 窝窝团 ……	**C2C** 淘宝网 eBay 58同城网 赶集网 ……

图1.1 电子商务的分类(按交易涉及的对象分类)

1. 企业与企业之间的电子商务

B2B方式是电子商务应用最多和最受企业重视的形式,企业可以使用Internet或其他网络对每笔交易寻找最佳合作伙伴,完成从订购到结算的全部交易行为,包括向供应商订货、签约、接收发票,使用电子资金转移、信用证、银行托收等方式进行付款,以及在商贸过程中发生的其他问题,如索赔、商品发送管理和运输跟踪等。典型B2B电子商务平台包括阿里巴巴和环球资源等。图1.2展示了环球资源B2B电子商务平台首页。

2. 企业与消费者之间的电子商务

这是消费者利用Internet直接参与经济活动的形式,类似于商业的零售商务。随着Internet的普及,网上销售也迅速发展起来。目前,在Internet上有各种类型的虚拟商店和虚拟企业,提供各种与商品销售有关的服务。通过网上商店买卖的商品可以是实体化的,如

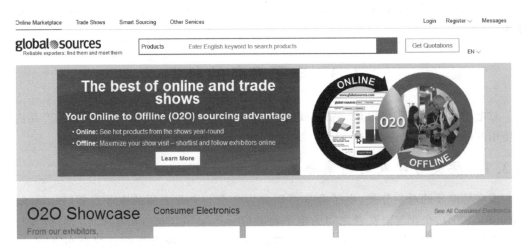

图 1.2　环球资源 B2B 电子商务平台首页

书籍、鲜花、服装、食品、汽车、电视等；也可以是数字化的，如新闻、音乐、电影、软件以及各类基于知识的商品；还有提供的各类服务，如在线医疗诊断和远程教育等。典型的 B2C 电子商务平台包括当当网、京东商城、1 号会员店等。

3. 消费者与消费者之间的电子商务

这种电子商务主要指的是个人与个人之间进行的电子商务活动，典型的网站如淘宝网和易趣网。图 1.3 展示了淘宝电子商务平台首页。

图 1.3　淘宝电子商务平台首页

4. 其他类型

其他电子商务类型包括消费者与企业之间的电子商务(Consumer to Business,C2B)、企业与政府机构之间的电子商务(Business to Government,B2G 或 Government to Business,G2B)、消费者与政府机构的电子商务(Consumer to Government,C2G 或 Government to Consumer,G2C)、企业与员工之间的电子商务(Company to Employee,C2E 或 Employee to Company,E2C)、企业联合体与消费者之间的电子商务(Business to Business to Consumer,B2B2C)。

1.3.2 按交易活动的地理范围分类

按照交易活动的地理范围分类,电子商务分为本地电子商务、远程国内电子商务和全球电子商务。

1. 本地电子商务

本地电子商务通常是指利用本城市内或本地区内的信息网络实现的电子商务活动,电子交易的地域范围较小。

本地电子商务系统是开展远程国内电子商务和全球电子商务的基础系统,因此,建立和完善它是实现全球电子商务的关键。

2. 远程国内电子商务

远程国内电子商务是指在本国范围内进行的网上电子交易活动,其交易的地域范围较大,对软硬件和技术要求较高,要求在全国范围内实现商业电子化、自动化,实现金融电子化,交易各方具备一定的电子商务知识、经济能力、技术能力,并具有一定的管理能力。

3. 全球电子商务

全球电子商务是指在全世界范围内进行的电子交易活动,参加电子交易各方通过网络进行交易。全球电子商务涉及有关贸易各方的相关系统,如买方国家进出口公司系统、海关系统、银行金融系统、税务系统、运输系统、保险系统等。全球电子商务业务内容繁杂,数据来往频繁,要求电子商务系统严格、准确、安全、可靠。

1.3.3 按交易涉及的商品内容分类

按照交易涉及的商品内容分类,电子商务分为有形商品电子商务和无形商品电子商务。

1. 有形商品电子商务

有形商品指实体类商品,它的交易过程中所涉及的信息流和资金流完全可以在网上传输,买卖双方签订购货合同后还可以在网上完成支付。但交易的有形商品必须由卖方通过某种运输方式送达买方指定地点,所以有形商品电子商务必须解决好物流配送的问题。有形商品电子商务由于三流(信息流、资金流、物流)不能完全在网上传输,又称为非完全电子商务或间接电子商务。

2. 无形商品电子商务

无形商品包括软件、电影、音乐、电子读物、信息服务等可以数字化的商品,无形商品交易可以直接在网上联机订购、付款和交付或免费下载。无形商品网上交易与有形商品的区别在于前者可以通过网络将商品直接送到购买者手中。无形商品电子商务模式完全可以在网上实现,又称为完全电子商务或直接电子商务。

1.3.4 按使用的网络类型分类

按照使用的网络类型分类,电子商务分为 EDI 商务、Internet 商务、Intranet 商务和移动电子商务。

1. EDI 商务

EDI 商务是按照一个公认的标准和协议,将商务活动中涉及的文件标准化和格式化,通过计算机网络,在贸易伙伴的计算机网络之间进行数据交换和自动处理。

2. Internet 商务

Internet 商务是利用连通全球的网络开展的电子商务活动。它以计算机、通信、多媒体、数据库技术为基础,在网上实现营销、购物服务,真正实现了网上商务投入少、成本低、零库存、高效率的优势,避免了商品的无效搬运,从而实现了社会资源的高效运转和最大节余。消费者不再受时间、空间和厂商的限制,在网上以最低的价格获得了最为满意的商品和服务。

在 Internet 上可以进行各种形式的电子商务业务,涉及的领域广泛,全世界各个企业和个人都可以参与。Internet 商务是目前电子商务的主要形式。

3. Intranet 商务

Intranet(企业内部网)是在 Internet 基础上发展起来的,它在原有的局域网上附加一些特定的软件,将局域网与 Internet 连接起来,从而形成企业内部的虚拟网络。Intranet 与 Internet 最主要的区别在于 Intranet 内的敏感或享有产权的信息受到企业防火墙的保护,只允许被授权者访问内部站点,外部人员只有在许可条件下才可以进入企业的 Intranet。

Intranet 将大中型企业总部和分布在各地的分支机构及企业内部有关部门的各种信息通过网络予以连通,使企业各级管理人员能够通过网络读取自己所需的信息,利用在线业务的申请和注册代替纸张贸易和内部流通的形式,从而有效地降低了交易成本,提高了经营效益。

4. 移动电子商务

移动电子商务是基于移动通信网络和互联网络技术,使用手机、个人数字助理(PDA)和掌上电脑等其他移动智能终端进行的交易、支付和认证等电子商务活动。与传统电子商务相比,移动电子商务拥有更为广泛的用户基础,因此具有更为广阔的市场前景。

1.4 电子商务的功能与特点

电子商务具有强大的功能,在商务活动的各方面都能够发挥作用。从电子商务的角度对商务活动进行分析和分解,可以将纷繁复杂的商务活动大致分为三方面的功能:信息、管理和交易。

1. 电子商务的功能

从电子商务在商务活动中应用的角度,可以将电子商务的功能分为以下八方面,各个功能既相互区别又彼此联系。

1) 广告宣传

电子商务使企业可以通过自己的 Web 服务器、网络主页(Home Page)以及电子邮件(E-mail)在全球范围内进行广告宣传,在网上宣传企业形象和发布各种商品信息。客户也可能通过互联网上的广告信息迅速找到所需的企业及商品信息。与其他各种广告形式相比,网上广告宣传成本较低,传递给用户的信息量最为丰富。

2) 咨询洽谈

电子商务可以使企业借助即时通信工具(如 QQ、淘宝旺旺等)、BBS 等了解市场及商品信息,洽谈交易事务。这种交流超越了时间和空间,减少了人与人面对面洽谈的限制,提供了多种形式的交流。

3) 网上订购

对个人而言,电子商务最为直观和方便的功能是网上购物。随着现代社会中工作的紧张和生活节奏的加快,人们需要减少购物的时间和程序,于是越来越多的人选择网上购物的方式,不仅减少了人们排队等候的时间,而且还可以浏览更多的物品。

4) 网上支付

网上支付是电子商务交易过程中的重要环节。网络作为一种新的交易手段,势必带动新型付款方式的形成。除了购物支付外,人们在生活中还可以通过网络缴纳通信费、水电费、交通费等费用。网上支付的安全问题通过 SET 协议来保证。

5) 电子账户

网上支付必须要有电子金融的支持,也就是银行或信用卡公司及保险公司等金融单位要为金融服务提供网上操作的服务,而电子账户管理是最基本的组成部分。信用卡号或银行账号都是电子账户的一种标志,其可信度需配以必要的技术措施来保证。

6) 服务传递

电子商务通过服务传递系统将客户订购的商品尽快传递到已订货并付款的客户手中。对于有形商品,服务传递系统可以对本地或异地的仓库在网络上进行物流的调配并通过物流完成商品的配送;对于无形商品,如软件、电子读物、信息服务等,可以立即从电子仓库中将商品通过网络直接传递给最终用户。

7) 意见征询

企业可以通过电子商务系统及时收集客户对商品和销售服务的反馈意见,这样可以使企业获得改进产品、发现市场的商业机会,提高企业的网上运作能力。例如,客户的商品评价就是意见咨询的一种形式。

8) 交易管理

电子商务的交易管理系统可以对网上交易活动全过程中的人、财、物、客户及企业内部进行协调和管理。

电子商务的上述功能为网上交易提供了一个良好的交易环境,使电子商务的交易过程得以顺利和完全完成,并可以使电子商务获得更广泛的应用。

2. 电子商务的特点

与传统的贸易活动方式相比,电子商务主要具有以下特点。

1) 交易虚拟化

通过以 Internet 为代表的计算机互联网络进行的贸易,贸易双方从贸易磋商、签订合同到支付,无须当面进行,均可通过计算机网络进行,整个交易完全虚拟化。

2) 交易成本低

电子商务使得贸易双方的交易成本大大降低,其原因如下所述。

(1) 距离越远，网络上进行信息传递的成本相对于信件、电话、传真的成本而言就越低。
(2) 买卖双方通过网络进行商务活动，无须中介参与，减少了交易的有关环节。
(3) 电子商务实行"无纸贸易"，可减少90％的文件处理费用。
(4) 卖方可通过互联网进行产品介绍、宣传，可以减少相关费用。

3) 交易效率高

电子商务克服了传统贸易方式费用高、易出错、处理速度慢等缺点，极大地缩短了交易时间，使整个交易快捷、方便。

4) 交易透明化

买卖双方从交易的洽谈、签约以及支付、配送等整个交易过程都可以通过网络监测，通畅、快捷的信息传输可以防止伪造信息的流通。

1.5 电子商务的意义

21世纪是一个以网络计算为核心的信息时代，同时，数字化、网络化与信息化是21世纪的时代特征。目前，经济全球化与网络化已经成为一种潮流，信息技术革命与信息化建设正在使资本经济转变为信息经济、知识经济，并将迅速改变传统的交易方式和整个经济面貌，它加快了世界经济结构的调整和重组，推动着我国从工业化向信息化社会过渡。

1.5.1 电子商务对传统企业的影响

国内越来越多的企业已经充分认识到，在以计算机、通信、网络为代表的信息产业快速发展的时代，实现电子商务是企业能够在愈演愈烈的全球化市场竞争中得以生存、发展的必由之路。这是因为电子商务不仅对于传统企业的管理，如计划、组织和控制产生了影响，而且对于企业的研发、采购、生产、加工、制造、存储、销售以及客户服务也产生了巨大的影响。本节从价值链的角度，对电子商务对传统企业带来的影响进行分析。

1. 电子商务对企业采购的影响

国内大部分传统企业仍以订货会、供需见面会等为采购原材料的主要方法，由此花费大量的人力、财力、物力，而电子商务恰好可以弥补这方面的不足，成为减少企业采购成本支出的一种有效途径。电子商务的发展，使企业之间的竞争不再取决于企业实际占有的资源多少，而取决于企业可控制运用的资源多寡。因此，企业必须利用外部资源，尤其要发挥好网络的作用，通过互联网使自己与合作伙伴、供应商互联互通，做到信息资源实时共享，最大限度地提高运作效率，降低采购成本。这一点主要体现在以下两方面。

1) 快速找到和了解合作伙伴，降低采购成本

电子商务模式能通过互联网快捷地在众多的供应商中找到适合的合作伙伴，及时了解供应商的产品信息，如价格、交货期、库存等，并可以获得较低的价格。同时，通过企业内部网络能及时了解本企业库存的动态信息，进行适时采购。传统采购模式通过各种媒介或供应商主动推销，获知供应商信息搜寻时间较长，并通过传统的采购渠道与供应商进行交易，成本较高，库存信息主要来源于各种统计和财务报表的汇总，增加了采购实时性控制的难度。但一些实现了电子商务的企业，它们在自己的专用网络上使用电子数据交换（EDI）直

接与贸易伙伴进行谈判和交易,或通过互联网进行搜索,以减少采购过程中人员差旅费、调研费的发生。采购人员不再需要长途跋涉,到市场中货比三家,了解价格,而是通过互联网在公司即可进行各种供求信息的检索,甚至通过 Internet 向全世界的供应商进行招标,由此也避免了经济学中"信息不对称"造成的各种损失。

2) 与供应商建立良好的协作关系

通过电子商务,企业可以加强与供应商之间的协作关系,并形成一体化的信息传递和信息处理体系,从而降低了采购费用,采购人员也可以把更多的精力和时间集中在价格谈判和改善与供货商关系上。现在,已经有一些企业通过商业增值网使用 EDI 建立一体化的电子采购系统。有资料显示,使用 EDI 通常可以为企业节省 5%～10% 的采购费用。

美国通用电气公司(GE)就是一个很好的例子。在资本市场上 GE 是全世界最值钱的公司,几乎所有的业务都在互联网上完成。1999 年公司采购业务电子商务化后,节约了大量的成本,从 2001 年年底开始,各个供货商和合作伙伴就做好了全面转向电子支付的准备,否则就要冒着失去通用电气业务的风险。

中国海尔集团搭建了一个面对供应商的采购平台,降低了采购成本,优化了分供方;而且这个平台建设成为一个公用的平台,为海尔创造一个新的利润源泉。海尔跨越企业的界限与供应商建立协同合作的关系,在采购平台上实现网上招标、投标、供应商自我维护、订单状态跟踪等业务过程,把海尔与供应商紧密联系在一起。通过海尔的电子商务采购平台,海尔与供应商建立起了良好的、紧密的、新型的动态企业联盟,达到双赢的目标,提高了双方的市场竞争力。

2. 电子商务对企业生产加工的影响

在传统的生产管理中,存在着许多问题。由于一个企业生产的产品品种繁多,批量变化较大,因此为了及时生产出合格的产品,必须采用各种方法解决生产中存在的问题。早期一般采用监视库存的方法,一旦库存降低,就重新订货,以保证不间断地生产。这种方法在企业生产较为复杂的情况下,常常造成库存占用过高,资金利用率较低。电子商务对企业的生产运作方式、生产周期、库存等都会带来巨大的影响。具体而言,主要体现在以下三方面。

1) 顾客需求拉动型的生产

传统经营模式下的生产方式是大批量、规格化、流程固定的流水线生产,是产品的全程生产,外协加工工序较少。

基于电子商务的生产方式是顾客需求拉动型的生产。网络将生产企业和消费者联系在一起,使消费需求信息得以迅捷地传达给生产者,据此组织生产,这样就使得生产方式由大批量、规格化的典型工业化生产向顾客需求拉动型生产转变。为了满足顾客的不同需求,生产过程中大多采用柔性化管理,同时,生产者可以在世界范围内寻求技术、资本和自然资源等生产要素的优化组合,有利于企业充分地利用自身的资源。

2) 缩短生产与研发的周期

首先,电子商务的实现可大大提高信息和资金等的转移速度,提高工作效率,缩短生产周期,从而降低单位产品的生产成本。其次,在电子商务环境下,厂商总是用自己全新的技术和产品赢得市场,以在竞争中获得胜利。随着生活、消费水平的提高,人们更加追求高质、高速的个性化服务,企业即使花费巨额资金进行研发工作,但若周期过长,也是明日黄花。在互联网上,消费者可以以互动的方式进行订购,并协助企业设计出一套解决方案,使企业最大可能地理解顾客和消费者,从而使产品几乎以零开发周期的速度进入市场。

例如,美国 Dell 公司为客户量身定做不同要求的 PC 取得巨大的成功便是一个很好的典范。该公司 57% 的产品在网上销售,即先收取顾客的钱,再组织生产,因而没有库存,实现了"零库存"。

3) 减少企业库存,提高库存管理水平

产品生产周期越长,企业越需要较多的库存来应付可能出现的交货延时、交货失误,对市场需求变化的反应也就越慢。而库存越多,其运转费用就越高,效益就越低。大量库存使得货物所在仓库租金成本上升,也使得企业对其的管理与维护费用显著增加。

电子商务环境下,企业通过互联网可以直接找到供应商,减少了中间商进行"加价"的机会而直接让利于消费者;同时,由于专业化程度越来越高,企业间的合作不断加强,更多先进生产方式(如 MRPⅡ、ERP、JIT)的应用,为企业实现精确生产、"零库存"奠定了基础。例如,通过虚拟生产,企业直接在网上宣传、展示、销售和"储存"商品,不需要修建、购买或租赁店铺、货架、仓库,也不需要雇佣很多的营销、销售和保管人员,从而节约大笔开支。美国亚马逊网上书店的成功经验就是很好的例证。

3. 电子商务对企业销售的影响

电子商务可以降低企业的销售成本,网上销售突破了时间与空间的限制,增强了企业利用互联网展示产品及服务的优势,具体表现在如下三方面。

1) 降低企业的交易成本

电子商务模式主要是通过互联网进行广告宣传及市场调查,构筑遍及全球的营销网络,改变了市场准入及品牌定位等规则,建立起无中介的销售渠道。互联网络渠道可以避开传统销售渠道中批发、零售等中间环节,使生产商与消费者直接接触,生产商可不通过零售商而最终完成商品流通过程,既降低了流通费用和交易费用,又加快了信息流动速度。

企业可以利用 Internet 资源,建立个性化的电子商务网站,在网上进行企业宣传,展示自己的产品,树立企业形象,扩大企业影响,并进行促销活动,从而大大地降低了企业的促销成本。与传统营销方式相比,网络营销的费用大大降低。据国际数据公司的调查,利用互联网作为广告媒体进行网上促销活动使销售额增加 10 倍,而费用只是传统广告方式的 1/10,应用电子商务进行营销活动,使文件传递速度较传统方法提高 81%,因错漏造成的经济损失可以减少 40%,企业还可节省大量的广告印刷费、通信费及差旅费等。

2) 突破时间和空间的限制

传统经营模式通过各种媒体做广告,需要对复杂的销售渠道进行管理,并且目标市场受到地域的限制,这是一种销售方处于主导地位的强势营销,而电子商务环境下的网络营销是一种主动方在于客户的软营销。

由于受到地域的限制,传统企业所面对的市场是有限的。而利用互联网进行商务活动则使企业直接面向市场,在网上展开的营销活动面对的就是全球市场,能够针对全世界每个客户,因此,电子商务成为企业最好的国际交易平台。

当当网 17% 的订单来自海外,这在过去是不可想象的,在北京开书店,不可能有 17% 的书卖给外国人。网上的业务也可开展到传统销售和广告促销方式所达不到的市场范围,为企业赢得更多的潜在客户。

人们在夜里要睡觉,周六、周日要休息;世界各地存在时差,造成国际商务谈判的不便。

目前,互联网提供的是每周7天、每天24小时的销售。在网上,企业可以24小时不间断进行交易,交易时间的延长必定会给传统企业带来更多的机会。24小时网上在线销售可在一定程度上使企业的销售增加,企业的网址成为永久性的地址,可为全球的用户提供不间断的销售信息。

3) 全方位展示商品,促使客户理性购买

从理论上说,顾客理性购买,既能提高自己的消费效用,又能节约社会资源。网络销售利用多媒体的功能全方位展示商品功能的内部结构,企业通过网络展示商品的质量、性能、价格及付款条件等,使消费者在完全认识了商品及服务后再各取所需,发出订单。传统的销售虽然可以在店铺中把真实的商品展示给顾客,但对商家而言,必须有相应的基础设施来支持,如仓储设施、产品展示厅、销售店铺等,从而增加了销售成本;对一般顾客而言,一方面,顾客需要亲临现场,花费时间、精力等成本,另一方面,顾客对所购商品的认识是很肤浅的,往往容易被商品的外观、包装等所迷惑。

4. 电子商务对企业客户服务的影响

企业内部的一切努力,如开发新产品、提高生产效率和产品质量,以及降低消耗等,都最终通过顾客的购买而取得实际成效,客户是企业最重要的资源。不断了解顾客需求,不断对产品及服务进行改进,满足顾客的需求,提高客户满意度和忠诚度是企业能否在市场上立足的关键。电子商务对企业客户服务的影响主要体现在以下三方面。

1) 改善客户服务质量

通过互联网,企业与客户之间的双向交流是非常容易的。一方面,全球各地的客户都可随时尝试购买一个企业的产品和服务,客户直接按照自己的需求来向企业提出要求,而企业则利用互联网根据不同客户的需求提供个性化的服务;另一方面,企业可以及时了解顾客的各种信息,为企业的经营决策提供依据,降低企业的决策风险。企业与上游的供应商和下游的分销商更好地沟通,并通过客户关系管理使企业准确地把握客户的需求,有利于对市场的发展趋势做出正确的决策。同时,企业可以利用先进的信息技术,正确分析客户的需求,提供服务,从而能够在最大范围内抓住客户,提高客户的忠诚度。

2) 密切用户关系,改善售后服务

由于Internet的实时互动式沟通,以及没有任何外界因素干扰,使得产品及服务的消费者更易表达出自己对产品及服务的评价。这种评价一方面使企业可以更深入了解用户的内在需求,及时了解市场动态,调整企业产品结构;另一方面与企业的即时互动式沟通可提高企业的售后服务水平,改进客户的满意程度,促进双方的密切关系。

3) 促使企业引入更先进的客户服务系统,从而提升客户服务

在电子商务的基础上,企业可以建立客户智能管理系统,企业通过它收集和分析市场、销售、服务和整个企业的各类信息,对客户进行360°的全方位了解,从而理顺企业资源与客户需求之间的关系,提高客户满意度并减少客户"变节"的可能性。同时,通过获取并分析客户所有的交易记录,从企业的角度认识客户,达到全局性销售预测目的,从而提高获利能力。

传统企业客户服务人员对待同一客户时可能是不同的面孔。通过客户服务系统,服务人员在接听电话之前自动迅速调用客户服务记录作为参考,充分掌握客户信息,从而实现对客户的关怀和个性化服务,提高客户的满意度。例如,一旦一个客户进入企业的视线,有关

他的各种信息就进入客户服务系统内部,下次再接到他的信息时,服务人员会查看数据库中该客户的交易记录,服务人员就能马上响应客户的要求。在企业外部,服务质量提高之后,客户感受到尊重和关怀,并对企业产生信任,就会对企业拓展的产品线或服务范围感兴趣。

1.5.2 电子商务的突破方向

腾讯、京东等中国本土科技大公司影响着飞速发展的电商生态系统,尤其是在中国占据了重要地位,该行业的快速发展离不开不断增长的庞大数字消费群体,在跨境贸易的作用下,大大推动了国内外的经济发展。中国这一独特的环境促进了商业和数字贸易的创新性发展,孕育了众多发展新思路,进而推进了全球电商市场的未来发展。

以下是中国电商行业未来发展趋势。

1) 趋势一:新零售,线上线下相互结合

线上线下结合似乎成为了零售行业的共识,新零售借助电商巨头们汹涌的接受、演绎能力,更是四处围攻线下业态,新零售已经迅速蔓延成一股颠覆性力量,深刻影响着我们每一个人的生活。

为了发展新零售,广大的电商巨头们可谓是不遗余力去布局,线下的零售商成为了电商巨头们新的争夺目标。例如,京东联合腾讯趁势入股永辉超市,后又与联想集团达成合作。

而在生鲜领域,京东也根据自己的业务特性建立了自己的经营体系。

在新零售时代,传统与电商之间是一种相互包容、相互弥补的关系,线上与线下相互引流,线上展示、销售商品,而线下则为线上解决最后一公里问题,同时提供现线下售后服务。

经过多年的发展和沉淀,电商行业的基本格局已经成型,行业最底层的基础设施也已经建立完毕,因此可以预见的是,未来的电商一定是向更加成熟的方向发展,电商的转型升级已经是未来最大的趋势之一。

2) 趋势二:社交电商

近年来,几十家社交电商平台频频地刷屏我们的社交网络,进入大家的生活。研究机构数据显示,2020 年中国微信月活用户已达 12.25 亿人。

据头部媒体数据统计,2020 年,中国社交加电商市场规模已超过万亿,社交加电商的模式将成为未来的主流趋势,强势问鼎财富蓝海,社交加电商行业将迎来最好的时代!

3) 趋势三:"黑科技"技术的应用

未来,技术在电子商务或者新零售体系当中起的作用肯定会越来越重要,这是毋庸置疑的。

过去的"黑科技",往往指的是那些哗众取宠、吸引眼球但并不实用的科技技术。而今天我们谈论的"黑科技"则已经回归了正常的语义范畴,多指一些服务于我们日常生活的最新技术。如将大数据、虚拟现实技术、人工智能应用于供应链、销售,以达到可以直接看到的效果,这是黑科技发展的一个必然趋势。

今天在工业无人机领域进行无人机的配送已经相当成熟,只是商业模式和政策法规方面需要逐步突破。同时,将虚拟现实技术运用于购物体验也正在快速发展,在未来几年内进行大范围商用也是有可能的,这些都是我们今天所能看到的。

而人工智能大数据预测,更是已经成为一个常规性技术,千人千面的个性化资讯的流行,根据用户需求进行提前的个性化定制、预订预购甚至团购业务的使用,等等,已经非常普遍。

利用积累的数据基础,再加上控制技术以及电商等对经济的渗透,过去难以做到的精准化如今确实都有了落地场景。从这个角度看,"黑科技"未来甚至会关系到每一个人的生活和一个国家的经济,可谓只待厚积薄发时。

4) 趋势四:移动端占据主导地位

虽然移动端是后期才发展起来的,但是无线技术已经帮助智能手机成为人们寻找物品和购物的首选媒介,超过80%的人现在更喜欢使用手机查找商店,价格比较,产品搜索和最终购买。

移动用户有很多的特点:首先购买的频次更高、更零碎,购买的高峰不是在白天,是在晚上和周末、节假日。而移动购物将会革PC电子商务的命,我们要做好准备,我们要迎接这场新的革命。而做好移动购物,不能简简单单的把PC电子商务搬到移动上面,而要充分的利用这种移动设备的特征,比如说它的扫描特征、图像、语音识别特征、感应特征、地理化、GPS的特征,这些功能可以真正地把移动带到千家万户。

5) 趋势五:向三四线城市渗透

随着移动设备继续的渗透,很多三四五线城市接触互联网是靠手机、Pad来上网的,而且这些城市首先经济收入提高,再加上本地的购物不便,加上商品可获得性很差,加上零售比先进国家落后。

随着一二线城市网购渗透率接近饱和,电商城镇化布局将成为电商企业们发展的重点,三四线城市、乡镇等地区将成为电商"渠道下沉"的主战场,同时电商在三四线欠发达地区可以更大的发挥其优势,缩小三四线城市、乡镇与一二线城市的消费差别。阿里在发展菜鸟物流,不断辐射三四线城市;京东在招股书中表示,将要有10亿~12亿美元用于电商基础设施的建设,似乎两大巨头都将重点放在了三四线城市。事实上,谁先抢占了三四线城市,谁将在未来的竞争中占据更大的优势。

从很多方面来看,电子商务的未来已经在中国得以实现,但由于本土科技巨头的大规模多元化投资,中国的发展空间仍然很大。电商的发展不但为中国消费者带来了好处,还有助于解决基础设施建设、产品安全和跨境全球贸易等重要领域的问题。最后,中国电商不仅仅是消费者在日常生活中进行划算交易的手段,更是促进经济和社会发展的重要推动力,进而可以带动全国的转型变革。

1.6　思考与实践

1. 思考题

(1) 狭义的电子商务和广义的电子商务有何区别?

(2) 电子商务按不同标准如何分类?

(3) 电子商务的飞速发展对企业的经营环境和经营手段产生哪些影响?

(4) 国内电子商务发展存在哪些问题?

2. 实践题

（1）请搜索至少3家表现较佳的同类企业网站（如服装行业），进行访问和记录，从风格、信息结构及网站的易用性等方面进行比较，针对网站内容设计的几方面撰写某类企业网站内容设计比较分析报告，说明为什么你认为某个网站的设计和网站内容表现好，并分别从网站的导航、网站的栏目设计、网站的首页设计、网站的风格几方面对这几个网站的内容设计进行评价。

（2）练习利用Google或百度的搜索功能，设置搜索关键词，记录通过不同的搜索关键词搜索到的不同搜索结果。输入至少3个鲜花连锁网店的网址，并记录每个鲜花连锁网店可以采用的搜索方式及查询内容。思考在搜索中如何将搜索到的结果数量缩小，可以使用哪些技巧更快地定位到要查找的链接，完成搜索引擎使用方法和技巧的实验报告。

第 2 章　电子商务技术基础

本章学习目标
- 了解 Internet 的起源与发展；
- 熟练掌握计算机网络的知识；
- 了解如何构建电子商务网站。

电子商务的发展依赖计算机相关技术的发展，尤其是 Internet 技术、数据库技术及网站建设技术的发展。20 世纪 90 年代以后，以互联网为代表的计算机网络得到了飞速的发展，已从最初的教育科研网络逐步发展为商业网络。在计算机网络及相关技术的支持下，电子交易模式得以真正实现，才可以足不出户通过电子商务网站浏览所需商品的信息，并完成购买，这是之前人们所不可想象的。

2.1　EDI 技术

视频讲解

20 世纪六七十年代，以微电子技术、通信技术、计算机技术为核心的高新技术得到迅速发展，信息技术逐渐在各个领域得到普及应用。工业、交通与通信的发展和生产社会化促进了经济全球化；产业结构调整、资本的大量转移、跨国公司的涌现，推动了国际贸易的发展。全球贸易额的上升带来了各种贸易单证与纸面文件的激增。正是在这种背景下，以计算机网络通信和数据标准化为基础的 EDI 应运而生。20 世纪 60 年代末，在美国和欧洲几乎同时出现了 EDI，并显示出强大的生命力。

2.1.1　EDI 系统概述

EDI 是随着计算机及网络开始在商业领域中的应用而诞生的。EDI 是指按照统一规定的一套通用标准格式，将标准的经济信息通过通信网络传输，在贸易伙伴的电子计算机系统之间进行数据交换和自动处理。由于 EDI 的使用可以完全替代传统的纸张文件，因此有人称它为"无纸贸易"或"电子贸易"。

联合国国际贸易法律委员会（United Nations Commission on International Trade Law）对 EDI 的定义为：EDI 是利用符合标准的结构化信息从计算机到计算机之间的电子传输。

国际标准化组织（ISO）对 EDI 的定义为：为商业或行政事务处理，按照一个公认的标准，形成结构化的事务处理或消息报文格式，从计算机到计算机的数据传输方法。

1. EDI 的要求

EDI 是电子贸易活动的一种工具,将贸易文件如订单、发票、报关单、进出口许可证等,按照统一的标准制成计算机能够识别和处理的数据格式,在计算机之间进行传输。EDI 具有以下四个要求。

(1) 在企业之间传输商业文件数据。

(2) 传输的文件数据必须采用共同的标准并具有固定格式。

(3) 传输数据的通信网络一般是增值网络或专用网。

(4) 数据是从计算机到计算机的自动传输,不需要人工操作。

2. EDI 的优点

与普通的文件传输方式相比,使用 EDI 的主要优点如下所述。

1) 降低纸张文件的消费

根据联合国组织的一次调查显示,进行一次进出口贸易,双方约需交换近 200 份文件和表格,其纸张、打印差错可能引起的总开销大约为货物价格的 7%。美国通用汽车公司采用 EDI 后,每生产一辆汽车可节约成本 250 美元,按每年生产 500 万辆计算,可以产生 12.5 亿美元的经济效益。

2) 减少重复劳动及差错率

如果没有 EDI 系统,即使是高度计算机化的公司,也需要经常将外来的资料重新输入本公司的计算机。调查表明,从一部计算机输出的资料有多达 70% 的数据需要再输入其他计算机,既费时又容易出错。EDI 的使用使出错率大大降低。

3) 提高工作效率

EDI 的使用使贸易双方能够以更迅速、有效的方式进行贸易,大大简化了订货过程或存货过程,使双方能及时地充分利用各自的人力和物力资源。美国 DEC 公司应用 EDI 后,存货期由 5 天缩短为 3 天,每笔订单费用从 125 美元降到 32 美元。新加坡采用 EDI 贸易网络之后,海关手续从原来的 3~4 天缩短到 10~15 分钟。

4) 改善贸易关系

使用 EDI 后企业可以准确地估计日后商品的需求量,货运代理商可以简化大量的出口文书工作,商业用户可以提高存货的效率,提高他们的竞争能力。

2.1.2 EDI 系统的组成

要实现 EDI 必须具备三个基本要素,即数据标准化、EDI 软件及硬件和通信网络。

1. 数据标准化

EDI 标准是由各企业、各地区代表共同讨论、制定的电子数据交换共同标准,可以使各组织之间的不同文件格式通过共同的标准,达到彼此之间文件交换的目的。

EDI 标准是实现 EDI 的关键,目前有国际标准、国家标准和行业标准。

2. EDI 软件及硬件

EDI 的相关软件包括转换软件、翻译软件和通信软件。

1) 转换软件

转换软件可以帮助客户将原有计算机系统的文件转换成翻译软件能够解读的平面文

件,或是将翻译软件接收的平面文件转换成计算机系统中的文件。

2) 翻译软件

翻译软件将平面文件翻译成 EDI 标准格式,或将接收到的 EDI 标准格式文件翻译成平面文件。

3) 通信软件

通信软件将 EDI 标准格式的文件外层加上通信信封,再送到 EDI 系统交换中心的邮箱,或由 EDI 系统交换中心将接收到的文件取回。

EDI 所需的硬件设备包括计算机、调制解调器及通信网络。

3. 通信网络

通信网络通常采用增值网络(VAN)的形式。VAN 方式尽管有许多优点,但因为各增值网的 EDI 服务功能不尽相同,VAN 系统并不能互通,从而限制了跨地区、跨行业的全球性应用。同时,此方法还有一个致命的缺点,即 VAN 只实现了计算机网络的下层,相当于 OSI 参考模型的下三层。而 EDI 通信往往发生在各种计算机的应用进程之间,这就决定了 EDI 应用进程与 VAN 的联系相当松散,效率很低。

2.1.3 EDI 系统的实现过程

EDI 系统发送和接收文件的实现过程如下。

(1) 将要发送的数据从信息系统数据库调出,转换成平面文件。

(2) 将平面文件翻译成 EDI 标准报文。

(3) 给 EDI 标准报文加上通信信封,发送 EDI 信件。

(4) 从 EDI 信箱收取信件。

(5) 拆开信件并翻译成平面文件。

(6) 把平面文件转换成计算机系统文件并进行处理。

使用 EDI 发送文件的过程如图 2.1 所示。

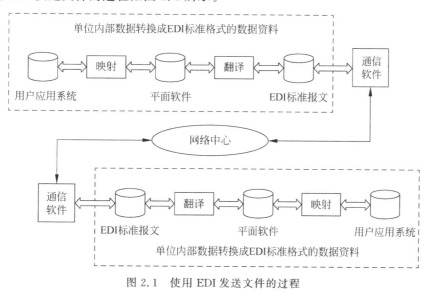

图 2.1 使用 EDI 发送文件的过程

2.1.4 EDI 系统的应用

从企业的角度来看，EDI 的实施涉及企业的计划、采购、生产、经营和销售等全过程；从社会的角度来看，EDI 的应用与订货方、供货方、海关、银行、保险、港口、运输等环节密切配合。它既包括技术的应用，又必须有各业务部门的参与和配合。随着互联网技术的发展，Internet 给 EDI 应用提供更便利的网络平台，其应用范围不断扩展，主要体现在以下四方面。

1. 商业贸易领域

通过采用 EDI 技术，可以将不同制造商、供应商、批发商和零售商之间各自的生产管理、物料需求、销售管理、仓库管理、商业 POS 系统有机结合起来，从而使这些企业大幅度提高经营效率。

基于 EDI 的采购供应过程如图 2.2 所示。

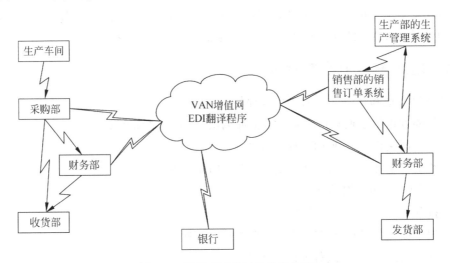

图 2.2 基于 EDI 的采购供应过程

2. 运输业

通过采用集装箱运输电子数据交换业务，可以将船运、空运、陆运、外轮代理公司、港口码头、仓库、保险公司等企业各自的应用系统联系在一起，提高货物运输能力，实现物流控制电子化及国际集装箱联运。

3. 通关自动化

通过采用 EDI 技术，可以将海关、商检、卫检等口岸监管部门与外贸公司、加工企业、报关公司等相关部门和企业紧密联系起来，从而简化进出口贸易程序，提高货物通关的速度。

4. 其他领域

在税务、银行、保险等贸易链路环节中，EDI 技术同样具有广阔的应用前景。通过 EDI 技术还可以实现电子报税、电子资金划拨（EFT）等多种用途。

2.2 计算机网络技术

计算机网络(Computer Network)由计算机和通信网络两部分组成,是计算机技术与现代通信技术相结合的产物。

2.2.1 互联网的产生与发展

Internet 是人类历史发展中的一个伟大的里程碑,它是未来信息高速公路的雏形,人类正由此进入一个前所未有的信息化社会。人们用各种名称来称呼 Internet,如国际互联网络、互联网、交互网络、网际网等,它正在向全世界各大洲延伸和扩散,不断增添、吸收新的网络成员,已经成为世界上覆盖面最广、规模最大、信息资源最丰富的计算机信息网络。

1. Internet 的起源

Internet 这样一个庞大的网络,它的由来可以追溯到 1962 年。当时,美国国防部为了保证美国本土防卫力量和海外防御武装在受到苏联第一次核打击以后仍然具有一定的生存和反击能力,认为有必要设计出一种分散的指挥系统:它由一个个分散的指挥点组成,当部分指挥点被摧毁后,其他指挥点仍能正常工作,并且这些指挥点之间能够绕过那些已被摧毁的指挥点而继续保持联系。为了对这一构思进行验证,1969 年,美国国防部国防高级研究计划署(DoD/DARPA)资助建立了一个名为 ARPANET(即"阿帕网")的网络,这个网络把加利福尼亚大学洛杉矶分校、加利福尼亚大学圣芭芭拉分校、斯坦福大学以及位于盐湖城的犹他州州立大学的计算机主机连接起来,位于各个节点的大型计算机采用分组交换技术,通过专门的通信交换机(IMP)和专门的通信线路相互连接。这个 ARPANET 就是 Internet 最早的雏形。

截至 1972 年,ARPANET 上的网点数已经达到 40 个,这 40 个网点彼此之间可以发送小文本文件(当时称这种文件为电子邮件,也就是现在的 E-mail)和利用文件传输协议发送大文本文件,包括数据文件(即现在 Internet 中的 FTP),同时也发现了通过把一台计算机模拟成另一台远程计算机的一个终端而使用远程计算机上的资源的方法,这种方法称为 Telnet。由此可见,E-mail、FTP 和 Telnet 是 Internet 上较早出现的重要工具,特别是 E-mail 仍然是目前 Internet 上最主要的应用之一。

2. Internet 的发展

Internet 的第一次快速发展源于美国国家科学基金会(National Science Foundation,NSF)的介入,即建立 NSFNET。

20 世纪 80 年代初,美国一大批科学家呼吁实现全美的计算机和网络资源共享,以改进教育和科研领域的基础设施建设,抵御欧洲和日本先进教育和科技进步的挑战和竞争。

20 世纪 80 年代中期,NSF 为鼓励大学和研究机构共享他们非常昂贵的四台计算机主机,希望各大学、研究所的计算机与这四台巨型计算机连接起来。最初,NSF 曾试图使用 ARPANET 做 NSFNET 的通信干线,但由于 ARPANET 的军用性质,并且受控于政府机构,这个决策没有成功。于是他们决定自己出资,利用 ARPANET 发展出来的 TCP/IP 通信协议,建立名为 NSFNET 的广域网。

进入 20 世纪 90 年代初期,Internet 事实上已成为一个"网际网":各个子网分别负责自己的架设和运作费用,而这些子网又通过 NSFNET 互联起来。NSFNET 连接全美上千万台计算机,拥有几千万用户,是 Internet 最主要的成员网。随着计算机网络在全球的拓展和扩散,美洲以外的网络也逐渐接入 NSFNET 主干或其子网。Internet 是没有中央控制和中央协调点的平等网络。

3. WWW 的兴起

如果没有 WWW(World Wide Web),也许 Internet 不会这么火爆。WWW 是由欧洲粒子物理实验室(CERN)研制的基于 Internet 的信息服务系统。

WWW 也称万维网,代表了存储和获取信息的一种思维方式和技术。它通过超文本技术链接到其他页面,可以将分散在各处的信息页面按内容的关联进行链接,如图 2.3 所示。

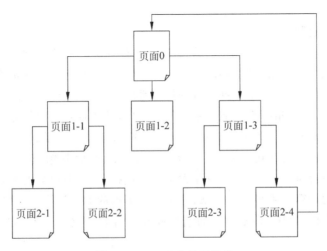

图 2.3　WWW 中的超链接

WWW 技术包括以下三方面。

(1) HTML——超文本标记语言。

(2) Web 服务器——存放由 HTML 写成的页面文件,供访问。

(3) Web 浏览器——帮助客户读取或浏览 HTML 页面。

4. Internet 在中国的发展

Internet 在中国的发展可以追溯到 1986 年。当时,中国科学院等一些科研单位通过国际长途电话拨号到欧洲一些国家,进行国际联机数据库检索。虽然国际长途电话的费用是极其昂贵的,但是能够以最快的速度查到所需的资料还是值得的。这可以说是我国使用 Internet 的开始。

由于核物理研究的需要,中国科学院高能所(IHEP)与美国斯坦福大学的线性加速器中心一直有着广泛的合作关系。随着合作的不断深入,双方意识到了加强数据交流的迫切性。在 1993 年 3 月,高能所通过卫星通信站租用了一条 64kb/s 的卫星线路与斯坦福大学联网。

1994 年 4 月,中国科学院计算机网络信息中心通过 64kb/s 的国际线路连到美国,开通路由器(一种连接到 Internet 必不可少的网络设备),我国开始正式接入 Internet。

目前,我国已建成国内互联网,其 4 个主干网络如下所述。

1) 中国教育和科研计算机网(CERNET)

中国教育与科研网是中国政府资助的全国范围的教育与科研网络,其基本建设目标是逐步将中国的所有大学、部分有条件的中小学通过网络连接起来。目前,已经有一千多所大专院校和中小学加入。中国教育与科研网的管理者是国家教育部。

2) 中国国家公用经济信息通信网——ChinaGBN

该网也称为中国金桥互联网金桥工程是原中国电子工业部推行的"三金"工程(金卡、金关、金桥)的网络基础设施。它始建于 1994 年,计划覆盖全国 500 个大城市,将国内的数万个企业连接起来,同时对社会提供开放的 Internet 接入服务。金桥网的管理者是中国吉通通信公司。

3) 中国科技网(CSTNET)

中国科技网主要为中国科学院在全国的研究所和其他相关研究机构提供科学数据库和超级计算资源。截至 1998 年 7 月,已经有 300 家国内研究机构接入了中国科技网。中国科技网的管理者是中国互联网络信息中心。

4) 中国公用计算机互联网(ChinaNet)

1994 年秋,考虑到国内用户对 Internet 的强烈需求,中国电信(China Telecom)开始着手规划一个全新的计算机网络——一个面向公众的商业网络,这就是 ChinaNet。中国电信的介入揭开了中国 Internet 商业化的序幕。

2.2.2 互联网的接入技术

Internet 接入技术的目的在于将用户的局域网或计算机与公用网络连接在一起,提供上网服务的是互联网服务提供商(Internet Service Provider,ISP)。用户先通过某种通信线路连接到 ISP 服务器,再通过 ISP 的连接通道接入 Internet。

发展至今,我国 Internet 用户接入 Internet 的方式,主要采用以下 8 种。其中部分方式已不再使用,仅带读者了解发展历程。

1. 电话线拨号方式(PSTN+MODEM)

电话线拨号方式是通过普通电话线和一台接入的专用设备调制解调器,利用当地运营商提供的接入号码,拨号接入互联网,理论上的传输速率为 56kb/s。它的特点是使用方便,只需有效的电话线及带有 Modem 的计算机就可完成接入,主要运用在一些低速率的网络应用(如网页浏览、聊天、E-mail 等),适合于临时性接入或无其他宽带接入场所的使用。它的最大缺点是速率低,独占电话线,传输数据的可靠性差,无法实现一些高速率要求的网络服务,并且费用较高,用户需同时支付电话通信费和网络使用费。如今,此种方式已被淘汰。

2. ISDN

ISDN(Integrated Service Digital Network,综合业务数字网)俗称"一线通"。它采用数字传输和数字交换技术,将电话、传真、数据、图像等多种业务综合在一个统一的数字网络中进行传输和处理。用户利用一条 ISDN 用户线路,可以在上网的同时拨打电话、收发传真,就像两条电话线一样。ISDN 基本速率接口有两条 64kb/s 的信息通路和一条 16kb/s 的信息通路,简称 2B+D。当有电话接入时,它会自动释放一个 B 信道进行电话接听。

ISDN 的速度比普通 Modem 快很多，尤其是在下载大的文档时优势更加明显。另外，由于 ISDN 使用的是数码线路，因此可以保证上传和下载的速度相同。

3. xDSL

xDSL 是当前性能比较高的一种接入技术，它是以铜质电话线为传输介质的传输技术的总称。

ADSL 作为 xDSL 技术的一种，可直接利用现有的电话线路，通过 ADSL Modem 后进行数字信息传输，理论速率可达到 8Mb/s 的下行和 1Mb/s 的上行，传输距离可达 4~5km。它的优点是速率稳定、带宽独享、语音数据不干扰等，适用于家庭、个人等用户的大多数网络应用需求，满足一些宽带业务，包括 IPTV、视频点播(VOD)、远程教学、可视电话、LAN 互联等。

4. Cable Modem

Cable Modem 是一种基于有线电视网络的接入方式，具有专线上网的连接特点，允许用户通过有线电视网实现高速接入互联网，适用于拥有有线电视网的家庭、个人或中小团体。其优点是速率较高，接入方便(通过有线电缆传输数据，不需要布线)，可以实现各类视频服务和高速下载；缺点是基于有线电视网络的架构属于网络资源分享型，当用户激增时，速率就会下降且不稳定，扩展性不够。

5. 光纤宽带接入

光纤宽带接入方式是通过光纤接入到小区节点或楼道，再由网线连接到各个共享点上(一般不超过 100m)，提供一定区域的高速互联接入。它的优点是速率高，抗干扰能力强，适用于家庭、个人或各类企事业团体，可以实现各类高速率的互联网应用(视频服务、高速数据传输、远程交互等)；缺点是一次性布线成本较高。

6. DDN

DDN(Digital Data Network，数字数据网)是利用光纤、微波、卫星等数字传输通道和数字交叉复用节点组成的数据传输网，它具有传输质量好、速率高、网络时延小等优点，适用于计算机主机之间、局域网之间、计算机主机与远程终端之间的大容量、多媒体、中高速通信的需要，是我国的中高速信息国道。DDN 传输速率高，网络延时小，最高传输速率可达 150Mb/s，平均时延小于 $450\mu s$；缺点是费用太高。

7. VPN

VPN(Virtual Private Net，虚拟专用网络)的功能是：在公用网络上建立专用网络，进行加密通信，在企业网络中有广泛应用。VPN 网关通过对数据包的加密和数据包目标地址的转换实现远程访问。VPN 可通过服务器、硬件、软件等多种方式实现。

8. 无线接入

无线接入是有线接入的延伸技术，使用无线射频(RF)技术越空收发数据，减少使用电线连接。因此，无线网络系统既可以达到使用计算机网络系统的目的，又可以让设备自由安排和移动。在公共开放的场所或企业内部，无线网络一般会作为已存在有线网络的一个补充方式。目前，常用的无线接入技术有微波接入技术、CDMA 技术、GPRS 技术、蓝牙技术以及 Wi-Fi 无线局域网等。

一个典型的网络接入方案如图 2.4 所示。

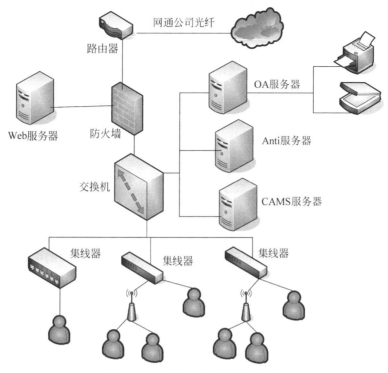

图 2.4 一个典型的网络接入方案

2.2.3 网络协议和网络的体系结构

网络协议和网络的体系结构是计算机网络技术的核心。

视频讲解

1. 网络协议

网络中不同的工作站、服务器之间能传输数据,源于协议的存在。随着网络的发展,不同的开发商开发了不同的通信方式。为了使通信成功可靠,网络中的所有主机都必须使用同一语言,不能带有"方言",因而必须开发严格的标准来定义主机之间的每个包中每个字中的每一位。这些标准来自于多个组织的努力,约定好通用的通信方式,即协议。这些都使通信更容易。

已经开发了许多协议,但是只有少数被保留了下来。那些协议的淘汰有多种原因——设计不好、实现不好或缺乏支持。而那些保留下来的协议经历了时间的考验并成为有效的通信方法。当今局域网中最常用的网络协议是 TCP/IP 和用于邮件传输的协议 SMTP 与 POP3。

1) TCP/IP

每种网络协议都有自己的优点,但是只有 TCP/IP 允许与 Internet 完全的连接。TCP/IP 是在 20 世纪 60 年代由麻省理工学院和一些商业组织为美国国防部开发的,即便遭到核攻击而破坏了大部分网络,TCP/IP 仍然能够维持有效的通信。ARPANET 就是基于该协议开发的,并发展成为作为科学家和工程师交流媒体的 Internet。TCP/IP 同时具备了可扩展性和可靠性的需求,不幸的是牺牲了速度和效率。

Internet 公用化以后,人们开始发现全球网的强大功能。Internet 的普遍性是 TCP/IP 至今仍然使用的原因。常常在没有意识到的情况下,用户就在自己的 PC 上安装了 TCP/IP 协议栈,从而使该网络协议在全球应用最广。

TCP/IP 的 32 位寻址功能方案不足以支持即将加入 Internet 的主机和网络数,因而可能被 IPv6 代替。

2) SMTP 与 POP3

SMTP(Simple Mail Transfer Protocol)即简单邮件传输协议,它是一组用于由源地址到目的地址传送邮件的规则,用来控制信件的中转方式。SMTP 属于 TCP/IP 协议簇,它帮助每台计算机在发送或中转信件时找到下一个目的地。通过 SMTP 所指定的服务器,就可以把 E-mail 寄到收信人的服务器上,整个过程只要几分钟。SMTP 服务器则是遵循 SMTP 的发送邮件服务器,用来发送或中转发出的电子邮件。

POP3(Post Office Protocol 3)即邮局协议的第 3 个版本,它规定怎样将个人计算机连接到 Internet 的邮件服务器和下载电子邮件。它是互联网电子邮件的第一个离线协议标准,允许用户从服务器上把邮件存储到本地主机(即自己的计算机)上,同时删除保存在邮件服务器上的邮件。POP3 服务器是遵循 POP3 的接收邮件服务器,用来接收电子邮件。

2. 网络的体系结构

一个完善的网络需要一系列网络协议构成一套完备的网络协议集。大多数网络在设计时是将网络划分为若干个相互联系而又各自独立的层次,然后针对每个层次及层次间的关系制定相应的协议,这样可以减少协议设计的复杂性。像这样的计算机网络层次结构模型及各层协议的集合称为计算机网络体系结构(Network Architecture)。

层次结构中的每一层都是建立在前一层基础上的,低层为高层提供服务,上一层在实现本层功能时会充分利用下一层提供的服务。但各层之间是相对独立的,高层无须知道低层是如何实现的,仅需知道低层通过层间接口所提供的服务即可。当任何一层因技术进步发生变化时,只要接口保持不变,其他各层都不会受到影响。当某层提供的服务不再需要时,甚至可以将这一层取消。

网络技术的发展过程中曾出现过多种网络体系结构。信息技术的发展在客观上提出了网络体系结构标准化的需求,在此基础上产生了国际标准化组织(ISO)的开放系统互连(OSI)参考模型和 TCP/IP 参考模型。

1) OSI 参考模型

OSI 参考模型分为七层,其结构如图 2.5 所示。

七层的功能如下所述。

(1) 物理层(位):计算机与通信信道的连接。

(2) 链路层(帧):将上层数据封装成帧,用 MAC 地址访问媒介,错误检测与修正。

(3) 网络层(包):提供逻辑地址(IP)、选路,数据从源端到目的端的传输。

(4) 传输层(段):实现网络不同主机上用户进程之间的数据通信、可靠与不可靠的传输、传输层的错误检测、流量控制等。

(5) 会话层(数据):允许不同机器上的用户之间建立会话关系。

(6) 表示层(数据):数据的表现形式,特定功能的实现,如数据加密。

(7) 应用层:应用服务,如 FTP、Mail、Telnet 等。

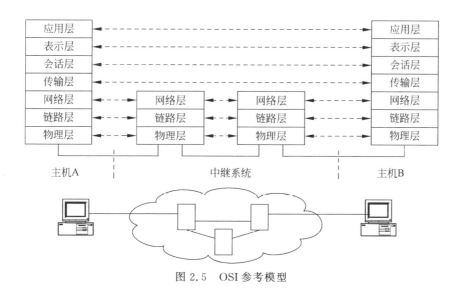

图 2.5　OSI 参考模型

不同主机的同一层之间进行通信,同一主机的不同层之间进行服务调用。网间互联的示意如图 2.6 所示。

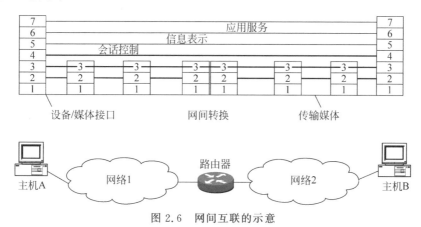

图 2.6　网间互联的示意

2) TCP/IP 网络参考模型

ISO 制定的 OSI 参考模型因过于庞大和复杂而招致了许多批评,相比之下,由技术人员自己开发的 TCP/IP 网络参考模型获得了更为广泛的应用。图 2.7 所示是 TCP/IP 参考模型与 OSI 参考模型的对比示意。

OSI	TCP/IP 协议集	
应用层	应用层	Telnet、FTP、SMTP、DNS、HTTP 以及其他应用协议
表示层		
会话层		
传输层	传输层	TCP、UDP
网络层	网络层	IP、ARP、RARP、ICMP
链路层	网络接口层	各种通信网络接口(以太网等)(物理网络)
物理层		

图 2.7　TCP/IP 参考模型与 OSI 参考模型的对比示意

TCP/IP 参考模型分为四个层次：应用层、传输层、网络层和网络接口层。在 TCP/IP 参考模型中，去掉了 OSI 参考模型中的会话层和表示层(这两层的功能被合并到应用层实现)，同时将 OSI 参考模型中的链路层和物理层合并为网络接口。下面分别介绍各层的主要功能。

(1) 网络接口层负责建立电路连接，是整个网络的物理基础，典型的协议包括以太网、ADSL 等。

(2) 网络层负责分配地址和传送二进制数据，主要协议是 IP。

(3) 传输层负责传送文本数据，主要协议是 TCP。

(4) 应用层负责传送各种最终形态的数据，是直接与用户打交道的层，典型协议是 HTTP、FTP 等。

2.2.4 IP 地址与域名

视频讲解

接入 Internet 的计算机都需要有一个唯一的编号或名称作为其在 Internet 的标识，IP 地址与域名则是目前用于标识计算机的主要方法。

1. IP 地址

Internet 上的每一台计算机都会分配一个唯一的地址，即 IP 地址，类似上网的全球通用户都有一个唯一的电话号码一样。IP 地址通常由四组三位的十进制数表示，中间用小数点分开，例如 172.30.36.88。完整的地址分为网络号和主机号两部分，网络号标识一个网络，主机号标识这个网络的一台主机。IP 地址共分为五类：A 类地址用于大型网络；B 类地址用于中型网络；C 类地址用于小型网络；D 类和 E 类用于特殊的网络和保留使用。

网络号是由 Internet 权力机构分配的，目的是为了保证网络地址的全球唯一性。主机地址是由各个网络的系统管理员统一分配的。因此，网络地址的唯一性与网络内主机地址的唯一性，就确保了 IP 地址的全球唯一性。

IP 地址根据应用分为私有 IP、公有 IP、固定 IP 和动态 IP。

1) 私有 IP

私有 IP 是公司和机构在它们的私有网络的私有应用留出的 IP 地址。私有 IP 不能直接连接到互联网，因为它们是不可路由的。私有 IP 应用于局域网，有些不需要连接 Internet 的通信设备例如打印机，使用私有 IP 可以节省资源。常见的 192.168.0.* 就是私有 IP。

2) 公有 IP

公有 IP 是被大公司或 ISP 典型拥有，被公众用于路由通过任何网络。当用户与 ISP 约定服务时，ISP 从公共 IP 地址池中分配给用户一个合法的 IP 地址。

3) 固定 IP

固定 IP 地址是长期分配给一台计算机或网络设备使用的 IP 地址。一般来说，采用专线上网的计算机才拥有固定的 Internet IP 地址。

4) 动态 IP

动态 IP 针对家庭这类小型用户。因为 IP 地址是有限的，个人用户使用动态 IP 可以节省资源。

2. 域名

如果人们只能用数字型的 IP 地址来进行网络和主机标识，显然存在难以记忆的问题。

为了解决这个问题，Internet 的研究人员研制出一种字符型的标识方法，即为每一个接入 Internet 的主机起一个字符型的名字，称为域名，用它作为主机的标识。例如，用 city.dlut.edu.cn 代替 172.30.36.88，更方便记忆。

主机域名是为主机起的名字，它由用圆点分隔的几个名字组成。同英文地址的书写顺序相同：小的域写在前面，大的域写在后面，写在最后面的称为顶级域名。

1) 域名的命名

目前所使用的域名是一种层次型命名法，如图 2.8 所示。

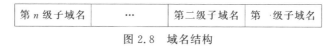

图 2.8 域名结构

一般来说，$2 \leqslant n \leqslant 5$，域名可以字母或数字开头和结尾，并且中间的只能是字母、数字和连字符。第一级子域名也称为顶级域名，一般代表国家，例如 city.dlut.edu.cn 的 cn 代表中国，edu 表示教育和科研系统，dlut 代表大连理工大学，city 代表城市学院。

域名可分为两大类：机构性域名和地理性域名。

机构性域名有 com(盈利性的商业实体)、edu(教育机构)、gov(非军事性政府或组织)、int(国际性机构)、mil(军事机构或设施)、net(网络资源或组织)、org(非营利性组织或机构)、firm(商业或公司)、store(商场)、arts(文化娱乐)、arc(消遣性娱乐)、info(信息服务)和 nom(个人)。

地理性域名指明了该域名源自的国家或地区，如 cn 代表中国，jp 代表日本，hk 代表中国香港，tw 代表中国台湾，bj 代表中国北京等。没有地理性域名的域名一般是在美国注册的域名。

图 2.9 所示为"中华人民共和国中央人民政府"网站名及各部分的含义。

图 2.9 "中华人民共和国中央人民政府"网站名及各部分的含义

在许多情况下，一台主机具有多个用途，每个网页以文件的形式存放。这时 URL 就要指定到文件，即在主机名后用斜杠分隔的路径，最后是文件名。图 2.10 所示为某网站名及各部分的含义，图中的文件路径即文件夹的名字。

图 2.10 某网站名及各部分的含义

2) 域名的注册

申请网站域名步骤非常简单，首先要挑选注册商，在他们的网站上注册账号，然后查询每一种域名的价格，并充值相应的款项，然后根据网站上的步骤填写资料和注册(一般注册商的网站上都有图文并茂的解释，根据提示的操作就可以)即可，注册成功后会得到域名证书。

域名的申请可以通过 CNNIC(中国互联网络信息中心)进行，CNNIC 是我国域名注册管理机构和域名根服务器运行机构。它负责运行和管理国家顶级域名.cn、中文域名系统、通用网址系统及无线网址系统，并提供不间断的域名注册、域名解析和 Whois 查询服务。

此外，也可以通过 ICANN 授权的域名申请代理机构申请域名，其中较早进行这项业务的是"中国频道"。图 2.11 所示为"中国频道"首页。

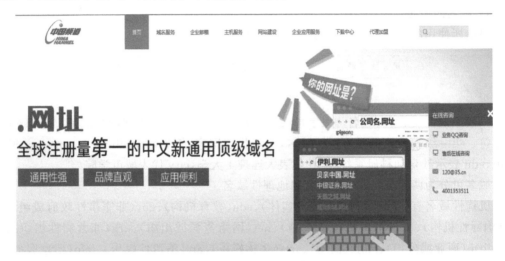

图 2.11 "中国频道"首页

3) 域名管理机构——ICANN

互联网名称与数字地址分配机构(The Internet Corporation for Assigned Names and Numbers, ICANN)，是总部设在美国加利福尼亚州的一个非营利性国际组织。在美国商务部的提议下于 1998 年 10 月成立，负责互联网协议(IP)地址的空间分配、协议标识符的指派、通用顶级域名(gTLD)以及国家和地区顶级域名(ccTLD)系统的管理、根服务器系统的管理，还负责评审"域名注册商"(Domain Name Registrar)的工作。

3. MAC 地址

MAC 地址也称物理地址、硬件地址或链路地址，由网络设备制造商生产时写在硬件内部。IP 地址与 MAC 地址在计算机里都是以二进制表示的，IP 地址是 32 位的，而 MAC 地址则是 48 位的。MAC 地址的长度为 48 位(6 字节)，通常表示为 12 个十六进制数，每两个十六进制数之间用冒号隔开，如 08：00：20：0A：8C：6D 就是一个 MAC 地址。其中前 6 位十六进制数 08：00：20 代表网络硬件制造商的编号，它由 IEEE(电气与电子工程师协会)分配，而后 6 位十六进制数 0A：8C：6D 代表该制造商所制造的某个网络产品(如网卡)的系列号。只要不更改 MAC 地址，那么 MAC 地址在世界上就是唯一的。

4. ARP

ARP(Address Resolution Protocol，地址解析协议)是根据 IP 地址获取物理地址的一个 TCP/IP。其功能是主机将 ARP 请求广播到网络上的所有主机，并接收返回消息，确定目标 IP 地址的物理地址，同时将 IP 地址和硬件地址存入本机 ARP 缓存，下次请求时直接查询 ARP 缓存。

ARP 欺骗攻击是针对以太网 ARP 的一种攻击技术。当使用 ARP 查询到不正常的

MAC 地址或虚假的 MAC 地址,或出现一个 MAC 地址对应多个 IP 的情况时,就产生了 ARP 欺骗。ARP 欺骗会导致局域网内的 ARP 包暴增,从而导致网速变慢、不能上网或账号被盗用。彻底解决的方法就是静态绑定 ARP 表项。

5. 主机名

主机名就是计算机的名字(计算机名),网上邻居就是根据主机名来识别的,这个名字可以随时在"我的电脑"属性的"计算机名"处进行更改。

6. DNS 解析

当请求网页浏览服务时,首先要将请求的域名转换为对应的 IP 地址,才能返回网页,这个过程称为 DNS 解析。为了将域名和对应的 IP 地址映射一致,必须建立相应的域名服务器,由它们负责注册该域内的所有主机,即建立本域中的主机名与 IP 地址的对应表。当该服务器收到域名请求时,将域名解释为对应的 IP 地址,对于不属于本域的域名则转发给上级域名服务器去查找对应的 IP 地址。在 Internet 中,域名与 IP 地址的关系并非一一对应,注册了域名的主机一般都有一个固定 IP 地址,但不是每一个 IP 地址都对应一个域名。

1) Hosts 文件

Hosts 是一个没有扩展名的系统文件,可以用记事本等工具打开,其作用就是将一些常用的网址域名与其对应的 IP 地址建立一个关联"数据库"。当用户在浏览器中输入一个需要登录的网址时,系统会首先自动从 Hosts 文件中寻找对应的 IP 地址,一旦找到,系统会立即打开对应网页,如果没有找到,则系统会再将网址提交 DNS 域名解析服务器进行 IP 地址的解析。

2) DNS 服务器

要完成 DNS 解析,需要在 DNS 服务器中添加一些 DNS 记录,常见的 DNS 记录如表 2.1 所示。

表 2.1 DNS 记录

主机名	类型	IP 地址/域名	优先级
www	A	218.107.207.106	0
Mail	A	218.107.207.107	0
	MX	msserver.com.cn	10
Smtp	A	ask.zol.com.cn	0
BBS	A	218.107.207.108	0

3) DNS 解析

当在浏览器中输入 www.qq.com,直到返回腾讯首页,中间要经过 DNS 解析,返回腾讯首页的 IP 地址 119.147.15.13,如图 2.12 所示。

DNS 解析的具体过程如下。

(1) 在浏览器中输入 www.qq.com,操作系统会先检查自己本地的 Hosts 文件是否有这个网址映射关系,如果有,就先调用这个 IP 地址映射,完成域名解析。

(2) 如果 Hosts 里没有这个域名的映射,则查找本地 DNS 解

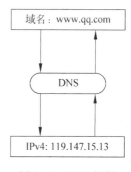

图 2.12 DNS 解析

析器缓存是否有这个网址映射关系;如果有,则直接返回,完成域名解析。

(3) 如果 Hosts 与本地 DNS 解析器缓存都没有相应的网址映射关系,则会找 TCP/IP 参数中设置的首选 DNS 服务器,在此称为本地 DNS 服务器。当此服务器收到查询时,如果要查询的域名包含在本地配置区域资源中,则返回解析结果给客户机,完成域名解析,此解析具有权威性。

(4) 如果要查询的域名不由本地 DNS 服务器区域解析,但该服务器已缓存了此网址映射关系,则调用这个 IP 地址映射,完成域名解析,此解析不具有权威性。

(5) 如果本地 DNS 服务器本地区域文件与缓存解析都失效,则根据本地 DNS 服务器的设置(是否设置转发器)进行查询,如果未用转发模式,则本地 DNS 把请求发至根 DNS 服务器,根 DNS 服务器收到请求后会判断这个域名(.com)由谁授权管理,并返回一个负责该顶级域名服务器的 IP。本地 DNS 服务器收到 IP 信息后,将会联系负责.com 域的这台服务器。这台负责.com 域的服务器收到请求后,如果自己无法解析,就会找一个管理.com 域的下一级 DNS 服务器地址(qq.com)给本地 DNS 服务器。当本地 DNS 服务器收到这个地址后,就会找 qq.com 域服务器,重复上面的动作,进行查询,直至找到 www.qq.com 主机。

(6) 如果用的是转发模式,此 DNS 服务器就会把请求转发至上一级 DNS 服务器,由上一级服务器进行解析,上一级服务器如果不能解析,则找根 DNS 服务器或把该请求转至上上级,以此循环。不管本地 DNS 服务器是否用转发模式,最后都是把结果返回给本地 DNS 服务器,由此 DNS 服务器再返回给客户机。

DNS 解析的过程如图 2.13 所示。

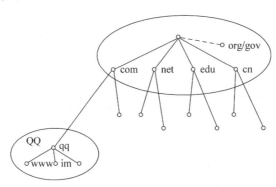

图 2.13 DNS 解析的过程

2.2.5 Internet 的主要功能

Internet 的主要功能是资源共享,根据资源共享的不同方式,Internet 提供以下八种信息服务。

1. 电子邮件

通过网络技术收发以电子文件格式编写的信件,在 ARPANET 的早期就可以编写、发送和接收电子邮件(E-mail)了,现在电子邮件已成为 Internet 上使用最广泛的服务之一,因此电子邮件是 Internet 最基本的功能之一。在浏览器技术产生之前,Internet 上的用户之间的交流大多数是通过 E-mail 方式进行的。随着 Internet 的发展和电子邮件系统的不断完善,再加上多媒体技术的发展和应用,发送电子邮件可以附加任意格式的文件,如图片、声音以及视频等。

E-mail 的收发过程如下所述。

(1) 发送者→发送者的邮件服务器(遵循 SMTP)。

(2) 发送者的邮件服务器→接收者的邮件服务器。

(3) 接收者的邮件服务器→接收者(遵循 POP3)。

E-mail 的收发过程如图 2.14 所示。

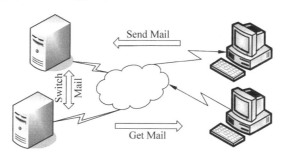

图 2.14 E-mail 的收发过程

2. 文件传输

文件传输(FTP)指的是将远程文件下载到本地计算机,或将本地计算机的文件上传到远程计算机中。远程文件一旦下载到本地计算机上,便属于本地文件,与远程系统无关,用户可以对该文件进行读写操作。

3. 网页浏览

互联网实际上是一个由文件、图片、声音、动画以及视频构成的巨大的信息媒体库,这些信息存储在遍布全球的各种各样的计算机中,网页浏览(WWW)需要使用浏览器,如 Firefox 等。

4. 搜索引擎

搜索引擎(Search Engines)是对互联网上的信息资源进行搜集整理,然后供查询的系统。它包括信息搜集、信息整理和用户查询三部分。搜索引擎是一个提供信息"检索"服务的平台,它使用某些程序把互联网上的所有信息归类以帮助人们在茫茫网海中搜寻到所需要的信息。

5. 电子公告牌系统

作为网上直接交流对话的窗口,电子公告牌系统(Bulletin Board System,BBS)有着社区性的功能,它为情趣相近和有共同需要的人提供了一个虚拟、开放的广阔交流空间。

6. 新闻组

新闻组(News Group)可以看成是一个全球性庞大的 BBS,人们可以对共同感兴趣的主题交流信息、发表自己的意见和建议。现在已有许多关于技术和非技术专题的新闻组,涵盖社会、科学、娱乐和政治等方面。

7. 远程登录

远程登录(Telnet)可以使本地计算机连接到一个远程计算机上,执行远程计算机上的程序,登录以后的本地计算机就像是远程计算机的终端,可以使用远程计算机允许使用的各项功能。远程登录通常需要一个合法的账户。

8. Blog

Blog 是继 E-mail、BBS、ICQ 之后出现的第四种网络交流方式。Blog 的全称是 Web Log(网络日志)，缩写为 Blog，博客(Blogger)是指写 Blog 的人。实际上个人博客网站就是网民通过互联网发表各种思想的虚拟场所。盛行的博客网站内容通常五花八门，从新闻内幕到个人思想、诗歌、散文甚至科幻小说，应有尽有。

2.2.6 Internet 的扩展

利用 Internet 的先进技术，在 TCP/IP 的基础上，基于企业的特殊应用及安全性考虑，延伸出 Intranet、Extranet 和 VPN 等网络。

1. Intranet

Intranet 又称为内联网，是 Internet 技术在企业内部的应用。它实际上是采用 Internet 技术建立的企业内部网络，核心技术是基于 Web 的计算。Intranet 的基本思想是：在内部网络上采用 TCP/IP 作为通信协议，利用 Internet 的 Web 模型作为标准信息平台，同时建立防火墙把内部网和 Internet 分开。当然 Intranet 并非一定要和 Internet 连接在一起，它完全可以自成一体作为一个独立的网络。

Intranet 主要用于企业内部信息交流、信息发布、检索以及企业内部业务信息管理系统 WebMIS 的实现。

2. Extranet

Extranet 又称为外联网，是一个使用 Internet/Intranet 技术使企业与其客户、供应商和合作伙伴相连来完成其共同目标的合作网络。Extranet 可以作为 Intranet 的扩展，用户需要授权才能登录到企业内部网络。

3. VPN

VPN(Virtual Private Network，虚拟专用网络)是采用加密技术，在公共网络上构建虚拟的企业专用网络，使企业敏感数据能够在公共网络中安全地传递。虚拟专用网可以帮助远程用户、公司分支机构、商业伙伴及供应商同公司的内部网建立可信的安全连接，并保证数据的安全传输。VPN 通常采用的隧道技术包括二层隧道技术(L2TP、PPTP)和三层隧道技术(GRE，IPSec)。VPN 二层隧道技术的示意如图 2.15 所示。

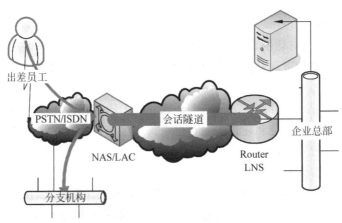

图 2.15 VPN 二层隧道技术的示意

2.2.7 构建 Internet 网站

随着互联网的迅速发展,政府机关、企事业单位纷纷根据自己的需要建立了各自的 Internet 网站。由于网站需要提供高速的链接、丰富的内容以及众多的服务,所以其规划设计需要综合考虑网络性能、存储设备、域名注册、系统软件平台、服务器选择、空间接入等内容。

1. 域名注册

选择比较有实力和信誉的域名代理商注册域名,在代理商网站注册,然后付款。注册成功后,需要设置域名管理密码对其进行管理。每年还需要对域名进行续费。

2. 选择服务器

按照 B/S 模式工作的 WWW 必须有一个服务器——电子商务网站的主机。主机是网站的心脏,不仅需要先进的计算机,还要配置合适的网络操作系统、Web 服务器程序、数据库管理系统、邮件系统等软件。不同主机的配置是不相同的,主机可以有独立主机、服务器托管和虚拟主机三种形式。

1) 独立主机

独立主机就是某个单位自己投资购买、配置并管理自己服务器的主机。当然这需要很大的投资,因为主机及其配置的软件的价格都是非常昂贵的,此外还需要配套的接入设备、接入线路、通信费用以及维护人员。

独立主机有如下两个非常重要的技术指标。

(1) 允许同时登录的用户数量。小型网站允许同时登录的用户数量在几百个,而大型网站就要考虑成千上万个用户同时登录。

(2) ISP(Internet 服务提供商)出口带宽,即连接到其他网站的带宽。Web 的超链接可能链接到任何其他服务器,如果出口带宽不足,会使链接等待时间过长。

2) 服务器托管

服务器托管又称为主机托管,是指客户自身拥有服务器,可以自行选择操作系统并把它们放置在 Internet 数据中心的机房,由客户自己进行维护,或者由其他的签约人进行远程维护。例如,企业将自己的服务器放在电信的专用托管服务器机房,可以享受中国电信专业服务器托管服务,7×24 小时全天候值班监控,包括稳定的网络带宽、恒温、防尘、防火、防潮和防静电等。

服务器托管是小型网站经常采取的一种建站方法,不仅不需要租用接入线路,还节省了开户费、初装费。

3) 虚拟主机

虚拟主机是最经济的建站方法。用户租用 Internet 上某主机的硬盘空间,而不是独立地拥有一个主机。这样,一台计算机可以作为多个网站的主机。对于每个网站来说,好像都具有一个主机,但实际只是拥有硬盘上的一个空间,称为虚拟主机。

目前,众多的 ISP 都提供有免费或低价的虚拟主机服务。选择这些主机,不仅要考虑投资问题,还要考虑主机的带宽、稳定性、可靠性、线路的通畅性以及有无全天候服务响应等。

服务器硬件一般是数据中心和服务器设备分开,服务器软件包括操作系统、Web Server

(如 IIS)、Mail Server(如 Exchange、Lotus)和其他服务器软件(如 serv-u),可以把多个服务器软件集成到一个设备机柜上,如图 2.16 所示。

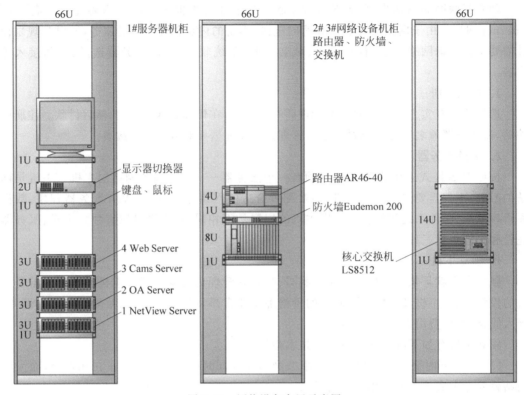

图 2.16 网络设备布置示意图

2.3 Web 应用技术

要开发企业网站,离不开 Web 应用技术,这涉及 Web 的应用系统模式选择、开发语言和技术。

2.3.1 Web 的应用系统模式

根据用户浏览网页的方式不同,可以把 Web 的应用系统模式分为 B/S 模式和 C/S 模式两种。

1. C/S 模式

C/S(Client/Server,客户机/服务器)模式是 Web 应用系统模式的一种,是基于企业内部网络的应用系统。与 B/S(Browser/Server,浏览器/服务器)模式相比,C/S 模式的最大好处是不依赖企业外网环境,即无论企业是否能够上网,都不影响应用。典型的 C/S 模式的网络结构如图 2.17 所示。

2. B/S 模式

B/S 模式是随着 Internet 技术的兴起,对 C/S 模式应用的扩展。在这种结构下,用户工作界面是通过浏览器来实现的。B/S 模式最大的优点是运行维护比较方便,能实现不同人

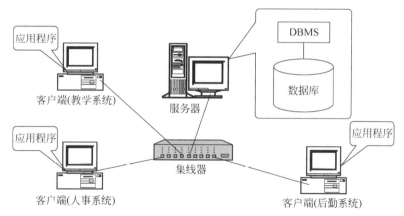

图 2.17 C/S 模式网络结构

员从不同的地点以不同的接入方式(如 LAN、WAN、Internet)访问和操作共同的数据。其最大的缺点是对企业外网环境的依赖性太强,任何原因引起的企业外网中断都会造成系统瘫痪。典型的 B/S 模式网络结构如图 2.18 所示。

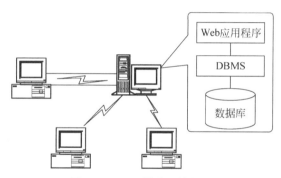

图 2.18 B/S 模式网络结构

2.3.2 网络标记语言

网络标记语言主要包括标准通用标记语言(Standard Generalized Markup Language, SGML)、超文本标记语言(Hyper Text Markup Language,HTML)、可扩展标记语言(Extensible Markup Language,XML)和可扩展超文本标记语言(XHTML)。四种标记语言的发展史如图 2.19 所示。

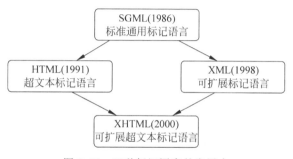

图 2.19 四种标记语言的发展史

1. SGML

SGML 是现时常用的超文本格式的最高层次标准,是可以定义标记语言的元语言,甚至可以定义不必采用< >的常规方式。由于它的复杂,因而难以普及。图 2.20 是 SGML 的一个实例。

```
<QUOTE TYPE="example">
typically something like <ITALICS>this</ITALICS>
</QUOTE>
```

图 2.20 SGML 实例

SGML 有非常强大的适应性,也正是因为同样的原因,导致在小型的应用中难以普及。HTML 和 XML 同样派生于它:XML 可以被认为是它的一个子集,而 HTML 是它的一个应用。

2. HTML

HTML 是可供浏览器解释浏览的文件格式。使用 HTML 编写的文件扩展名为 html 或 htm。可以使用记事本、写字板或 Adobe Dreamweaver 等编辑工具来编写 HTML 文件。HTML 使用标记对的方法编写文件,既简单又方便。它通常使用<标记名></标记名>来表示标记的开始和结束(如<html></html>),因此在 HTML 文档中这样的标记对都必须是成对使用的。图 2.21 为常用的 HTML 标记对。

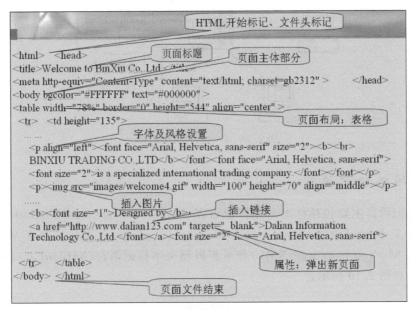

图 2.21 常用的 HTML 标记对

在互联网出现之前,HTML 就存在了。"超文本"这个词语,普遍认为是美国的 Vannevar Bush 率先提出的,他被誉为互联网的先驱。

几十年后,直到 1989 年,欧洲粒子物理实验室(CERN)的专家 Tim BernersLee 草拟了一份协议,目的是让同行们能在不同的计算机上自由地传输文档。后来被 W3C 命名为 HTML 1.0 draft,HTML 4.01 被认为是 HTML 的最终版本。

3. XML

XML 是标准通用标记语言的子集,是一种用于标记电子文件,能使其具有结构性的标记语言。

它可以用来标记数据、定义数据类型,是一种允许用户对自己的标记语言进行定义的源语言。它非常适合 WWW 传输,提供统一的方法来描述和交换独立于应用程序或供应商的结构化数据。

XML 比 HTML 提供更大的灵活性,但是它不可能很快代替 HTML。实际上,XML 和 HTML 能够很好地一起工作。Microsoft 希望许多作者和开发人员都能同时使用 XML 和 HTML,如用 XSLT 来生成 HTML。

4. XHTML

XHTML 是一个基于可扩展标记语言的标记语言,看起来与 HTML 有些相像,只有一些小的区别。但重要的区别是,XHTML 就是一个扮演着类似 HTML 的角色的可扩展标记语言(XML)。所以,从本质上说,XHTML 是一个过渡技术,结合了部分 XML 的强大功能及大多数 HTML 的简单特性。

2.3.3 系统开发技术

电子商务系统开发中常采用的软件技术包括 CSS、JavaScript、ASP、JSP、PHP 等。

1. CSS

CSS(Cascading Style Sheets,层叠样式表单)是一种设计网页样式的工具。借助 CSS 的强大功能,网页将在用户丰富的想象力下千变万化。

为 HTML 文档应用 CSS 有三种方法可供选择,下面对这三种方法进行概括。

1) 行内样式表(style 属性)

为 HTML 应用 CSS 的一种方法是使用 HTML 属性 style,例如,通过行内样式表将页面背景设为红色,如图 2.22 所示。

2) 内部样式表(style 元素)

为 HTML 应用 CSS 的另一种方法是采用 HTML 元素 style,如图 2.23 所示。

```
<html>
<head>
<title>Welcome to BinXiu Co,.Ltd.</title>
</head>
<body style="background-color:#FF0000;">
<p>这个页面是红色的</p>
</body>
</html>
```

图 2.22 行内样式表

```
<html>
<head>
<title>Welcome to BinXiu Co,.Ltd.</title>
    <style type="text/css">
      body {background-color:#FF0000;}
    </style>
</head>
<body>
   <p>这个页面是红色的</p>
</body>
</html>
```

图 2.23 内部样式表

3) 外部样式表(引用一个样式表文件)

外部样式表就是一个扩展名为 css 的文本文件。跟其他文件一样,样式表文件可以放在 Web 服务器上或者本地硬盘上,推荐采用这种引用外部样式表的方法。

例如,样式表文件名为 style.css,它被存放在名为 style 的目录中,style.css 的内容如图 2.24 所示。

通过创建一个指向外部样式表文件的链接(link),HTML

```
body {background-color:#FF0000;}
```

图 2.24 style.css 的内容

文档里可以方便地引用一个外部样式表文件(style.css),如图 2.25 所示。

```
<html>
<head>
<title>Welcome to BinXiu Co,.Ltd.</title>
    <link rel="stylesheet" type="text/css" href="style/style.css"/>
</head>
<body>
   <p>这个页面是红色的</p>
</body>
</html>
```

图 2.25　指向外部样式表文件的链接

注意：要在 href 属性里给出样式表文件的地址。这行代码必须插入 HTML 代码的头部(header),即放在标记< head >和标记</head >之间。

这个链接告诉浏览器,在显示该 HTML 文件时,要应用给出的 CSS 文件进行布局。这种方法的优点是多个 HTML 文档可以同时应用一个样式表。假设要修改某网站的所有网页,采用外部样式表可以避免手动修改多个 HTML 文档的工作。这样的修改只需几秒就可完成,只需要修改外部样式表文件里的代码即可。

2. JavaScript

JavaScript 语言的前身是 LiveScript。自从 SUN 公司推出 Java 语言后,Netscape 公司引进 SUN 公司有关 Java 的程序概念,将自己原有的 LiveScript 重新进行设计,并改名为 JavaScript。

JavaScript 是一种基于对象和事件驱动并具有安全性能的脚本语言,有了 JavaScript,可使网页变得生动。使用它的目的是与 HTML、Java 脚本语言一起实现在一个网页中链接多个对象,与网络客户交互作用,从而开发客户端的应用程序。它是通过嵌入在标准的 HTML 中实现的。

JavaScript 的优点如下所述。

1) 简单性

JavaScript 是一种脚本编写语言,它采用小程序段的方式实现编程。像其他脚本语言一样,JavaScript 同样也是一种解释性语言,它提供了一个简易的开发过程。它的基本结构形式与 C、C++、VB、Delphi 十分类似。但它不像这些语言,需要先编译,而是在程序运行过程中被逐行解释。它与 HTML 标识结合在一起,从而方便用户的使用操作。

2) 动态性

JavaScript 是动态的,它可以直接对用户或客户输入做出响应,无须经过 Web 服务程序。它对用户的反映响应,是采用以事件驱动的方式进行的。在主页中执行了某种操作所产生的动作,就称为"事件",如按下鼠标、移动窗口、选择菜单等。事件发生后可能会引起的响应称为事件响应。

3) 跨平台性

JavaScript 依赖浏览器本身,与操作环境无关,只要是能运行浏览器、并能支持 JavaScript 的浏览器的计算机就可以正确执行。

4) 节省交互时间

JavaScript 是一种基于客户端浏览器的语言。用户在浏览中填表、验证的交互过程只是通过浏览器对调入 HTML 文档中的 JavaScript 源代码进行解释执行来完成的,即使是必须调用CGI的部分,浏览器也只将用户输入验证后的消息提交给远程的服务器,大大减少了服务器的开销。

Microsoft从它的Internet Explore 3.0版开始支持JavaScript。Microsoft把自己实现的JavaScript规范称为JScript。这个规范与Netscape Navigator浏览器中的JavaScript规范在基本功能和语法上是一致的,但在个别对象的实现方面还有一定的差别。

此外,虽然JavaScript语言和Java语言是相关的,但它们之间的联系并不像想象中的那样紧密。

3. ASP

ASP(Active Server Pages)是一套微软开发的服务器端的脚本环境。ASP内含于IIS中,可以结合HTML网页、ASP指令、ActiveX插件和后台数据库建立动态、交互且高效的Web应用程序。ASP程序其实是以扩展名为asp的纯文本形式存在于Web服务器上的,可以用任何文本编辑器打开它,ASP程序中可以包含纯文本、HTML标记及脚本命令。只需将ASP程序放在Web服务器下拥有执行权限的目录中,就可以通过WWW的方式访问ASP程序了。

现在谈ASP时,不得不说到ASP.NET,它是一种经历了"脱胎换骨"改造后的ASP,并不只是ASP的简单升级。可以将其理解为一个用于Web开发的全新框架,其中包含了许多新的特性。

4. JSP

JSP(Java Server Pages)是一种以Java为核心技术的跨平台Web开发语言,与ASP、PHP处于同一层次,它既可以运行在Windows平台上,也可以运行在UNIX/Linux平台上。

Web服务器会自动将以JSP写成的Java程序代码转换成Java Servlets来执行,并将结果以静态HTML页面的形式提交。在传统的CGI编程中,每个服务请求都要启动一个新的进程,而在Servlets中,每个请求由一个轻量级的Java线程代劳,效率和系统健壮性都得到了提升。

5. PHP

PHP(Hypertext Preprocessor,超文本预处理语言)这种服务器嵌入式脚本语言在20世纪90年代中期由软件工程师Rasmus Lerdorf提出。1988年以后,随着开放源代码技术在全世界范围内的广受追捧,PHP也迎来了黄金期,除了核心开发小组的不懈努力,全世界的程序开发人员和用户都对PHP的发展和推广给予了支持。作为嵌入式的脚本语言,PHP与ASP、JSP一样可以将程序代码与单纯的HTML分开。PHP可以运行在任何一种主流的操作系统上,基于PHP的动态网站速度快。

2.4 新兴电子商务技术

新兴电子商务技术包括个性化推荐技术、产品智能搜索技术、移动电子商务技术、软件即服务和云计算技术。

2.4.1 个性化推荐技术

推荐系统(Recommendation System)就是根据用户个人的喜好和习惯来向其推荐信息、商品的程序。电子商务推荐系统能够直接与用户交互,模拟商店销售人员向用户提供商品推荐,帮助用户找到所需商品,从而顺利地完成购买过程。从用户的角度看,电子商务推荐系统通过对收集到的用户的访问行为、访问频度、访问内容等浏览信息进行挖掘,提取用户的特征,获取用户访问 Web 的模式,动态地调整页面结构,为用户实现主动推荐,提供个性化服务。从企业的角度看,企业希望能够获取用户的访问规律,以帮助企业确定用户消费的生命周期,针对不同的产品制定相应的营销策略,进一步优化网站的组织结构和服务方式,以提高网站的运营效率。推荐系统在帮助了用户的同时也提高了用户对商务活动的满意度,提高了用户对商务网站的黏性。

一般来说,推荐系统在电子商务服务过程中的作用可以归纳为以下三点。

1. 使本来只是在浏览网站的用户购买商品

已有明确购物目标的客户也许可以借助检索系统找到自己需要的东西,但对于大多数只是四处逛逛看一看的冲浪者,或是对自己的需要比较模糊的购买者,很难有耐心在几十页长的商品目录中逐项查找是否有自己感兴趣的东西。推荐系统通过合适的推荐,可以将一个浏览者变为购买者。

2. 提高电子商务的交叉销售能力

电子商务推荐系统在用户购买过程中向用户提供其他有价值的商品推荐,用户能够从推荐列表中购买自己确实需要但在购买过程中没有想到的商品,从而有效地提高电子商务系统的交叉销售。例如,站点可以根据客户当前购物车中的物品向他们推荐一些和这些已选购物品相关的物品。如果有一个好的推荐系统,则企业的平均订购量就可能增加。

3. 提高客户对电子商务网站忠诚度

与传统的商务模式相比,电子商务系统使得用户拥有越来越多的选择。用户更换商家极其方便,只需要单击一两次鼠标就可以在不同电子商务系统之间跳转。电子商务推荐系统分析用户的购买习惯,根据用户需求向用户提供有价值的商品推荐。如果电子商务推荐系统的推荐质量很高,用户可以很容易地找到自己想要的商品,那么用户会再次访问这个网站,并会将其推荐给其他人,这对于网站来说是一个很大的优势。

电子商务推荐系统的工作流程如图 2.26 所示。其分为两部分:离线模块和在线模块。离线模块的功能是对所收集到的数据进行处理生成推荐引擎。在线模块通过与用户的实时交互,将用户实时提交的数据送到推荐引擎,推荐引擎利用离线生成的模型和数据库中的信息进行分析,产生推荐,然后将推荐结果通过浏览器返回给用户。

1) 离线模块

离线模块可分为三部分:数据收集、数据预处理和模式发现。

(1) 数据收集是搜集在电子商务网站产生的一些信息。这些信息可能来自用户或者网站结构,也可能来自其他途径;收集的数据可能是文本,也可能是多媒体。

(2) 由于收集到的信息比较复杂,数据预处理必须将一些无用的干扰信息去掉,将数据分类等。

(3) 模式发现通过对预处理过的数据进行分析产生推荐模型。这里可以使用分段

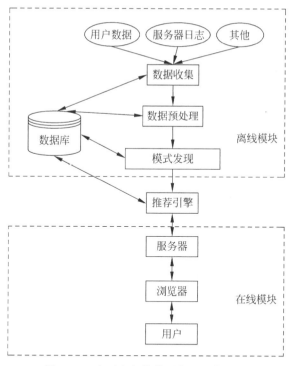

图 2.26　电子商务推荐系统的工作流程

Apriori 算法产生产品的关联规则,再与不同的用户群进行组合。

2）在线模块

在线模块主要是网站结构设计,表现在用户端的就是浏览器所显示的。

这两个模块通过推荐引擎相连,并通过推荐引擎进行交互。由于实现了离线模块和在线模块的分离,因此能适应大规模的数据量,极大地提高了个性化推荐服务的伸缩能力和实时响应速度。同时,由于集成了 Web 挖掘技术,在使用数据比较少或 Web 站点内容变化比较频繁的情况下,也能实现高质量的个性化推荐服务。

电子商务推荐技术在实际应用中取得了巨大的成功,许多电子商务网站都提供了各种不同程度的推荐服务。随着站点结构、内容的复杂度和用户人数的增加,电子商务推荐算法也面临许多挑战,主要包括实时性和扩展性问题、推荐智能化、实时性和推荐质量之间的平衡、数据挖掘算法优化问题、新的推荐系统体系结构等。

2.4.2　产品智能搜索技术

提供更迅速的响应速度、个性化的商品服务以及一个"好用"的商品搜索引擎系统已经成为电子商务公司的重要课题。当前国内外著名的电子商务网站,如 Amazon(亚马逊)、eBay、Newegg(新蛋网)、dangdang(当当网)等,都提供了商品搜索功能。这里的搜索和一般的 Web 搜索不尽相同。一方面,搜索的内容是商品,商品信息已经通过手工或其他方式存放在本地,一般不需要蜘蛛程序;另一方面,商品的信息往往是结构化的,如品牌、价格、重量、产地等信息,因此本地的存储方式往往采用关系数据库。有些电子商务网站的商品搜索就是通过数据库查询来实现的。

电子商务系统中的商品搜索引擎和一般搜索引擎一样，都要对搜索结果进行排序。大部分电子商务网站的商品搜索引擎没有使用全文检索技术，因此不能很好地支持相关度排序算法。易趣等默认按照商品的上架时间对搜索结果排序，作为C2C类型的电子商务网站，按照上架时间排序可以鼓励卖家更新商品。当当网默认按销量排序，在一定程度上可以反映用户对商品的关注程度。新蛋网则默认按商品名称排序。在这些网站，用户也可以选择按照其他方式对结果进行排序，如价格。从技术角度看，这些排序的依据都是数据库中的一个字段。

由于没有使用全文检索技术，一般电子商务网站的商品搜索引擎对模糊查询的支持不尽如人意。多个关键词查询的查全率明显要低于单个关键词查询，而对于一些未在特定字段出现的关键词，往往检索不到相关商品。

2.4.3 移动电子商务技术

移动计算(Mobile Computing)是移动通信技术与计算机结合的产物，与网络基础设施、电子商务及软件重用合称为对未来最有影响的四大技术方向。在移动计算环境中，大量的移动用户依靠移动接入设备的无线通信接口，通过移动服务支持节点与固定网络连接，获取各种各样的公共信息。移动数据通信摆脱了时间、地点等客观因素的限制，克服了传统数据传输模式所造成的延时和混乱，使人们可以随时随地在移动中查询、定制自己感兴趣的信息或服务。

随着智能手机、PDA等移动设备性能的不断提高，越来越多的用户习惯了移动通信方式，同时也期望能够更加灵活、不受任何限制地进行通信和接入到移动无线网络中。移动数据通信技术的最终目标是实现任何人在任何地点、任何时间以任何方式进行移动数据的访问和传输。

移动电子商务是通过无线数据平台，用户能够订购商品或服务，并进行支付。其主要的业务领域有以下五方面。

1. 移动购物及娱乐服务

移动购物主要提供移动网上商城及手机购买彩票，预订电影票、机票、车票等服务；娱乐服务包括游戏、铃声下载、图片下载、每日星座、笑话、移动聊天等业务。

2. 企业内部和企业之间的移动电子商务办公活动

在企业内部，通过移动无线网络，利用手持终端进行销售管理、仓储物流管理，减少库存成本和加快资金周转速度；在企业外部，与销售商进行合作，通过无线的方式提供信息发布、业务咨询、客户服务等，同时对接收移动广告的客户群、合作伙伴提供商品打折活动或免费递送等服务。通过移动电子商务办公活动，实现了流动办公，提高了企业的预订和接收订单的响应速度，提高了企业或个人的营运作业效率。

3. 日常生活和工作信息的实时传送

通过移动电子商务，用户可以随时随地获取所需的服务和各种信息，使得商务决策过程的效率大大提高。

4. 移动金融业务

金融机构可通过移动终端提供银行转账、查询、炒股、移动支付等业务。其中，移动支付主要有三种业务形式：手机银行、手机钱包和手机付费。

1) 手机银行

手机银行是指银行用户只需使用手机,按照屏幕提示信息,即可享受移动银行提供的个人理财服务,实现账户查询、转账、证券交易等功能。

2) 手机钱包

手机钱包是移动用户把银行卡账号与手机号码进行绑定后,可使用短信、语音等多种通信方式,完成包括查缴话费、充值、银行账务查询、投保、交罚款等多项业务。

3) 手机付费

手机付费是指客户通过编辑发送特定格式短信到银行的特服号码,银行按照客户指令,为客户办理查询、转账、汇款、缴费等相关业务,并将交易结果以短信方式通知客户。

5. 基于位置的服务

通信网络能获取和提供移动终端的位置信息,与位置相关的商务应用成为移动电子商务领域中的一个重要组成部分。例如,无线用户通过其移动终端设备的提示,可避开发生交通堵塞的道路。这种交通向导功能可以帮助企业完善其物流的配送,提高物流的效率。又如,通过定制相应的服务,可提供移动终端所在地最近的餐厅、旅馆的地址位置或相关信息等。

2.4.4 软件即服务

软件即服务(Software as a Service,SaaS)是一种通过 Internet 提供软件的模式,用户不需再购买软件,改用向提供商租用基于 Web 的软件来管理企业的经营活动,且无须对软件进行维护,服务提供商会全权管理和维护软件。对于许多中小企业来说,SaaS 是采用先进技术的最好途径,它消除了企业购买、构建和维护基础设施和应用程序的需要。近年来,SaaS 的兴起已经给传统套装软件厂商带来真实的压力。

SaaS 服务提供商为中小企业搭建信息化所需要的所有网络基础设施及软件、硬件运作平台,并负责所有前期的实施、后期的维护等一系列的服务。企业无须购买软硬件、建设机房、招聘 IT 人员,只需前期支付一次性的项目实施费和定期的软件租赁服务费,即可通过互联网享用信息系统。服务提供商通过有效的技术措施,可以保证每家企业数据的安全性和保密性。企业采用 SaaS 模式在效果上与企业自建信息系统基本没有区别,但节省了大量用于购买 IT 产品、技术和维护运行的资金,且像打开自来水龙头就能用水一样,方便地利用信息化系统,从而大幅度降低了中小企业信息化的门槛和风险。

SaaS 服务依托于软件和互联网,与传统软件相比,其在商业模式和技术实现上具有以下特点。

1. 互联网特性

一方面,SaaS 服务通过互联网浏览器或 Web Services/Web 2.0 程序连接的形式为用户提供服务,使得 SaaS 应用具备了典型互联网技术特点;另一方面,由于 SaaS 极大地缩短了用户与提供商之间的时空距离,因此使得 SaaS 服务的营销、交付与传统软件相比有着很大的不同。

2. 多重租赁特性

SaaS 服务通常基于一套标准软件系统为成百上千的不同客户提供服务,也就是说,SaaS 服务商将一套在线软件同时出租给多个公司。虽然 SaaS 服务商在同一服务器组上负责同时运行和维护多个公司的业务数据和业务流程,但是基于对租户数据信息的安全和隐私保障,每个公司的数据信息要求是相互隔离的,即每个公司只能看到自己的数据,使用自己的流程。同时,SaaS 服务要满足不同租户对系统界面、业务逻辑、数据结构等个性化需求,提供强大的个性化定制功能。多重租赁特性对支撑 SaaS 的基础设施平台的性能、稳定性和扩展性提出了很大挑战。

3. 服务特性

SaaS 是以互联网为载体,将软件以服务形式被客户使用,所以服务合约的签订、服务使用的计量、在线服务质量的保证、服务费用的收取等问题都必须考虑。而这些问题通常是传统软件没有考虑到的。根据服务对象,可分为面向企业的服务和面向个人消费者的服务。前者通常是可定制的大型商务解决方案,旨在协助开展财务、供应链管理以及客户关系等商务工作,这种服务通常采用用户预订的销售方式。面向个人消费者的服务有时以用户购买的方式销售,通常免费提供给用户,从广告中赚取收入。

SaaS 模式全程电子商务服务平台包括商业企业内部及其组织之间的全部商务活动流程,如经营、管理、销售、交易、营销等流程,都可以通过电子商务方式进行。

2.4.5 云计算技术

云计算(Cloud Computing)因清晰的商业模式而受到广泛关注,并得到工业界和学术界的普遍认可,成为 2009 年最受关注的十大 IT 技术之一。云计算的长定义是:"云计算是一种商业计算模型。它将计算任务分布在大量计算机构成的资源池上,使各种应用系统能够根据需要获取计算力、存储空间和信息服务。"短定义是:"云计算是通过网络按需提供可动态伸缩的廉价计算服务。"

提供资源的网络被称为"云"。"云"中的资源在使用者看来是可以无限扩展的,并且可以随时获取,按需使用,随时扩展,按使用付费。这种特性经常被称为像水电一样使用 IT 基础设施。

有人打了个比方:这就好比是从古老的单台发电机模式转向了电厂集中供电的模式。它意味着计算能力也可以作为一种商品进行流通,就像煤气、水电一样,取用方便,费用低廉。最大的不同在于,云计算是通过互联网进行传输的。

云计算是并行计算(Parallel Computing)、分布式计算(Distributed Computing)和网格计算(Grid Computing)的发展,或者说是这些计算机科学概念的商业实现。云计算是虚拟化(Virtualization)、公用计算(Utility Computing)、IaaS(基础设施即服务)、PaaS(平台即服务)、SaaS(软件即服务)等概念混合演进并跃升的结果。总而言之,云计算可以算作是网格计算的一个商业演化版。

IBM 在上海推出了"蓝云(Blue Cloud)"计划,它包括一系列的云计算产品,使计算不仅仅局限在本地机器或远程 Server Farms,通过架构一个分布的、可全球访问的资源结构,使数据中心在类似互联网的环境下运行计算。"蓝云"建立在 IBM 公司领先的大规模计算专业技术基础之上,基于由 IBM 软件、系统技术和服务支持的开放标准和开源软件。

国内瑞星公司提出的"云安全(Cloud Security)"计划是网络时代信息安全的最新体现,它融合了并行处理、网格计算、未知病毒行为判断等新兴技术和概念,通过网状的大量客户端(瑞星卡卡用户)对网络中软件行为的异常监测,获取互联网中木马、恶意程序的最新信息,推送到 Server 端进行自动分析和处理,再把病毒和木马的解决方案分发到每一个客户端。

2.5 思考与实践

1. 简答题

(1) 简述 EDI 系统的组成。
(2) 互联网的接入技术有哪些?
(3) 从在浏览器中输入域名到返回网页,经过了怎样的 DNS 解析?
(4) 从软件系统体系结构的角度,Web 的应用系统可以采取哪些模式?
(5) 什么是软件即服务(SaaS)?该模式有什么特点?
(6) HTML 使用 CSS 的方式有哪三种?

2. 实践题

(1) 电子商务服务提供商的服务器管理方式实践:在网上查找五个提供虚拟主机服务和主机托管方式的网站建设服务提供商,对他们各自提供的建站服务器方案进行性价比较,完成关于网站服务器管理方式比较及选择的报告。

(2) 网站建设服务商的网站建设流程及网站域名申请实践:上网了解电子商务网站服务提供商的网站建设服务流程,关注该服务商提供的建站、管理维护、空间、域名、网站推广等相关费用,如万网、亿速互联、威博网和创纪恒飞等,服务商可以自己选取。对几个服务商提供的电子商务网站建设方案进行比较。

(3) 在下列电子商务解决方案中,任意查找两种,了解其应用情况,深入理解电子商务解决方案的选择及设计思路,并对其内容进行评述。

① IBM 的电子商务解决方案。
② 新蛋电子商务解决方案。
③ SAP 电子商务解决方案。
④ Oracle 电子商务解决方案。

第 3 章 网络支付

本章学习目标
- 熟练掌握网络支付系统的构成;
- 了解国内网络支付的发展;
- 熟练掌握常用网络支付方式的原理。

本章介绍网络支付的基本理论、网络支付的基本功能和特征,再介绍常用的网络支付工具和网络支付在国内外的发展。

视频讲解

3.1 网络支付的基本理论

自从出现作为一般等价物的货币,人类社会便进入了具有现代意义的货币结算支付方式的时代,也可以说是开始了真正有规模的商品经济。在很长一段时间内,银行作为金融业务的中介,通过自己创造的流通工具为商人与商家办理转账与结算,称为传统支付。在20世纪70年代,计算机和网络通信技术得到普及和应用,银行的业务开始以电子数据的形式通过电子信息网络进行办理,诸如储蓄卡、电子汇兑等一些电子支付手段开始投入使用,这是将电子信息技术手段用于电子商务支付结算的开始。如今出现了很多电子支付与结算方式。

随着20世纪90年代全球范围内Internet的普及和应用,电子商务的深入发展标志着信息网络经济时代的到来,一些电子支付结算方式逐渐采用费用更低、应用更为方便的公用计算机网络,特别是以Internet作为运行平台,网络支付应运而生。

3.1.1 支付方式的发展过程

支付方式的发展,从传统的货币、票据,发展为今天的网络支付,经历了一个漫长的过程。

1. 现金

现金有两种形式,即纸币和硬币,由国家组织或政府授权的银行发行。

在现金交易中,买卖双方处于同一位置,而且交易是匿名进行的。现金交易流程如图 3.1 所示。

这种交易也存在如下一些缺陷。

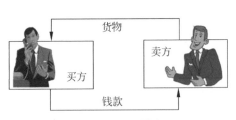

图 3.1 现金交易流程

(1) 受时间和空间的限制,对于不在同一时间、同一地点进行的交易,就无法采用现金交易的方式。

(2) 受不同发行主体的限制。

(3) 不利于大宗交易。

2. 票据

广义的票据包括各种记载一定文字、代表一定权利的文书凭证,如股票、债券、货单、车船票、汇票等,人们笼统地将它们泛称为票据。狭义的票据是一个专用名词,专指票据法所规定的汇票、本票和支票等票据。票据的交易流程如图3.2所示。

图 3.2 票据交易流程

3. 电子支付

电子支付(Electronic Payment)是指通过电子信息化的手段实现交易中的价值与使用价值的交换过程,即完成支付结算的过程。自20世纪70年代开始,出现最早的电子支付方式是信用卡专线支付,电子支付的技术基础是远程网络通信和数据库。

4. 网络支付

网络支付(如 Net Payment、Internet Payment、e-Payment)是以金融电子化网络为基础,以商用电子化工具和各类交易卡为媒介,主要借助 Internet 来实现资金的流通和支付。

网络支付与电子支付的区别与联系。

(1) 网络支付是在电子支付的基础上发展起来的,是电子支付的一个最新发展阶段。

(2) 网络支付带有很强的 Internet 的烙印,是基于 Internet 的电子商务的核心支撑技术。

(3) 网络支付比信用卡支付、ATM 存取款、POS 支付结算等这些基于专线网络的电子支付方式更为先进和方便。

3.1.2 网络支付的基本功能

网络支付,也称为网络支付与结算,是指以金融电子化网络为基础,以商用电子化工具和各类交易卡为媒介,采用现代计算机技术和通信技术作为手段,通过计算机网络特别是 Internet,以电子信息传递形式来实现资金的流通和支付。

1. 认证交易双方、防止支付欺诈

网络支付能够使用数字签名和数字证书等实现对网上商务各方的认证,以防止支付欺诈;对参与网上交易的各方身份的有效性进行认证,通过认证机构或注册机构向参与各方发放数字证书,以证实其身份的合法性。

2. 加密信息流

用户可以采用单密钥体制或双密钥体制进行信息的加密和解密,采用数字信封、数字签名等技术加强数据传输的保密性与完整性,以防止未被授权的第三者获得信息的真正含义。

3. 确认支付电子信息的真伪性

为了保护数据不被未授权者建立、插入、删除、篡改和重放等而完整无缺地到达接收者一方,可以采用数据摘要技术,防止伪造假冒等欺骗行为。

4. 保证交易行为和业务的不可抵赖性

当网上交易双方出现纠纷,特别是有关支付结算的纠纷时,系统能保证对相关行为或业务的不可否认性。网络支付系统必须在交易过程中生成或提供足够充分的证据来迅速辨别纠纷中的是非,可以用数字签名技术来实现。

5. 处理网络贸易业务的多边支付问题

支付结算涉及客户、商家和银行等多方,传送的购货信息与支付指令信息还必须连接在一起,因为商家只有确认了某些支付信息后才会继续交易,银行也只有确认支付指令后才会提供支付。为了保证安全,商家不能读取客户的支付指令,银行不能读取商家的购货信息,这种多边支付的关系能够借用系统提供的诸如双重数字签名等技术来实现。

6. 提高支付效率

整个网络支付结算过程对网上贸易各方,尤其对客户来说,应该是方便易用的,手续与过程不能太烦琐,应该让商家和客户感到快捷,这样才能体现电子商务的效率,发挥网络支付结算的优点。

3.1.3 网络支付的特征

相比于传统支付结算时使用的"一现、三票、一卡"(即现金、支票、本票、汇票和信用卡)方式,以 Internet 为主要平台的网络支付结算方式表现出更多的优点和特征。

1. 网络支付采用数字化传输方式

网络支付采用先进的技术通过数字流转来完成信息传输,其各种支付方式都是采用数字化的方式进行款项支付;而传统的支付方式则是通过现金的流转、票据的转让及银行的汇兑等物理实体的流转来完成款项支付。

2. 网络支付具有轻便性和低成本性

与电子货币相比,世界银行体系之间的货币结算和搬运费用占到其全部管理费用的5%。而采用网络支付方式,接入非常方便,使得普通消费者和小公司也有机会使用网络支付系统,都可以从中受益。

3. 网络支付与结算具有较高的安全性和一致性

支付的安全性是保护买卖双方不会被非法支付和抵赖,一致性是保护买卖双方不被冒名顶替。网络支付系统和现实的交易情况基本一致,而网络支付协议充分借用了尖端加密与认证技术,所以网络支付远比传统的支付结算更安全可靠。

4. 网络支付使用先进的通信手段

网络支付使用先进的通信手段,如 Internet、Extranet,而传统支付使用的是传统的通信媒介。网络支付对软、硬件设施的要求很高,一般要求有联网的计算机、相关的软件及其他一些配套设施,而传统支付则没有这么高的要求。

5. 网络支付具有方便、快捷、高效、经济的优势

用户只要拥有一台上网的计算机,便可足不出户,在很短的时间内完成整个支付过程。

支付费用仅相当于传统支付的几十分之一,甚至几百分之一。网络支付完全可以突破时间和空间的限制,可以满足 7×24(每周 7 天,每天 24 小时)的工作模式,其效率之高是传统支付望尘莫及的。

3.1.4 网络支付系统的构成

网络支付系统涉及客户、商家、客户开户行、商家开户行、支付网关、金融专用网、认证中心七个要素,如图 3.3 所示。

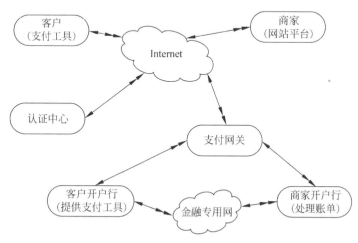

图 3.3 网络支付系统的构成

支付网关(Payment Gateway)是银行金融网络和 Internet 网络之间的接口,是由银行操作的,将 Internet 传输的数据转换为金融机构内部数据的一组服务器设备,或是由指派的第三方开发出来处理商家支付信息和顾客的支付指令的支付通道。

支付网关可确保交易在 Internet 用户和交易处理商之间安全、无缝传递,并且无须对原有主机系统进行修改。它可以处理所有 Internet 支付协议、Internet 安全协议、交易交换、信息及协议的转换以及本地授权和结算处理。另外,它还可以通过设置来满足特定交易处理系统的要求。离开了支付网关,网络银行的电子支付功能就无法实现。

基于 Internet 平台的网络支付一般流程如下。

(1) 客户接入 Internet,通过浏览器在网上浏览商品,选择商品,填写网络订单,选择使用网络支付结算工具,并且得到银行的授权使用,如银行卡、电子钱包、电子现金、电子支票或网络银行账号等。

(2) 客户机对相关订单信息,如支付信息进行加密,在网上提交订单。

(3) 商家服务器对客户的订购信息进行检查、确认,并把相关的、经过加密的客户支付信息转发给支付网关,直到银行专用网络的银行后台业务服务器确认,以期通过银行等电子货币发行机构验证并得到支付资金的授权。

(4) 银行验证确认后,通过建立起来的经由支付网关的加密通信信道,给商家服务器回送确认及支付结算信息。为进一步确认,给客户回送支付授权请求(也可没有)。

(5) 银行得到客户传来的进一步授权结算信息后,把资金从客户账号上转拨至商家银行账号上,借助金融专用网络进行结算,并分别给商家、客户发送支付结算成功消息。

(6) 商家服务器收到银行发来的结算成功信息后，给客户发送网络付款成功信息和发货通知。至此，一次典型的网络支付结算流程结束。商家和客户可以分别借助网络查询自己的资金余额信息，以进一步核对。

3.2 网络支付工具

根据使用的协议或操作过程的不同，电子支付可以分为很多种方式。目前，使用较多的网络支付工具有信用卡、电子现金、电子支票、智能卡、电子钱包等。这些工具的共同特点是将现金或货币无纸化、电子化和数字化，利用网络传输、支付和结算，从而实现电子支付和在线支付。

3.2.1 信用卡支付

视频讲解

1915 年信用卡起源于美国，至今已有超过百年的历史，目前在发达国家及地区已成为一种普遍使用的支付工具和信贷工具。它使人们的结算方式、消费模式和消费观念发生了根本性的改变。

借记卡：先存款后消费（或取现），没有透支功能的银行卡。

准贷记卡：持卡人按发卡银行要求交存一定金额的备用金，当备用金账户余额不足支付时，可在发卡银行规定的信用额度内透支的银行卡。这个卡一般不可以透支取现，但可以透支消费。

贷记卡：一般称为信用卡，发卡银行给予持卡人一定的信用额度，持卡人可在信用额度内先消费，后还款的银行卡，可以透支取现。

1. 信用卡的功能

根据国内外信用卡的应用情况，信用卡的功能主要有以下四方面。

1) 直接消费功能

直接消费功能是信用卡的基本功能。持卡人在持有发卡银行的特约商家（包括商店、宾馆、酒楼、机场、医院等场所）消费时，持卡人只需出示身份证件即可代替现金消费结账，或者利用 POS 机系统通过专线即时支付。随着互联网业务的普及，信用卡借助网络平台可实现在线支付而不需要 POS 机等辅助设备。

2) 通存通兑功能

凭信用卡可在工作时间内到发卡银行指定的任何营业机构（如同城或异地储蓄所）存、取款，也可 24 小时在 ATM、在线家庭银行等办理存、取款业务。用信用卡办理存、取款业务比使用存折方便，它不受存款地点和存款储蓄所的限制，可在所有开办信用卡业务的城市通存通取。信用卡账户内的保证金、备用金及其他各种存款视同储蓄存款，按规定利率计息。

3) 转账与支付结算功能

持卡人凭卡可在发卡银行的营业机构从自己的账户转账付款，也可利用 ATM 机或电话银行、网络银行等将信用卡账户的资金转至其他账户。

4) 透支信贷功能

对于使用信用卡的用户，在其购物消费过程中，所支付的费用超过其信用卡存款余额时，在规定的期限范围内，发卡银行允许持卡人进行短期的透支行为，这是发行信用卡的银行向客户提供的消费信贷。当然，发行信用卡的银行对信用卡透支款项收取的利息一般比同期银行贷款利率高,在给信用卡持有者提供透支款项之便利的同时,发行银行也运用利率杠杆加以限制。

2. 信用卡网上支付过程

信用卡网上支付过程如图 3.4 所示。

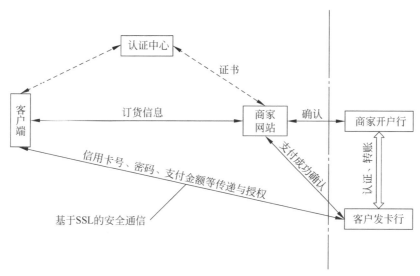

图 3.4　信用卡网上支付过程

1)使用信用卡进行网上购物

客户只有在支持信用卡的网站上购物,才能使用信用卡支付方式。客户将要购买的商品装入购物车后,结账时选择使用信用卡进行支付。商家收到订单信息和支付信息后,初步确认客户的交易意图。商家通过开户银行对信用卡进行验证,银行完成验证后通知商家,商家将订购的货物发给客户。

2)商家与银行进行资金结算

商家将加密后的信用卡卡号与密码发送给收单银行,收单银行将信用卡卡号发送给发卡银行请求确认,发卡银行在确认与授权后将它返回给收单银行。如果消费者收到了商家发送过来的商品,那么商家的收单银行与发卡银行进行资金结算。

3)发卡银行向客户发送账单

发卡银行向商家支付客户购物时所需支付的货款,并将客户的购物清单与账单发送给客户,客户要在规定时间内将款项划拨到发卡银行的账户。

3.2.2　电子现金支付

电子现金又称为数字现金,是一种以电子数据形式流通的、能被客户和商家普遍接受的、通过 Internet 购买商品或服务时使用的货币。它把现金数值转换成为一系列的加密序列数,通过这些序列数来表示现实中各种金额的币值。用户在开展电子现金业务的银行开设账户并在账户内存钱后,就可以在接收电子现金的商店购物了。电子现金模拟了现实世界中的货币功能,并采用数字签名等安全技术来保证电子现金的真实性和不可伪造性。从国家金融机构来看,电子现金比现有的实际现金形式有更多的优点。

电子现金是纸币现金的电子化,具有与纸币现金一样的优点,随着电子商务的发展,必将成为网上支付的重要工具,特别适用于个体、小额 C2C 电子商务的网上支付。

1. 电子现金的特点

电子现金具有以下四个特点。

1) 匿名性

电子现金不能提供用于跟踪持有者的信息,这样可以保证交易的保密性,也就维护了交易双方的隐私权。也正是因为这一点,丢失电子现金如同丢失纸币现金一样无法追回。

2) 节省交易费用

电子现金使交易更加便宜。因为通过 Internet 传输电子现金的费用比普通银行系统支付要便宜得多。为了流通货币,普通银行需要维持许多分支机构、职员、自动付款机及各种交易系统,这一切都增加了银行进行资金处理的费用。而电子现金是利用已有的 Internet 网络和用户计算机,所以消耗比较小,尤其是小额交易更加合算。

3) 支付灵活方便

电子现金可以用若干货币单位,并可以像普通现金一样细分成不同大小的货币单位,使得其在商品交易中,尤其在小额交易中更具有方便性。

4) 存储安全

电子现金能够安全存储在用户的计算机或 IC 卡中,并且可方便地在网上传输。

2. 电子现金网上支付过程

电子现金网上支付过程如图 3.5 所示。

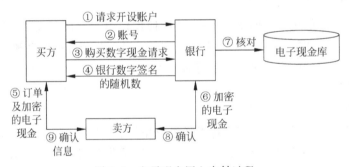

图 3.5 电子现金网上支付过程

1) 购买电子现金

用户在电子现金发行银行开立账户,通过在线或前往银行柜台向账户存入现金,购买电子现金。电子现金软件将现金分成若干成包的硬币,产生随机数。随机数加上银行使用私钥进行的电子签名形成电子现金(数字货币)。

2) 存储电子现金

用户使用计算机电子现金终端软件从电子现金发行银行取出一定数量的电子现金存在硬盘上,通常少于 100 美元。

3) 用电子现金购买商品或服务

用户向同意接收电子现金的商家购买商品或服务,用卖方的公钥加密电子现金后,传送给卖方。

4）资金清算

接收电子现金的商家与电子现金发行银行之间进行清算,电子现金发行银行将买方购买商品的钱支付给卖方。

5）确认订单

卖方获得付款后,向买方发送订单确认信息。

3.2.3 电子钱包支付

电子钱包是电子商务购物活动中常用的一种支付工具,其适用于小额购物。在电子钱包内存放电子货币,如电子现金、电子零钱、电子信用卡等。使用电子钱包购物,通常需要在电子钱包服务系统中进行。电子商务活动中电子钱包的软件通常都是免费提供的,世界上有 VISA Cash 和 Mondex 两大在线电子钱包服务系统。

使用电子钱包的顾客通常要在有关银行开立账户。在使用电子钱包时,将电子钱包通过有关的电子钱包应用软件安装到电子商务服务器上,利用电子钱包服务系统就可以把自己的各种电子货币或电子金融卡上的数据输入进去。在发生收付款时,如顾客需用电子信用卡付款,如用 Visa 卡或 Master 卡等付款时,顾客只需单击一下相应图标即可完成,这种电子支付方式称为单击式(或点击式)支付方式。

在电子钱包内只能装入电子货币,即装入电子现金、电子零钱、安全零钱、电子信用卡、在线货币、数字货币等,这些电子支付工具都可以支持单击式支付方式。

电子钱包的支付过程如下所述。

(1) 客户使用计算机通过 Internet 链接商家网站,查找购买的物品。

(2) 顾客检查且确认自己的购物清单后,利用电子钱包进行网络支付(实际选择对应的信用卡)。

(3) 如经发卡银行确认后被拒绝且不予授权,则说明此卡余额不足,可换卡再次支付。

(4) 发卡银行证实此卡有效且授权后,后台网络平台将钱转移到商家收单银行的资金账号内,完成结算,并回复商家和客户。

(5) 商家按订单发货,与此同时,商家或银行服务器端记录整个过程中发生的财务与物品数据,供客户电子钱包管理软件查询。

3.3 第三方支付

视频讲解

所谓第三方支付,就是一些和产品所在国家以及国外各大银行签约,并具备一定实力和信誉保障的第三方独立机构提供的交易支持平台。在通过第三方支付的交易中,买方选购商品后,使用第三方提供的账户进行货款支付,由第三方通知卖家货款到达、进行发货;买方检验物品后,可以通知第三方付款给卖家,第三方再将款项转至卖家账户。

1. 第三方支付的特点

(1) 第三方支付提供一系列的应用接口程序,将多种银行卡支付方式整合到一个界面上,负责交易结算中与银行的对接,使网上购物更加快捷、便利。消费者和商家不需要在不同的银行开设不同的账户,这可以帮助消费者降低网上购物的成本和帮助商家降低运营成本;同时,还可以帮助银行节省网关开发费用,并为银行带来一定的潜在利润。

(2) 较之 SSL、SET 等支付协议,利用第三方支付进行支付操作更加简单而且易于接受。SSL 是现在应用比较广泛的安全协议,在 SSL 中只需要验证商家的身份。SET 协议是目前发展的基于信用卡支付系统的比较成熟的技术。但在 SET 中,各方的身份都需要通过 CA 进行认证,程序复杂,手续繁多,速度慢且实现成本高。有了第三方支付,商家和客户之间的交涉由第三方完成,使网上交易更加简单。

(3) 第三方支付本身依附于大型的门户网站,且以与其合作的银行的信用为信用依托,因此,第三方支付能够较好地突破网上交易的信用问题,有利于推动电子商务的快速发展。

2. 第三方支付的优势

在缺乏有效信用体系的网络交易环境中,第三方支付模式的推出,在一定程度上解决了网上银行支付方式不能对交易双方进行约束和监督、支付方式比较单一以及在整个交易过程中货物质量、交易诚信、退换要求等方面无法得到可靠的保证、交易欺诈广泛等问题,其优势主要体现在以下三方面。

(1) 对于商家而言,通过第三方支付可以规避无法收到客户货款的风险,同时能够为客户提供多样化的支付工具,尤其为无法与银行网关建立接口的中小企业提供了便捷的支付平台。

(2) 对客户而言,不但可以规避无法收到货物的风险,而且货物质量在一定程度上也有了保障,增强客户网上交易的信心。

(3) 对银行而言,通过第三方支付,银行可以扩展业务范畴,同时也节省了为大量中小企业提供网关接口的开发和维护费用。

可见,第三方支付模式有效地保障了交易各方的利益,为整个交易的顺利进行提供了支持。

3. 国内使用的第三方支付产品

目前,国内的第三方支付产品主要有 PayPal(易贝公司产品)、支付宝(阿里巴巴旗下)、财付通(腾讯旗下)、盛付通(盛大旗下)、易宝支付、快钱、国付宝、百付宝(百度 C2C)、物流宝(网达网旗下)、网银在线、环迅支付、汇付天下、汇聚支付、宝付(我的支付导航)。2020 年第一季度(2020Q1)中国第三方移动支付市场交易份额如图 3.6 所示,支付宝和财付通(微信支付+QQ 钱包)共占 94.2%的份额,其中支付宝为 55.4%,财付通为 38.8%。

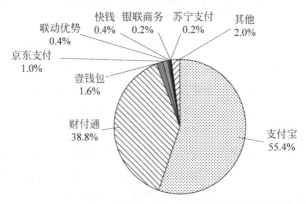

图 3.6　2020 年第一季度中国第三方移动支付市场交易份额

3.4 微信支付

微信支付是集成在微信客户端的支付功能,用户可以将手机作为一个全能钱包,快速完成各项消费活动和货款支付。微信支付以绑定银行卡的快捷支付为基础,向用户提供贴心、快捷、高效的支付服务。

微信的成长速度飞快,是中国乃至世界移动互联网的奇迹,它用 433 天的时间积累了 1 亿用户;之后,从 1 亿到 2 亿用了 5 个月;从 2 亿到 3 亿用了 4 个月。微信已被公认为中国移动互联网领域最成功的产品之一。

当整个移动互联网行业都在为商业模式苦苦探索时,微信 5.0 支付功能的出现无疑为整个行业带来了巨大商机。

3.4.1 微信支付的背景分析

依照易观智库发布的《中国第三方移动支付市场季度监测报告 2021 年第 2 季度》数据显示,2021 年第 2 季度中国第三方移动支付市场交易规模达 34 746 亿元人民币。这可以归为以下三点:首先,移动设备的普及和移动互联网技术的提升为第三方移动支付提供了必要的发展环境;其次,现象级产品的出现使得移动支付用户数大幅提升;最后,移动支付对用户生活场景的覆盖度大幅提升使得用户使用频率增加。但随着移动设备渗透率和生活场景覆盖率的日趋饱和,行业规模的进一步发展需要从新的发力点进行推动。

第三方支付的战场已经从计算机端向移动端转移。移动支付的市场如此诱人,未来的战略制高点在手机用户群体。谁能掌握手机用户,谁就能在电商、金融等领域赢得更多利益。

2013 年第三季度(2013Q3)中国第三方移动支付市场交易份额如图 3.7 所示。那么,腾讯如何让财付通来抗衡支付宝,在移动支付领域增强话语权呢?在这样的大背景下,腾讯推出了微信支付。微信支付在 O2O 上引领了一股新的潮流,同步推动了近场和远程的移动支付。

2016 年第四季度中国第三方移动支付市场交易份额如图 3.8 所示。

2016 年第四季度的数据显示,支付宝的市场份额达到了 55.0%,财付通市场份额约为 37.0%,其他众多支付企业的市场份额之和约为 8.0%。值得注意的是,财付通前三季度市场份额增长十分迅速,与微信支付的广泛应用有密切关系。第四季度开始行业格局趋于平稳,支付宝市场份额出现反弹。在行业整体规模增长迅速的同时,第三方移动支付行业出现了市场份额集中的现象。支付宝和财付通拥有庞大的用户群体和丰富的支付场景,占据了绝对的市场优势,并且仍在不断培养用户黏性、开拓新的支付场景以巩固行业地位。

微信支付是微信 5.0 版本的新增功能。微信支付是由腾讯公司知名移动社交通信软件微信及第三方支付平台财付通联合推出的移动支付创新产品,旨在为广大微信用户及商户提供更优质的支付服务,微信支付的支付和安全系统由腾讯财付通提供支持。财付通是持有互联网支付牌照并具备完备的安全体系的第三方支付平台。

微信支付是指通过微信账号绑定银行卡,在微信客户端完成购物交易的新型互联网支付产品。用户只需在微信中关联一张银行卡,并完成身份认证,即可将装有微信 App 的智

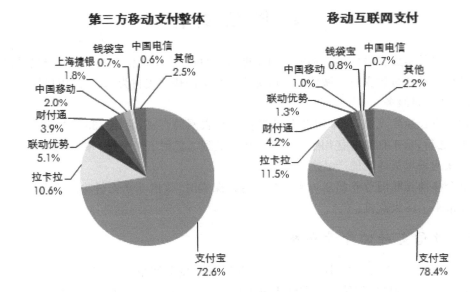

图 3.7　2013 年第三季度中国第三方移动支付市场交易份额

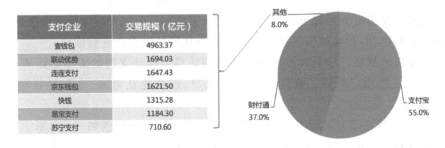

图 3.8　2016 年第四季度中国第三方移动支付市场交易份额

能手机变成一个全能钱包,之后即可购买合作商户的商品及服务,用户在支付时可以选择使用腾讯旗下的财付通,或通过财付通平台使用银行卡直接支付,支付时只需在自己的智能手机上输入密码,无需任何刷卡步骤即可完成支付,整个购买和支付过程均在微信内完成,打通了线上、线下的阻碍,简便流畅。

如果说由于微信公众号的推广和建设,以二维码为介质,众多商家迈出移动商业步伐第一步,让移动商业帝国的建筑如雨后春笋般拔地而起,那么微信的支付功能就像任何一幢建筑里必不可少的电,有了电,才有光明。微信支付让那些开设公众号的商家更容易做生意。

3.4.2　微信支付的模式和流程

1. 微信支付的模式

微信 8.0 支付提供了三种支付模式。

1) 扫码支付

微信支付常用的是扫码支付。中国最大的自动售货机运营商友宝与微信的合作就是扫码支付。即使没有登录,在易迅网上扫描二维码也可以购买商品,甚至没有账号也可以完成整个购买流程。一旦有一次购买记录,其他的购买环节都可以自动复用,同时用户也可以自行修改。

2) 公众号内的支付

商家直接在目标消费群体所关注的微信号上做推广,消费者在菜单里面选择一个商品,然后在商品上调用页面,即可在公众号内完成支付流程。

3) App 支付

在使用第三方应用消费时,可选用微信支付的方式,点击 App 支付按钮后,会从这个 App 调取微信,然后一键完成支付过程。大众点评 App 已接入了此功能,当用户逛街逛累了想要找吃饭的地方时,不仅可以在大众点评的手机客户端上找到最近的餐厅,还可在里面直接通过微信支付购买团购券,非常方便。

2. 微信支付的流程

首个开通微信支付功能的公众号是麦当劳,下面以此为例介绍微信支付的流程。

(1) 只需在微信上关注麦当劳公众号,即可获得麦当劳优惠"茶点卡"的消息推送,如图 3.9 所示。

(2) 进入链接,可以看到优惠商品,选定后点击"立即购买"按钮即可进入购买页面,如图 3.10 所示。

(3) 确认购买后,点击"立即支付"按钮可以进行支付。目前有两种方式可选,即财付通或者银行卡支付,如图 3.11 所示。

图 3.9　关注麦当劳公众号

图 3.10　购买页面

图 3.11　支付页面

3.4.3 微信支付的商业模式

1. 企业使命

微信支付基于手机社交,除了完成实物购买之外,其更大的价值是满足用户在手机社交平台的一些网购活动,如优惠券、游戏点卡等,实现社交活动的闭环。

微信支付通过完成手机社交闭环,为移动商业生态描绘出全新的场景;以线上和线下打通互动,创造了一个全新的商业生态模式,想象空间巨大。

微信支付基于人流和社交构建商业生态,允许线下商家自立门户,自主运营。借助微信公众平台和微信支付,从找精品、优惠到用微信支付、公众号通知、朋友圈分享,形成了一个整体的闭环。

2. 产品和市场定位

微信5.0中的支付功能让微信实现O2O(线上到线下)闭环。腾讯CEO马化腾对微信支付的定义是:"只需将微信账户绑定银行卡就可以通过微信内公众号、App以及身边随时可见的二维码简便、快捷地完成付款,从而为商业场景在手机中的闭环提供一种全新的解决方案。"这意味着,微信支付并不是一个纯粹的支付工具,它是为移动支付提供的一个完整的解决方案。

微信支付连通线上线下的超级生活服务的平台,实现线下到线上的闭环,也就是所谓的O2O,满足线上用户的线下需求。微信支付打通了电子商务的渠道,也为微生活和线上线下购物公众号打下坚实的基础。

3. 核心战略

微信支付的核心战略包括差异化基础、核心能力和关键资产三方面。

1) 差异化基础

微信支付建立在人流和资讯信息流之上,借助公众号、会员卡等手段,让合作商户可以更有效地和用户建立联系,进行客户管理和信息沟通,在此基础之上推出商品买卖,相对简单,但更精准,也更适合移动端。

接入微信支付功能不仅可以享受到微信用户的迅猛增长,也可以抢占移动消费新习惯的制高点,整合进入微信生态圈,将给传统企业转型O2O带来成熟的移动互联平台及庞大的客户流量。

微信支付颠覆了掌上支付的体验,让支付变得更为安全和便捷。但微信支付的杀伤力不局限于支付,还包括它正在以微信为基础重新定义移动电商的生态模式。

2) 核心能力

微信支付不仅能实现微信内的支付,包括购买电影票、充值话费等虚拟物品消费,还可以让用户在第三方应用以及为线下实体商铺产生的购买行为完成支付。

微信支付核心的能力在于场景。微信本身属于高频应用,而支付宝相对低频,移动支付的使用习惯是支付战争的核心战役。谁先抢占和培养了用户的移动支付习惯,谁就是胜利者。

3) 关键资产

到2013年4月,微信用户逼近4亿。截至2022年3月31日,微信及WeChat的合并月活用户量为12.883亿。

微信的用户基数很大,手机代表的移动互联网是一个比PC互联网更大的市场。而微信的优势就是微信支付的优势。

目前,微信支付的人数已经超10亿,并且用户增长速度逐年提升。

4. 网络伙伴

1) 供应商

第三方电商接入微信平台,不仅可以更有效地和微信用户建立联系,并且通过微信公众平台,有效地进行客户管理和信息沟通,最终让用户享受到优质服务。

目前,微信支付已经迅速覆盖多个行业。微信支付的优势受到了诸多企业的青睐,如大众点评、呷哺呷哺、优酷、南方航空、招商银行、天虹、易迅、当当、优酷、蘑菇街、友宝等。

2) 其他伙伴

微信支付支持以下银行发卡的借记卡:深圳发展银行、宁波银行。

此外,微信支付还支持以下银行的借记卡及信用卡:招商银行、建设银行、光大银行、中信银行、农业银行、广发银行、平安银行、兴业银行、民生银行。其他银行也在陆续接入中。

3.4.4 案例——微信支付和体验式营销

这个时代,最不缺的就是信息。传统的特色功效式营销已逐渐出局,体验式营销却开始大行其道。微信支付作为商业闭环的关键点,在体验式营销上就有很多得天独厚的优势。下面通过微信支付2015年的几个案例介绍微信支付体验式营销的过程。

1. 春晚摇红包:摇出来的仪式感

从2015年开年的春晚摇红包,微信支付体验式营销的思路已经初现端倪。

微信支付在抢红包的基础上,巧妙地使用了"摇一摇"的体验功能。齐聚一堂看春晚,这是很多家庭除夕夜的真实写照。在这种举家团聚的氛围下,"摇"红包这个体验功能简单到极致,同时又饱含仪式感,明显的肢体动作很容易感染身边人。

10.1亿次微信红包收发量,110亿次摇一摇互动……这些亮眼的数据,让春晚摇红包成为一次真正意义上的全民互动。在这个舞台上,馈赠式的玩法被发挥到了极致。借助微信红包N次级的传播,品牌主也收获了远高于预期的曝光量和影响力。

在极致化的体验下,口碑和商业价值都水到渠成。

2. 无现金日:造节见多不怪,不如玩出态度

"6·18""双十一""12·8"……电商造节,已经见多不怪了,且传统商业的每次过"节",无非就是商家促销,剁手党买买买。

在层出不穷的"造节"运动下,以"支付方式"为卖点的节日还是首个,微信支付打造的"无现金日"显得独树一帜。2015年8月8日,微信支付首届"无现金日"在全国30多个城市的8万余家线下商户的支持下拉开帷幕。有别于传统造节活动中简单粗暴的优惠折扣,微信支付则是从生活理念出发强调"埋单"这个简单的动作也可以更时尚、环保,将产品功能和主流的生活方式、环保理念结合,号召大家告别现金,使用移动支付、刷卡在内的节能低碳的支付方式。

8月8日当天,用户可在活动门店使用"无现金日体验金",切身将低碳环保的理念转换为实际行动;同时,当天使用微信支付消费的用户都会收到一张"无现金日纪念卡",插入微信卡包中永久保存,给用户贴上"低碳达人"的标签。这种将产品推广与用户身份认同紧密绑定的行销方式,不但获取了用户,还延续了微信一贯讲究的情怀,这无疑瞬间抬高了这个节日在众多商业节日中的地位。

而随后的一系列如韩庚、李宇春、罗永浩等名人现身说法的集体号召,又为活动注入极强的名人背书,将整个活动的影响力推向了高潮。

"线上圈群认同"+"线下参与",这一简单的串联,使得每年的"8.8"成为微信支付与用户的约会"暗号",想必微信支付也会持续将"无现金日"打造成未来用户持续参与的生活纪念日。

3. 麦当劳合作:智慧化餐厅,体验才是王道

2015年10月,微信支付和麦当劳的合作开启。这一次,微信支付又直接"包"了一整家麦当劳店,智慧餐厅落实进麦当劳店内的每个体验细节。

顾客进入一家麦当劳店用餐,一般需要经过三个阶段:点餐、支付、用餐。微信支付显而易见也对用户用餐流程进行了琢磨:用户到店先摇一摇获得优惠券,然后直接找座位入座,扫描桌面二维码微信点餐后直接使用刚获得的优惠券微信支付,支付完还可以和好友互动分享,将麦当劳优惠券等信息分享给其他好友,真正地实现"数字化用餐"。

除此之外,麦当劳的微信支付旗舰店内的每个设计细节不但将微信支付简约、时尚的气质与麦当劳的经典设计进行了融合,更是在"智慧餐厅"的实践上融入了麦当劳"快乐""分享"的品牌理念,不仅完成了麦当劳支付方式的升级,还将微信红包、微信转账、点赞、摇一摇等微信独有的基于社交分享的产品体验融入了整个就餐过程中,打造出"快乐不止一点"的别具一格的智慧餐厅体验。这家店成为麦当劳全球首家微信智慧餐厅,获得了用户广泛的关注,相信微信支付也将其作为微信"智慧餐厅"的一个"范本",对于其他餐厅甚至其他传统线下门店都能提供可复制性的营销经验。

4. 优衣库合作:玩话题玩创意,转化才是关键

2015年10月23日,全国优衣库全面接入微信支付。在与传统时尚品牌合作中,微信支付又玩起了传统品牌最爱玩的创意话题营销,基于微信支付与优衣库品牌的显著特征进行了结合,抛出了"红配绿"这个用户乐此不疲的经典讨论话题大讨论。

当然,仅仅吸引眼球、引发话题是不够的。赚到足够的眼球曝光后,对传统商业来讲,转换才是关键,于是话题过后,微信支付又趁热打铁在线上及朋友圈广告中发起了"相衣相微,优智生活"的创意H5并直接发放优惠代金券,为线下门店引流,轻松拉动转化率。

社交传播的最大敌人是成交,是转化率。要想提高成交额,提高转化率,光靠广告猛砸远远不够,还要用眼球与体验的组合拳。纵观微信支付的几个案例,虽活动不同,但都有一个核心,那就是体验。时下,用户越来越聪明,传统的被动式的广告营销方式,用户越来越不买账,即使赚到了眼球,却离商业目标渐行渐远。而微信支付却带着用户一起"玩",边看边玩,玩着玩着,用户的资金就到它的口袋了。

3.5 中国网上银行的开拓先锋——招商银行网上银行

在信息浪潮的推动下,传统银行业已经不能满足现代经济的要求,招商银行的网上银行一直走在全国的前沿。在中国的商业银行中,招商银行率先打造了"一卡通"多功能借记卡、

"一网通"网上银行、双币信用卡、点金公司金融、"金葵花"贵宾客户服务体系等产品和服务品牌,并取得了巨大成功。

招商银行"一网通"推出的"网上企业银行",为互联网时代银企关系进一步向纵深发展构筑了全新的高科技平台。"一网通"使招商银行在一定程度上摆脱了网点较少对规模发展的制约,为招商银行在网络经济时代实现传统银行业务与网上银行业务的有机结合,进一步加快发展奠定了坚实的基础。

3.5.1 发展概况

招商银行于1987年在中国改革开放的前沿——深圳经济特区成立,是中国境内第一家完全由企业法人持股的股份制商业银行,也是国家从体制外推动银行业改革的第一家试点银行。2002年,招商银行在上海证券交易所上市;2006年,在香港联合交易所上市。

隶属于英国金融时报集团的《银行家》杂志创刊于1926年,是全球最具盛名的财经媒体之一。该杂志拥有超过4000家全球银行的数据库,每年根据不同国家和地区银行的核心资本、盈利能力以及同行竞争表现进行分析,发布"全球1000家大银行"排名,该排名被视为衡量全球银行综合实力的重要标尺,是当今国际主流、权威的全球银行业排名。

英国《银行家》(The Banker)杂志发布2017年全球银行1000强排名,招商银行排名持续攀升,较2016年提高4个位次,以559.4亿美元的一级资本(Tier 1 Capital)规模位列全球第23位。从分项排名来看,招商银行以113.62亿美元税前利润排名全球第13位;资本回报率(Return on Capital)排名全球50强榜单第7位,列中资银行第一名。

截至2017年上半年,招商银行境内外分支机构逾1800家,在中国大陆的130余个城市设立了服务网点,拥有5家境外分行和3家境外代表处,员工7万余人。此外,招商银行还在境内全资拥有招银金融租赁有限公司,控股招商基金管理有限公司,持有招商信诺人寿保险有限公司50%股权、招联消费金融公司50%股权;在香港全资控股永隆银行有限公司和招银国际金融控股有限公司。招商银行是一家拥有商业银行、金融租赁、基金管理、人寿保险、境外投行等金融牌照的银行集团。其组织结构如图3.12所示。

招商银行始终坚持"以人为本"的人力资源发展理念,致力营造勤勉奋发、团队合作的企业文化氛围,为员工施展才华提供广阔的职业发展空间和和谐的内部竞争环境,为员工自身素质的提升提供完备科学的教育培训机会,为员工职业生涯的可持续发展提供合理的岗位空间。

从1997年开始,招商银行把目光瞄向了刚刚兴起的互联网,并迅速取得了网上银行发展的优势地位。1997年4月,招商银行开通了自己的网站,这是中国银行业最早的域名之一,招商银行的金融电子服务从此进入了"一网通"时代。1998年4月,"一网通"推出"网上企业银行",为互联网时代银企关系进一步向纵深发展构筑了全新的高科技平台。目前,招商银行的"一网通"已形成了网上企业银行、网上个人银行、网上商城、网上证券和网上支付等在内的较为完善的网上金融服务体系。

经过几年的快速发展,"一网通"在国内网上银行领域始终占据着领先地位。新浪等超过95%以上的国内电子商务网站都采用"一网通"作为支付工具,中国人民银行、联想集团等众多政府机构和大型企业都选择了"一网通"进行财务管理。

董事会/监事会委员会	高管层委员会
战略委员会	资产负债管理委员会
提名委员会	风险与合规管理委员会
薪酬与考核委员会	
风险与资本管理委员会	信息技术管理委员会
审计委员会	业务连续性及应急管理委员会
关联交易与消费者权益保护委员会	
提名委员会	金融科技委员会
监督委员会	

总行部门/直属机构

机构客户部（含养老金金融部）	办公室（消费者权益保护与服务监督管理中心）
同业客户部	人力资源部
小企业金融部	金融科技办公室
交易银行部	资产负债管理部（含投资管理部）
离岸金融中心	财务会计部
投资银行部	战略客户部
金融市场部	信息技术部
资产管理部	● 零售应用研发中心
资产托管部	● 批发应用研发中心 ● 基础设施研发中心
票据业务部	● 数据资产与平台研发中心 ● 测试中心
票据经纪业务部	● 数据中心
网络经营服务中心	审计部
☆ 零售战略联盟部	监察部（安全保卫部）
财富管理部	法律合规部
私人银行部	招商银行研究院
零售信贷部（普惠金融服务中心）	培训中心
信用卡中心	工会办公室
风险管理部	行政部
授信执行部	● 采购管理部
资产保全部	● 工程管理部
运营管理部	

来源：2020年年度报告　　☆ 较上一年发生变化：新增/改名/撤并等

图 3.12　招商银行的组织结构

1．业务模式

招商银行的"一网通"是由一系列的网站组成的，这些网站构成了招商银行网上银行的全方位服务，包括招商银行"一网通"主站、招商银行财富账户资讯网、招商银行信用卡网站、招商银行"一网通"证券网站、招商银行"一网通"外汇网站、招商银行"一网通"商城网站、招商银行"一网通"房城网站和招商银行香港分行网站。

招商银行的网上银行首页是 portal 形式的。从招商银行官网进入网站的默认页面是主站中的主页，如图 3.13 所示。主页内容非常丰富，总体上可以分为四类：业务类、信息类、服务类和招行信息类。

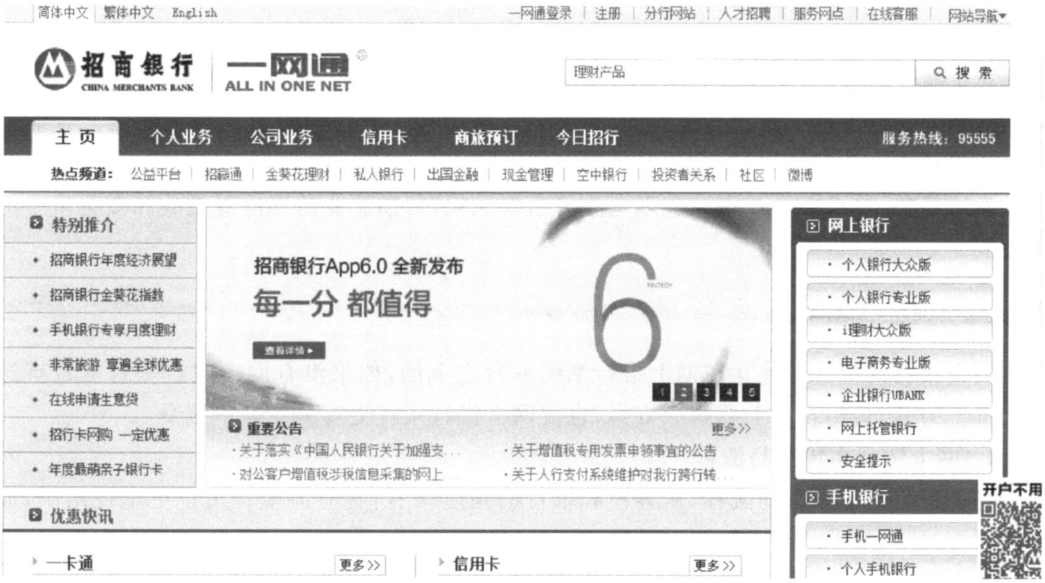

图 3.13 招商银行主页

对于网上银行来讲，无论是从银行的角度还是用户的角度，业务都是最重要的部分。

一向以创新服务见长的招商银行信用卡洞察时代脉络，看到网络社交市场广阔的前景和年轻人的需求，全面占领网络世界，网罗众多年轻持卡人，让他们通过一张卡片轻松玩转网络社交。招商银行信用卡还推出 QQ 会员卡，直接撬动国内客群数量较大的腾讯 QQ 用户群。同时，招商银行信用卡精准剖析网游玩家的兴趣点，推出魔兽世界卡、完美游戏卡和地下城勇士卡，将游戏玩家的现实生活和虚拟世界完美结合起来。

2. 招商银行网上个人银行系统

招商银行的网上个人银行系统分为三个版本：专业版、大众版和财富账户专业版。

1）网上个人银行专业版

网上个人银行专业版是招商银行的网上个人银行理财软件，如果客户持有招商银行卡，可通过该软件进行资金调拨、全方位理财。在用户使用系统的过程中，会严格认证客户身份，对参与交易的客户发放证书，交易时验证证书。招行最新推出的专业版，兼具文件证书和数字证书两种证书形式，为用户提供更多方便。

2）网上个人银行大众版

网上个人银行大众版是招商银行为广大客户提供的全天候银行金融服务的自助理财系统。只要是招商银行的银行卡（包括"一卡通""一卡通"金卡和"金葵花卡"及其联名卡/认同卡）客户或存折客户，就可以通过个人银行大众版办理自助业务。

3）网上个人银行财富账户专业版

网上个人银行财富账户专业版是招行客户细分的一个典型表现，专为财富账户客户设计的网上银行，客户可完成财富账户所有的业务操作。财富账户帮助客户实现全方位的资金管理和全方位的投资管理，使财富管理更加简单、方便和清楚。

3. 招商银行网上企业银行系统

网上企业银行是招商银行网上银行"一网通"的重要组成部分。自 1998 年首推网上企业银行 1.0 版以来,招商银行不断改善系统流程、业务模式和功能结构,革新后台技术支持,对网上企业银行进行了多次升级换代,始终引领国内网上银行业潮流。现在的网上企业银行 4.0 版更为完善和成熟,充分显示了招商银行网上企业银行的综合优势,体现了网上银行业的发展趋势,追求银企双赢和实现企业价值最大化,帮助企业从容应对挑战和在竞争中不断发展。

3.5.2 技术模式

网上银行的业务是建立在网上银行系统平台之上的,如果没有网上银行平台就没有这些业务。另外,运用技术上的解决方案,也使网上银行系统更容易让客户接受。

1. 网上银行系统交易流程

网上银行具有一定的流程,从客户和银行的角度来看,各有侧重。用户更重视结果,而银行重视过程。

2. 网银系统的体系结构

网上银行的系统建设可采用多层体系结构,包括安全层、接入层、应用层、数据层和后台主机接口层。

3. 证书使用介绍

招商银行对不同的客户、不同的版本都采用不同的证书。证书分为文件形式和 USB KEY 存储形式,证书除了对身份验证之外,另一个作用是进行数字签名。

1) 证书形式

(1) 个人银行大众版:既可以使用证书,也可以不使用,大众版提供的服务是有限的。

(2) 个人银行专业版:必须使用证书,既可以是文件形式存储,也可以是 USB KEY 形式存储。"个人银行专业版"是"个人银行大众版"的扩展和完善。与"个人银行大众版"相比,安全机制不同:"个人银行大众版"充分利用了浏览器本身的安全机制,而"个人银行专业版"采取了 X.509 标准数字证书体系,具有更高的安全性。"个人银行专业版"只能在安装个人证书的计算机上使用。

(3) 企业银行系统:必须使用证书,USB KEY 形式存储,也就是移动证书,方便携带。如果使用证书卡,须先安装数字证书卡驱动程序。

2) 数字签名

为确保交易的不可抵赖性,特别对数据进行 3 次签名,网银可根据需要保存签名。当发生纠纷时,可根据保存的数字签名来验证。例如,客户在提交大额转账时,对敏感数据位进行签名,以防抵赖。

3.5.3 效益分析与主要特色

1. 效益分析

1) 社会效益

招商银行网上银行为培育网上银行市场起到了先行者的作用。正是因为招商银行率先开通了网上银行,并且取得了巨大的成功,才吸引了各家银行参与网上银行的竞争。1997

年招商银行网上银行开通之后,国内其他银行虽然没有招商银行的网上银行技术那么成熟,但是也在1999年后相继开通了网上银行,并且投入了巨资,研发网上银行的核心技术和产品服务,使国内网上银行的数量得到了增加,为国内网上银行的快速发展奠定了基础。

招商银行网上银行根据中国的国情,自主开发了以X.509证书为基础,建设符合中国市场需求的网上银行安全体系,解决了困扰中国电子商务的瓶颈问题——网上支付的安全性问题,使网上用户不需要复杂的下载程序,也能够保障交易的安全性。市场证明,网上消费者对招商银行的网上银行的安全性已经建立了充分的信任。招商银行网上银行为电子商务的发展铺平了道路。

2)经济效益

招商银行的机构网点少,在传统渠道并不占优势。但是网银系统建设时间长,且已拥有自己的运营模式,为整个招商银行带来了巨大的经济效益。

2020年10月30日,招商银行发布2020年第三季度业绩。各项数据显示,招商银行始终坚持"轻型银行"的战略方向和"一体两翼"的战略定位,稳健开展各项业务,经营情况总体向好,"质量、效益、规模"持续动态均衡发展。

截至2021年年底,招商银行资产总额突破9万亿元大关,零售AUM(资产管理规模)破10万亿元,净利润增速创下近6年新高,零售客户总数达到1.73亿户。在招商银行2021年年报中,其"爆表"业绩的优异表现,让市场再度见识了"零售之王"的强劲发展势头。

由过硬研究院与GYbrand联合发布的2020年度《中国最具价值品牌500强》排行榜出炉,招商银行以2611.23亿元的品牌价值排名第15位,同时获得2020年"中国银行品牌价值100强"第5名。经过多年的发展,招商银行品牌价值已持续保持增长,品牌影响力也不断壮大。

2. 主要特色

1)保持技术领先优势

自1997年招商银行率先开通网上银行业务——"一网通"以来,其技术性能在国内同业中都始终处于领先地位。尤其是对安全性的注重,使得用户消除了对网上银行安全性的顾虑,紧紧地抓住了大量的用户。2003年6月,"一网通"作为中国电子商务和网上银行的代表,登上了被誉为国际信息技术应用领域奥斯卡的CHP大奖的领奖台,这是中国企业首次获此殊荣。

2)提供优质服务

只有产品而没有服务是吸引不了客户的,招商银行除了为客户提供顺畅的网上交易渠道外,还为网上银行提供了一系列配套服务。其为每一家企业银行客户提供上门安装、培训服务,为个人客户设立了热线咨询电子邮箱,在招商银行网站设立了客户留言板,及时解答客户有关网上银行的业务问题。为了方便客户投资理财,还开发了专门的证券信息网站和外汇资讯网站。同时,在网上还开辟了"理财教室""业务简介""操作演示"等栏目,帮客户熟悉网上银行的使用。

3)注重营销手段

很多用户先知道"一网通",再知道招商银行,也就是说,招商银行的产品已经深入人心,这是招商银行采取的营销策略和手段发生了作用。招商银行的营销是以整个银行为出发点的,网上银行是其中的一个亮点。

从1999年全面启动网上银行开始,招商银行开展了一系列市场营销活动,先后策划了"精彩网上行""大学生电脑节""新世纪、新形象、新服务路演""office to office 资金汇划零在途""火热一网通、理财网上通"等大型业务推广活动。通过这些活动,拉近了银行与客户的距离,提高了市场占有率,树立了"一网通"的响亮品牌。今天,只要一提起网上银行,大家都会想起招商银行,而一提起招商银行,也都知道招商银行有一个"一网通"。

3.5.4 问题与建议

1. 问题

网上银行普遍面临着日益严重的技术与服务同质化,招商银行的"一网通"也不例外。由于信息与技术的渠道的日渐畅通,银行业 IT 技术的可复制性越来越强,网上银行的解决方案和相关功能模块及其构架日渐大同小异,创新的网上银行产品与服务不断涌现,在所谓硬指标的较量上,各家商业银行目前在技术层面上已很难拉开差距。这就导致了各商业银行的网上银行产品虽然名称不同,但实质上功能及业务种类非常相似,各个网上银行都没有自己的特色,很难形成差异化竞争优势。

2. 建议

针对银行服务同质化严重的问题,应该真正树立"以客户为导向"的经营理念。不再从能提供什么样的产品出发,而是从客户需要什么样的产品出发来考虑问题,提供特色产品与服务以增强差异化竞争优势,运用整合营销 4C 理论来指导网上银行产品的设计和营销。所谓整合营销 4C 理论,是指消费者的欲望和需求(Consumer wants and needs)、消费者获取满足的成本(Cost)、消费者购买的便利性(Convenience)以及企业与消费者的有效沟通(Communications)。它主张重视消费者导向,其精髓是由消费者来定位产品与服务。

应以此为思维方式进行市场调查,进而将市场需求进行细分,发现客户的不同需求。同时,应根据自身在竞争中形成的优势找出与之相对应的市场需求,然后在互联网平台上根据上述调查和分析的结果进行业务流程和服务的再造与创新。扬长避短,体现出鲜明的特色,才能增强差异化竞争优势。

3.6 思考与实践

1. 简答题

(1) 常见的网络支付工具有哪些?各有什么特点?

(2) 与传统支付方式相比,网络支付结算方式具有哪些优点和特征?

(3) 请简述信用卡网上支付的流程。

(4) 电子现金有何特点?

2. 实践题

(1) 登录支付宝、财付通等第三方支付平台,通过网上购物和电子支付,掌握第三方支付平台的工作流程。

(2) 选择一家网上花店购买商品,体验购物流程,并关注购物过程中存在的支付方式选择对于购物者的影响。

(3) 在 C2C 平台上选取商品,提交订单并在线支付。记录购买和支付的步骤,从使用者的角度看提交订单、支付的过程中有哪些方面可以进行改进?

(4) 选取几个 B2C 平台进行调研,查看是否开通了微信支付,并分析微信支付对该平台订单转化率有何影响。

(5) 选取百度钱包、中银钱包、谷歌钱包中的一种,体验电子钱包的功能和支付流程。

第 4 章 电子商务的安全

本章学习目标
- 熟练掌握电子商务的安全技术；
- 了解电子商务的安全问题；
- 理解电子商务安全协议。

本章介绍电子商务存在的安全问题、电子商务的安全技术和安全协议，以及典型案例网络身份认证服务商——天威诚信。

4.1 电子商务安全概述

电子商务安全，就是保护电子商务系统里的个人或企业资产不受未经授权的访问、使用、篡改或破坏。电子商务是一个计算机与人、商务信息组成的系统，其安全是一个复杂的系统问题，不仅与计算机系统结构有关，还与电子商务的应用环境、交易模式、人员素质、电子商务安全立法和社会等诸多因素有关。一般计算机网络系统普遍面临的安全问题包括硬件的安全、软件的安全、计算机病毒的攻击和黑客的恶意攻击。

4.1.1 电子商务的安全问题

1. 硬件的安全

硬件的安全是保护计算机系统硬件的安全，保证其自身的可靠性和为系统提供基本安全的机制。采取的措施包括如下三点。

（1）对自然灾害的防范。各种自然灾害、风暴、泥石流、建筑物破坏、火灾、水灾、空气污染等对计算机网络系统都构成强大的威胁。

（2）防范计算机设备被盗。采取固定件、添加锁、设置警铃、购置柜机、系统外人员不得入内等措施。

（3）尽量减少对硬件的损害。配制不间断电源、消除静电、系统接地等。

2. 软件的安全

软件的安全是指保护软件和数据不被篡改、破坏和非法复制，可以采取以下措施。

（1）数据的加密、解密。了解各种加密、解密算法，加强密钥管理。

（2）操作系统、应用软件的安全。其包括用户注册、用户权限（如查询权限、录入权限、分析权限、管理权限）管理。

（3）数据库安全。其包括访问控制、数据备份与管理、数据恢复。

(4) 网络安全。其包括对网络传输信息进行数据加密、认证、数字签名等,还有防火墙技术、虚拟专用网络 VPN 等。

3. 计算机病毒的攻击

《中华人民共和国计算机信息系统安全保护条例》中明确规定计算机病毒是指"编制或者在计算机程序中插入的破坏计算机功能或者破坏数据,影响计算机使用并且能够自我复制的一组计算机指令或程序代码"。

计算机病毒的常见症状如下。

(1) 计算机运行速度比平时缓慢。程序载入时间比平常时间长,对一个简单的工作,磁盘要花费比预期长的时间。

(2) 系统内存容量忽然大量减少。病毒非法占用了大量内存,原因是病毒复制了大量的病毒文件。

(3) 文件莫名消失。病毒删除了文件。

(4) 出现大量来历不明的文件。病毒复制文件。

(5) 经常死机。病毒打开了许多文件或占用了大量内存。

(6) 文件打不开。病毒修改了文件格式或病毒修改了文件链接。

计算机病毒主要是通过读写文件和网络传播的,但这些操作又是不可缺少的,因此,需根据其传播途径采取适当措施加以防范。主要的防范措施有如下六种。

(1) 安装安全防毒软件。如果经常上网,还应启动安全防毒软件中的防火墙,进行实时监控。另外,每周应至少更新一次病毒库或病毒引擎。此外,定期扫描计算机也是一个良好的习惯。

(2) 注意光盘等媒介的使用。在使用这些媒介之前,一定要先进行扫描,确认其未被感染计算机病毒再使用。

(3) 注意下载站点的可靠性。一定要从可靠的站点上进行下载,对于在 Internet 上下载的文件与电子邮件,应该做病毒扫描。

(4) 用常识进行判断。例如,对于一些来历不明的邮件绝不打开。

(5) 避免多人共用一台计算机。由于同一台计算机的使用者较多,各自的病毒防范意识不一样,软件来源复杂,因此大大增强了病毒传染的机会。

(6) 定期和不定期地进行磁盘文件备份工作,特别是重要的数据应当及时备份。

4. 黑客的恶意攻击

所谓黑客,泛指计算机信息系统的非法入侵者。黑客的攻击手段和方法多种多样,一般可以粗略地分为以下两种:一种是主动攻击,它以各种方式有选择地破坏系统的有效性和完整性;另一种是被动攻击,它是在不影响网络正常工作的情况下,进行截获、窃取、破译以获得重要机密信息。

目前,黑客获取非法信息主要通过木马程序来实现,因此对木马的防范不能疏忽,可以从以下六方面着手。

(1) 不随意打开来历不明的邮件。

(2) 不随意下载来历不明的软件。

(3) 尽量少用共享文件夹。

(4) 及时修补漏洞和关闭可疑的端口。

(5) 安装反黑客防火墙和木马及恶意软件防控程序,实时监控。

(6) 经常升级系统和更新病毒库,定期对计算机全面查杀。

4.1.2 电子商务的安全要求

电子商务的安全要求主要包括以下四方面。

1) 信息的保密性

信息的保密性是指信息在存储、传输和处理过程中,不被他人窃取。这需要对交换的信息实施加密保护,使得第三者无法读懂电文。

2) 交易者身份的确定性

交易者身份的确定性是指交易双方的身份是真实的,不是假冒的,防止冒名发送数据。由认证中心(CA)颁发的数字证书来确定双方的身份。

3) 信息的不可否认性

信息的不可否认性是指信息的发送方不可否认已经发送的信息,接收方也不可否认已经收到的信息。

4) 确保数据的真实,防篡改

交易的文件是不可修改的,这是指确保收到的信息就是对方发送的信息,信息在存储中不被篡改和破坏,在交换过程中没有打乱顺序,保持与原发送信息的一致性可以采用。

4.2 电子商务安全技术

电子商务安全技术主要包括防火墙技术、加密技术和认证技术等。

4.2.1 防火墙技术

防火墙(Firewall)指的是一个由软件和硬件设备组合而成,在内部网和外部网之间、专用网和公共网之间构造的保护屏障。它是一种获取安全性方法的形象说法,是一种计算机硬件和软件的结合,使 Internet 与 Intranet 之间建立起一个安全网关(Security Gateway),从而保护内部网免受非法用户的侵入,如图 4.1 所示。

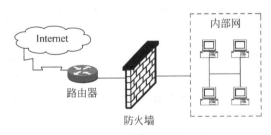

图 4.1 防火墙示意

简单地说,防火墙就是一种过滤塞,你可以让你喜欢的东西通过这个塞子,别的都统统过滤掉。在网络的世界里,要由防火墙过滤的就是承载通信数据的通信包。具体来说,防火墙按照事先规定好的配置规则,检测并过滤所有通向外部网和从外部网传来的信息,只允许授权的信息通过。防火墙还应该能够记录有关的连接来源、服务器提供的通信量以及试图闯入者的任何企图,以方便管理员监控和跟踪,并且防火墙本身必须能够免于各种攻击的影响。

防火墙具有很好的保护作用。入侵者必须首先穿越防火墙的安全防线,才能接触目标计算机。防火墙系统可以保护计算机免受以下七类攻击。

(1) 未经授权的内部访问:在 Internet 上未被授权的用户想访问内部网的数据或使用其中的服务。

(2) 危害证明:一个外部用户通过非法手段(如复制、复用密码)来取得访问权限。

(3) 未经授权的外部访问:内部用户试图在 Internet 上取得未经授权的访问权限或服务(如公司内部雇员试图访问一些娱乐网址)。

(4) 电子欺骗:攻击者通过伪装的 Internet 用户进行远程登录,从事各种破坏活动。

(5) 特洛伊木马:通过在合法命令中隐藏非法指令来达到破坏的目的(如在进行 E-mail 发送连接时将指令转为打开一个文件)。

(6) 渗透:攻击者通过一个伪装的主机隐藏其攻击企图。

(7) 泛洪:攻击者试图用增加服务器访问次数的方法使其过载。

4.2.2 入侵检测系统

入侵检测系统(Intrusion Detection System,IDS)可以像雷达警戒一样,在不影响网络性能的前提下对网络进行警戒、监控,从计算机网络的若干关键点收集信息,通过分析这些信息查看网络中是否有违反安全策略的行为和遭到攻击的迹象,从而扩展系统管理员的安全管理能力,提高信息安全基础结构的完整性。入侵检测系统作为一种积极主动的安全防护技术,提供了对内部攻击、外部攻击和误操作的实时保护,被认为是防火墙后面的第二道安全防线。

具体来说,入侵检测系统的主要功能如下。

(1) 监视并分析用户和系统的行为。
(2) 审计系统配置和漏洞。
(3) 评估敏感系统和数据的完整性。
(4) 识别攻击行为,对异常行为进行统计。
(5) 自动收集与系统相关的补丁。
(6) 审计、识别、跟踪违反安全法规的行为。
(7) 使用诱骗服务器记录黑客行为。

4.2.3 加密技术

所谓加密技术就是采用数学方法(算法)对原始信息进行再组织,使得加密后的信息成为一种不可理解的形式。加密中使用的术语如下。

(1) 明文:未经加密的原始信息和数据,人们可以阅读的形式。
(2) 密文:加密后的信息或数据,人们不能直接阅读的形式。
(3) 算法:把明文变成密文,或者密文变成明文的一组规则。
(4) 密钥:用于加密和解密的一组数据。

加密通常要采用一些算法,而这些算法需要用到不同的参数,这些不同的参数称为密钥(Key,K)。在相同的算法中,使用不同的密钥将产生不同的加密文本。加密模型如

视频讲解

图 4.2 所示。密码系统的工作过程是：源信息用加密算法 E 和加密密钥 Ke 进行加密运算，得到密文，然后通过一定的传输路径传输给接收端，接收端接收到密文后，利用解密算法 D 和解密密钥 Kd 对密文进行解密运算，从而得到信息明文。

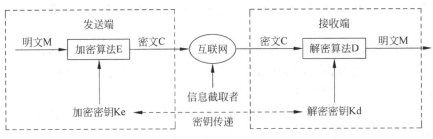

图 4.2 加密模型

按照加密密钥和解密密钥是否相同，可将现有的加密体制分为两种：对称（私有）密钥加密法和非对称（公开）密钥加密法。

1. 对称密钥加密法

对称密钥加密法也称为私有密钥加密法，是信息的发送方和接收方都使用相同的密钥来加密或解密信息，或者虽然不同，但可以由其中一个推导出另一个，则称为对称密码体制。对称密钥加密法的工作过程如图 4.3 所示。对称加密密码体制可采用各种不同的算法，构成各种不同类型的密钥。例如，人类历史上最古老的"恺撒密码"算法，是在古罗马时代使用的密码方式。

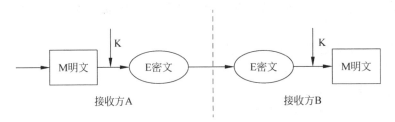

图 4.3 对称密钥加密法的工作过程

对称密钥加密法存在的问题如下。

（1）安全性存在潜在危险。在首次通信前，要求双方必须通过网络或其他途径传递统一的密钥，因而网络要求是绝对安全的，需要通过专用网络或者秘密通道传递密钥。

（2）管理难度加大。对于要通信的每一方，必须创建不同的密钥对，需要管理许多密钥对；否则，所有人都可以互相读取其他人的信息。

（3）无法鉴别贸易发起方和贸易最终方。

（4）用穷举法破译 DES 已成为可能。为了解决 DES 免遭破译的问题，需要加长或变更密钥。

2. 非对称密钥加密法

非对称密钥加密法也称为公开密钥加密法，是在加密和解密中使用不同的密钥，每个用户都有一对选定的密钥（公钥和私钥）。公钥（Public Key）是可以公开的，它可以像电话号码一样公布；私钥（Private Key）是秘密的、私有的。用公开密钥加密的内容，可用私有密钥解密,用私有密钥对明文加密后,可用公开密钥解密,但由公开密钥是不可能推导出私有密钥的。依据公开密钥是加密密钥还是解密密钥,非对称密钥加密有两种基本的模式:加密模式和验证模式。

1) 加密模式

加密模式原理如图4.4所示。

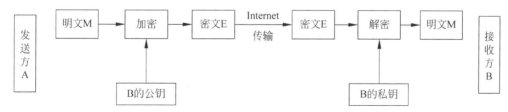

图4.4　加密模式原理

加密模式的具体步骤如下。

(1) 发送方用接收方的公钥对信息加密。

(2) 发送方将加密后的信息通过网络传送给接收方。

(3) 接收方用自己的私钥对接收到的密文解密。

2) 验证模式

验证模式原理如图4.5所示。

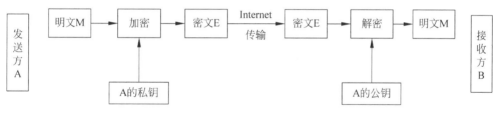

图4.5　验证模式原理

验证模式的具体步骤如下。

(1) 发送方用自己的私有密钥对要发送的信息加密。

(2) 发送方将加密后的信息通过网络传送给接收方。

(3) 接收方用发送方的公开密钥可以对接收到的密文进行解密。

4.2.4　认证技术

单纯采用加密技术,不能从根本上解决网上交易面临的假冒、篡改、抵赖、伪造等种种威胁,如图4.6所示。采用认证技术可以直接满足身份认证、信息完整性、不可否认和不可修改等多项网上交易的安全需求。目前广泛使用的认证技术有数字摘要、数字签名、数字证书和认证中心。

1. 数字摘要

数字摘要是指使用哈希(Hash)加密算法得到的一种特殊形式的密文。数字摘要验证的流程如图4.7所示。

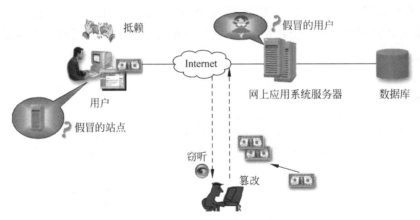

图 4.6　网上交易的威胁

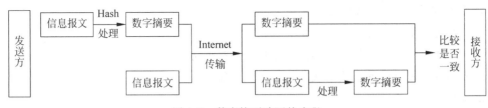

图 4.7　数字摘要验证的流程

数字摘要的特点如下。

(1) 由单向 Hash 加密算法对一个消息加密而生成一串密文,称为数字摘要,只能加密而不能解密。

(2) 不同的原文所产生的信息摘要必不相同,相同原文所产生的信息摘要必定相同。因此摘要称为信息的"指纹",以验证消息是否是"真身"。

2. 数字签名

数字签名就是在要发送的信息报文上附加一小段只有信息发送者才能产生的,别人无法伪造的特殊个人数据标记,证明了信息报文是由真正的发送者发送过来的,同时解决了信息报文传送与交换后的不可否认性与完整性。

1) 功能

数字签名是密钥加密和数字摘要相结合的技术,接收方能借此判断发送方的身份和原文真伪的一种安全技术,所以数字签名能够实现以下功能。

(1) 接收方能够证实发送方的真实身份。

(2) 发送方事后不能否认所发送过的报文。

(3) 接收方或非法者不能伪造、篡改报文。

2) 过程

数字签名的过程如图 4.8 所示。

(1) 被发送文件用单向 Hash 算法加密产生数字摘要。

(2) 发送方用自己的私钥对数字摘要再加密,这就形成了数字签名。

(3) 将原文和加密的摘要同时传给对方。

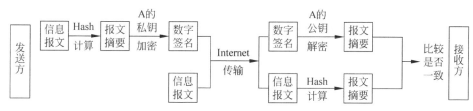

图 4.8 数字签名的过程

(4) 对方用发送方的公钥对数字签名解密,能解密说明该信息是发送方发送的。

(5) 接收者对接收到的原文用 Hash 算法加密得到新的数字摘要。

(6) 将解密后的摘要和新摘要进行对比。若相同,说明信息没有被修改。

3. 数字证书

数字证书是各类终端实体和最终用户在网上进行信息交流及商务活动的身份证明。在电子交易的各个环节,交易的各方都需验证对方数字证书的有效性,从而解决相互间的信任问题。具体来说,数字证书是一个经证书认证中心(CA)数字签名的包含公开密钥拥有者信息以及公开密钥的文件。招商银行的数字证书如图 4.9 所示。数字证书实质上就是一系列密钥,用于签名和加密数字信息。

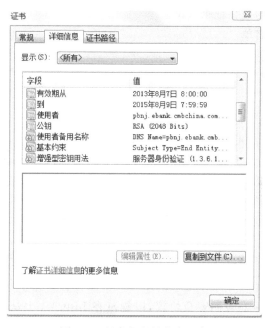

图 4.9 招商银行的数字证书

数字证书的原理如下:认证中心给每个用户都配一对相互匹配的密钥,每个用户自己设定一把特定的仅为本人所知的私钥,用它进行解密和签名;同时设定一把公钥由本人公开,为一组用户所共享,用于加密和验证签名。同时,认证中心为每个使用公钥的用户发放一个数字证书,其作用是证明用户身份与证书中列出的公钥相对应。数字证书将一个公钥值与一个特定的人、角色、设备或其他实体安全地联系在一起。

数字证书可用于发送安全电子邮件、访问安全站点、网上证券、网上签约、网上办公、网上缴费和网上税务等网上安全电子事务处理和安全电子交易活动。

数字证书的类型可分为以下五种。

(1) 个人身份证书:用于标识证书持有人在网络通信中的身份。

(2) 企业数字证书:用于标识企业在网络通信中的身份。

(3) 服务器证书:用于标识服务器在网络通信中的身份。

(4) 电子邮件证书:确保邮件内容的安全性、机密性、发件人身份的确认性和不可抵赖性。

(5) 支付网关证书:支付网关证书是证书签发中心针对支付网关签发的数字证书,是支付网关实现数据加解密的主要工具,用于数字签名和信息加密。

4. 认证中心

认证中心(Certification Authority,CA)是网上各方都信任的机构,主要负责产生、分配并管理所有网上交易的个体所需的身份认证数字证书。

认证中心的核心功能是发放和管理数字证书,具体功能如下。

(1) 接收验证最终用户数字证书的申请。

(2) 确定是否接收最终用户数字证书的申请。

(3) 向申请者颁发或拒绝颁发数字证书。

(4) 接收、处理最终用户的数字证书更新请求。

(5) 接收最终用户的数字证书查询。

(6) 产生和发布黑名单。

(7) 数字证书归档。

(8) 密钥归档。

(9) 历史数据归档。

目前,国内主要的电子商务认证中心有北京数字证书认证中心、深圳市电子商务认证中心、广东省电子商务认证中心、湖北省电子商务认证中心、上海电子商务安全证书管理中心、中国数字认证网、山西省电子商务安全认证中心、中国金融认证中心、天津电子商务运作中心和天威诚信认证中心等。

4.3 电子商务安全协议

视频讲解

在 Internet 上使用的网络协议是 TCP/IP,但由于历史原因,存在欺骗的模式,如采用假的服务器来欺骗用户的终端或采用假的用户欺骗服务器。为了保障电子商务的安全,一些公司和机构制定了电子商务的安全协议,以规范在 Internet 上从事商务活动的流程。目前,典型的电子商务安全协议有 SSL(安全套接字)协议和 SET(安全电子交易)协议。

4.3.1 SSL 协议

SSL(Secure Sockets Layer,安全套接字)协议最初是由网景公司设计开发的,主要用于提高应用程序之间交换数据的安全性,实现浏览器和服务器(通常是 WWW 服务器)之间的安全通信。

SSL 采用私有密钥加密和公开密钥加密相结合的方式,提供了如下三种基本的安全服务。

1）秘密性

SSL 客户机和服务器之间通过密码算法和密钥的协商，建立起一个安全通道，以后在安全通道里传输的所有信息都经过了加密处理。

2）完整性

SSL 利用密码算法和 Hash 函数，通过对传输信息特征值的提取保证信息的完整性。

3）认证性

利用证书技术和可信的第三方 CA，可以让客户机和服务器相互识别对方的身份。

4.3.2 SET 协议

网上消费者发出的支付指令在由商户送到支付网关之前，是在公用网上传送的，这一点与持卡 POS 消费者有着本质的不同，后者从商家 POS 到银行之间使用的是专线。因此，在开放的网络上处理交易，如何保证传输数据的安全成为电子商务能否普及的最重要因素之一。SET(Secure Electronic Transaction，安全电子交易)协议正是在这种需求的推动下应运而生的，它是由 VISA 和 MasterCard 两大信用卡公司发起，会同 IBM、Microsoft 等信息产业巨头于 1997 年 6 月正式制定发布的用于互联网事务处理的一种标准。

1. SET 协议的购物流程

SET 协议贯穿以下购物流程中。

（1）持卡人通过浏览器从商家网站中选择要购买的商品，填写订单，选择付款方式，此时 SET 开始介入。持卡人通过网络发送给商家一个完整的订单及要求付款的指令。在 SET 中，订单和付款指令由持卡人进行数字签名，同时利用双重签名技术保证商家看不到持卡人的账号信息。

（2）商家接收订单，通过支付网关向持卡人的金融机构请求支付许可。

（3）在银行和发卡机构确认和批准交易后，支付网关给商家返回确认信息。

（4）商家通过网络给顾客发送订单确认信息，为顾客配送货物，完成订购服务。客户端软件可记录交易日志，以备将来查询。

（5）商家请求银行将钱从购物者的账号转移到商家账号。

对于操作过程中的每一步，消费者、网站和支付网关都会通过 CA 来验证通信主体的身份，以确保通信的对方不是冒名顶替。

2. SET 协议提供的保障

1）信息的机密性

SET 系统中，敏感信息（如持卡人的账户和支付信息）是加密传送的，不会被未经许可的一方访问。

2）数据的完整性

通过数字签名，保证在传送者和接收者传递信息期间，消息的内容不会被修改。

3）身份的验证

通过使用证书和数字签名，可为交易各方提供认证对方身份的依据，即保证信息的真实性。

4）交易的不可否认性

通过使用数字签名，可以防止交易中的一方对已发生的交易抵赖。

5)互操作性

通过使用特定的协议和消息格式,SET 系统可提供在不同的软硬件平台操作的同等能力。

4.4 网络身份安全与信用认证服务商——天威诚信

电子商务认证服务是构建安全可信网络空间的重要基础设施,通过电子认证可以实现虚拟实体和现实实体之间的绑定,解决网络空间中实体的身份认证和行为的确认问题,是确定网络主体、认定网络行为的重要手段。《中华人民共和国电子签名法》明确了电子认证的法律效力,奠定了电子认证服务的法律基础。《中华人民共和国电子签名法》实施后,我国电子认证服务行业发展迅速,目前已经有三十多家机构面向公众开展电子认证业务,数字签名应用在电子商务和电子政务中迅速普及,为构建安全可信的网络空间环境奠定了良好基础。

本案例介绍天威诚信的企业发展概况、业务范畴和解决方案,并以联想电子订单系统中的电子签名项目的开发与应用为例,介绍公司在网络安全服务方面的典型应用。

4.4.1 企业发展概况

北京天威诚信电子商务有限公司(iTrusChina,以下简称为天威诚信)是工业和信息化部首批授权的电子认证服务机构之一,是虚拟网络空间身份认证、数据电文认证、证据认证及其应用的专业服务提供商,为办公网、业务网、互联网实现有效应用提供基于电子认证的安全与信任支撑服务。

天威诚信自 2000 年成立以来,不断对基础技术进行开发,在互联网、业务网、办公网做了大量的应用模式的探索及创新,形成了基于人员、产品与关键技术的融合,形成了网络空间安全服务运营的能力和实力,随着市场规模化的发展,已经积累了百万级的可信用户。

天威诚信自成立至今共经历了三个重要的发展阶段,分别是 2000—2003 年的基础技术开发期,2004—2008 年的应用创新与市场培育期,2009 年至今的成长期。至今,公司形成了以人员、产品和技术为基础的核心竞争力,拥有了核心产品和技术,市场发展呈规模化,拥有包括国家信息中心、国家气象总局、中国航空集团公司、中国化工集团公司、中国人民财产保险股份有限公司、中国银行、招商银行、中国移动通信有限公司、中国电信集团公司、淘宝网和京东商城等一大批各类典型用户。

4.4.2 业务范畴

1. 基础业务

依据《中华人民共和国电子签名法》,在国家相关主管部门的直接领导与管理下,运用先进的电子认证技术构建可信身份管理系统、电子认证系统、电子签名及验证系统、证据保全系统,为业务网和互联网应用提供基础认证服务。

2. 办公网业务

基于自主研发的数字证书认证系统(iTrusCA)、统一信任管理平台(iTrusUTS)等产品及解决方案,帮助企业、事业单位、政府部门的办公应用系统实现基于可信身份的统一账户、统一授权、统一认证、统一审计的集中管控功能,全面提升信息化应用水平。

3. 业务网业务

为供应链管理、招投标业务、财务资金管理等业务,提供符合《中华人民共和国电子签名法》要求的身份认证、数据电文认证、证据认证等服务,实现业务全流程的电子化、合法化,从而保证相关业务的安全、可信、规范、健康发展。

4. 互联网业务

为企业及其网站和个人提供可信网站、可信展示、可信营销、可信电子合同、可信交易等涵盖互联网电子商务流程的可信应用服务,构建可信的电子商务应用环境。

4.4.3 数字证书在联想订单系统的应用

1. 需求分析

联想集团(以下简称为联想)成立于1984年,目前已经发展成为一家在信息产业内多元化发展的大型企业集团。从1996年开始,联想计算机销量一直位居中国国内市场首位;2013年,联想计算机销量升至世界第一位,成为全球最大的PC生产厂商。2016年8月,联想获得"2016中国民营企业500强"第四位,并且在国内已经建立了完善的渠道体系,两千多家渠道分销商分布在全国各地。联想电子订单系统正是联想维系各分销商进行销售管理的纽带。联想的各分销商通过电子订单系统向联想下产品分销订单。联想根据电子订单来组织生产,并进行产品配货,最终实现联想产品的销售。

随着国家电子商务相关的法律法规的不断完善,联想意识到用第三方认证的方式是解决电子化管理分销渠道的一个可行方案。基于开放的互联网应用的电子订单系统存在很多安全隐患,包括各分销商的身份认证和访问控制,电子订单传输的机密性和完整性,电子订单的抗抵赖性。为了彻底解决电子订单系统存在的安全信任问题,真正发挥电子商务所带来的快捷、高效、低成本的优势,联想电子商务部决心对电子订单系统进行改造,建立基于PKI/CA技术的安全认证平台,为电子订单提供安全保障,使其变成可信任的电子订单系统。

联想在2003年年底进行了电子订单系统可信平台项目招标,招标目的是:选择权威、可信、公正的第三方认证中心,为电子订单系统构建基于PKI/CA技术的信任基础平台。通过第三方认证中心为联想各分销商发放企业证书,各分销商访问安全电子订单系统时使用企业证书,实现身份认证和访问控制;并利用数字证书对电子订单进行加密签名,实现电子订单的机密性、完整性和抗抵赖性,为电子交易提供安全保障。天威诚信凭着优秀的技术能力和突出的服务意识,在激烈的联想项目投标过程中脱颖而出,成为联想首选的服务提供商。

2. 解决方案

天威诚信和联想团队紧密结合,设计出了最适合联想需求的技术方案。联想电子系统使用天威诚信成熟的鉴证方法确认联想各分销商的真实身份,并签发企业证书。采用天威诚信开发的证书应用接口,对电子订单系统进行了集成,开发了安全的电子订单系统。

1) 完善的技术方案

方案的总体设计如图4.10所示。

联想电子订单系统集成数字证书应用的安全功能,联想各经销商和渠道分销商访问联想电子订单系统时,必须使用数字证书才能登录系统,系统通过验证提交的数字证书,来验

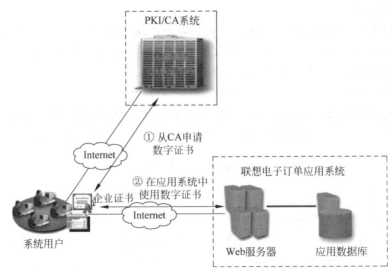

图 4.10 方案的总体设计

证联想各经销商和渠道分销商的身份,实现身份认证和访问控制。在各经销商和渠道分销商给联想发送电子订单时,使用数字证书对电子订单进行数字签名,并通过加密通道进行传输,以保证电子订单的机密性、完整性和抗抵赖性。联想对电子订单进行处理后,在给各经销商和渠道分销商返回确认回执时,使用联想的数字证书对确认回执进行数字签名,通过加密通道进行传输,以保证确认回执的机密性、完整性和抗抵赖性。

2) 严谨、高效的鉴证流程

天威诚信科学地设计了面向大规模用户的高效率的鉴证流程,不仅顺利地完成了联想在短短几个月中鉴证和发放上千张证书的任务的要求,同时也为将来大规模地复制这种模式起到了演练的作用。在整个联想电子订单系统安全体系中,天威诚信提供的第三方数字证书与联想电子订单系统的集成只是建立在技术层面,是天威诚信提供专业第三方认证服务中最基础的环节,接下来的流程涉及更加专业和复杂的内容,也是作为第三方认证中最为重要一步的鉴证环节。如何对联想和各分销商的身份进行迅速、准确的鉴证,是使联想电子业务流程尽快运转,实现联想与经销商降低沟通成本目标的关键,同时也关系到电子订单系统运营最基本的安全性和今后会涉及的电子订单核查等问题。凭借天威诚信多年来建立起来的专业鉴证体制,依靠联想和各地分销商的信任和支持,天威诚信在很短的时间内就完成了对联想两千余家各地分销商全面、细致、准确的鉴证工作。

3. 客户效果反馈

实际情况证明了这个项目为联想带来了可观的经济效益。通过提高分销管理能力,联想在竞争越来越激烈的国内市场保持了其领先地位。联想通过与天威诚信认证中心的合作,有效地解决了电子订单系统的信息安全问题,建立了网上虚拟可信网络。与采用第三方认证中心之前相比,原来在运行电子订单系统时,由于担心安全性而保留传统的订单确认方式,相当于联想维持了新老两套订单系统同时运行,反而使业务流程更加烦琐。每月工作人员要接收多达几千份的传真订单,然后又要在电子订单系统里核实,由此产生的传真纸、电话长途费等,既浪费办公资源,提高了办公成本,又使工作人员对同一订单要进行多次确认,工作效率低下。实现了天威诚信提供安全服务的电子订单系统后,订单实现了一次确认、无纸化,有效降低了与经销商之间的沟通成本,简化了商务流程,提高了商务效率,使电子商务的即时性、高效性、准确性得以充分展现。联想通过选择天威诚信的CTN(建立于国际先进的Versign体系,已经实现核心技术的自有知识产权)认证服务体系,建立了真正意义上的电子商务平台,再一次走在了国内众多IT企业电子商务应用的前面。

4.5 思考与实践

1. 简答题

(1) 请说明非对称密钥加密的原理。

(2) 什么是数字证书?数字证书有哪些类型?

(3) 什么是认证中心?认证中心具有哪些作用?

(4) 信息传输的保密性、信息的完整性、信息的不可否认性以及交易者身份的确定性分别采用哪些技术来实现?

2. 实践题

(1) 登录招商银行的个人网上银行,查看招商银行的数字证书,并理解数字证书的各项内容。

(2) 下载一个免费的个人数字证书,给同学发一封带有数字证书的邮件,将搜索到的有关鲜花连锁网店的信息作为附件发出。

第 5 章　电子商务的物流

本章学习目标

- 熟练掌握电子商务与物流的关系；
- 了解电子商务企业物流配送模式；
- 熟练掌握物流的分类。

本章介绍电子商务与物流的关系、电子商务企业物流配送模式，以及典型案例——中国国际海运网的业务模式。

视频讲解

5.1　电子商务物流概述

世界最著名的电子商务企业——亚马逊是怎么盈利的？原来它用 5 年时间，将物流成本降低了近一半。同时利用这种物流成本优势，以减免运费的方式，打击竞争对手，扩大销售额和市场份额，以发挥规模效应，从而进一步降低物流成本。目前，中国的电子商务企业借助于信息技术和管理信息系统，找到了降低物流成本的模式，如全程进行高效的供应链管理、效率化的配送、利用物流外包降低投资成本。

物流是一个十分现代化的概念，由于它对商务活动的影响日益明显，因此，受到人们越来越多的关注。

5.1.1　物流的含义

物流(Physical Distribution，PD)一词最早出现于美国，1915 年，阿奇·萧在《市场流通中的若干问题》一书中就提到"物流"一词，并指出"物流是与创造需求不同的一个问题"。在 20 世纪初，西方一些国家已经出现生产大量过剩、需求严重不足的经济危机。企业提出了销售和物流的问题，此时的物流指的是销售过程中的物流。

在第二次世界大战期间，围绕战争供应，美国军队研究并应用"后勤管理"理论，实现对军火等战争物资的运输、补给、存储等的全面管理，取得了很好的效果。第二次世界大战后，后勤管理逐渐形成了单独的管理科学，"后勤"(Logistics)一词在企业中广泛应用。人们注意到，这时"后勤"一词已经不仅仅是军事上的含义了，它包含了生产过程和流通过程的物流，因而是一个包含范围广泛的物流概念。现在人们普遍把物流称为 Logistics。

1963 年，物流的概念被引入日本，当时的物流被理解为"在连接生产和消费间对物资履行保管、运输、装卸、包装、加工等功能，以及作为控制这类功能后援的信息功能，它在物资销售中起了桥梁作用"。我国在 20 世纪 80 年代才接触"物流"这个概念，此时的物流已被称为

Logistics,已经不是过去 PD 的概念了。

关于物流的概念,不同时期、不同国家和地区认识均有不同。具有代表性的是 1985 年,美国物流管理协会(CLM)将物流的名称从 Physical Distribution 改为 Logistics,并将其定义为"以满足顾客需要为目的,对货物、服务及相关信息从起源地到消费地的有效率、有效益的流动和储存进行计划、执行和控制的过程"。

欧洲物流协会于 1994 年发表的《物流术语》中对物流的定义:物流是在一个系统内对人员或商品的运输、安排及与此相关的支持活动的计划、执行与控制,以达到特定的目的。

日本日通综合研究所 1981 年在《物流手册》上对物流的定义:物流是物质资料从供给者向需要者的物理性移动,是创造时间性、场所性价值的经济活动。

我国 2001 年颁布的《国家标准物流术语》中对物流的定义:物流(Logistics)是指物品从供应地向接收地的实体流动过程。根据实际需要,将运输、储存、装卸、搬运、包装、流通加工、配送、信息处理等基本功能实施有机结合。

5.1.2 电子商务与物流的关系

电子商务与物流之间存在着非常密切的关系,可以从两方面来分析:一是物流在电子商务中的重要作用;二是电子商务对物流的影响。

1. 物流在电子商务中的重要作用

1)物流是电子商务的重要组成部分

电子商务是信息化、网络化的产物,和其他商务活动一样,在其商务过程中,同样包含四种基本的"流",即信息流、商流、资金流和物流。通过互联网,电子商务可以很好地解决信息流、商流和资金流的问题。用户可以很方便地在网上找到自己想要购买的商品,还可以轻点鼠标快捷地实现在线订单的传递,而且网上银行以及多种网上支付平台给资金流的完成也提供了极大的便利。一些电子出版物或软件可以很方便地进行网上递送,但绝大多数商品需要通过各种方式完成商品的物理位移。而物流能否很好地完成并不取决于先进的互联网络。

1999 年 9 月,我国的一些单位组织了一次 72 小时的网上生存测验。测验中一个突出的问题就是物流问题,尤其是费尽周折填好订单后漫长的等待,使电子商务的跨时域优势也丧失殆尽。当人们艰苦地搜索网页,欣喜地发现自己需要的食品并确定订单后,接下来却是无奈的等待,货郎和送货车迟迟没有出现。更多的人开始认真思索,电子商务的目的是实现交易,物流同交易方式也同样的重要。

这再次使人们认识到物流在电子商务活动中地位的重要,认识到现代化物流是电子商务活动不可缺少的部分。

2)物流是电子商务概念模型的基本要素

电子商务概念模型如图 5.1 所示。在电子商务概念模型中,电子商务实体是指能够从事电子商务的客观对象,包括企业、银行、商店、政府机构和个人等。电子市场是指电子商务实体从事商品和服务交换的场所,它由各种各样的商务活动参与者,利用各种通信装置,通过网络连接成一个统一

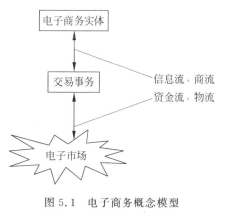

图 5.1 电子商务概念模型

的整体。交易事务是指电子商务实体之间从事的具体的商务活动,如询价、报价、转账支付、广告宣传、商品运输等。而在电子商务的任何一笔交易中,都包括四种基本的"流",即信息流、商流、资金流和物流。在电子商务概念模型中,强调了信息流、商流、资金流和物流的整合,物流是其中必不可少的要素。

3) 物流是实现电子商务的保证

物流对电子商务起着至关重要的作用,主要表现在以下三方面。

第一,物流保障生产。无论何种商务活动,生产都是商品流通之本,而生产的顺利进行都需要各种物流活动的支持,从原材料的采购、在制品的储存,直至成品的运输,都离不开物流。即使在生产过程中,物料在各个工艺流程之间流转也需要物流的支持才能完成。而回收物流、废弃物流,更是生产过程中必不可少的环节。

第二,物流服务于商流。商流是指商品所有权的转移,是指商品交易过程中一系列的活动。在电子商务下,商流的完成是以消费者确认网上订单来实现的,但此时电子商务活动并未结束,只有商品和服务真正转移到消费者手中,商务活动才宣告终结。如果没有现代化的物流支持,电子商务快捷的商流活动将毫无意义。

第三,物流是实现"以顾客为中心"理念的根本保证。电子商务要想做好,就要方便消费者,将"一切以消费者为中心"作为其经营理念。但是如果没有快速的现代化物流支持其运作,那么这种理念最终将无法实现。试想如果消费者很方便就完成了商品的在线挑选、在线订单的确认和支付,但是需要等待十天甚至更长时间才能拿到所需的商品,那么电子商务的快捷优势便荡然无存,消费者也将最终远离这样的电子商务。因此,物流是实现"以顾客为中心"理念的根本保证。

2. 电子商务对物流的影响

近几年,电子商务的发展十分迅猛。以京东商城为例,作为中国 B2C 市场最大的 3C 网购专业平台,从 2004 年成立到 2010 年发展成为中国首家规模超过百亿的网络零售企业,仅用了短短 6 年时间,连续 6 年增长率均超过 200%。近年来,京东商城的营销额增长率超过 300%。在如此迅猛的发展势头下,高效、畅通的现代化物流功不可没,这也从另一侧面说明电子商务对物流的发展起了非常大的促进作用。

电子商务对物流的影响主要体现在以下五方面。

1) 电子商务将改变人们传统的物流观念

电子商务为物流创造了一个虚拟的运动空间,也鞭策着物流向更高效、更信息化的方向发展。在电子商务下,人们在进行物流活动时,物流的各种功能可以通过虚拟化的方式表现出来,人们可以通过各种先进技术,寻求物流的合理化,达到费用最省、效率最高、距离最短的效果。

2) 电子商务将改变物流的运作方式

电子商务的商流活动和物流活动天然是分离的,这给电子商务下的现代化物流运作带来了全新的运作方式。在传统的交易过程中,往往是"一手交钱,一手交货",物流在其中只是从属于商流。而商物分离后,物流的信息化、网络化和计算机实时控制达到了前所未有的水平。例如,申通快递,其订单很大一部分来自于淘宝网,为了给买卖双方提供更好的服务,申通快递不但提供实时追踪货物状态的服务,还提供送货车辆 GPS 信息的在线查询,这极大地方便了淘宝网的买卖双方。

3) 电子商务将改变物流行业的经营形式

电子商务的商物分离给第三方物流带来了前所未有的发展机遇。据统计，仅 2009 年全年，电子商务带动的邮递包裹就达到 10 亿件。这给我国本土的第三方物流带来了极大的机会，民营快递业借此发展壮大，已经达到一定规模。例如，2011 年 8 月 10 日，国内快递巨头顺丰速运有限公司通过增资 4 亿元，以 85% 的股权控股顺丰航空，这是国内民营快递公司首次控股航空公司，目的是主动调控航空物流。

4) 电子商务将促进物流基础设施的改善和物流技术与物流管理水平的提高

电子商务高效率和全球化的特点，要求电子商务下的物流也必须达到这一目标，而建立适应电子商务运作的高效率的现代化物流，就需要物流基础设施的不断改善和物流技术、管理水平的不断提高。

5) 电子商务对物流人才提出了更高的要求

电子商务要求物流管理人员具有较高的电子商务知识，并在实践中能够将其和物流管理结合起来。这种高素质的人才将是未来电子商务下的物流能够快速发展所不可或缺的。

5.2 传统企业实施电子商务的要素

视频讲解

传统企业实施电子商务，必须要与 SCM、ERP、CRM、BPR 等要素结合起来。

1. SCM

SCM(Supply Chain Management，供应链管理)是指利用计算机网络技术全面规划供应链中的商流、物流、信息流、资金流等，并进行计划、组织、协调与控制。而供应链(SC)则是指在生产及流通过程中，涉及提供给最终用户产品或服务的上游与下游企业所形成的网链结构。供应链网链结构模型如图 5.2 所示。

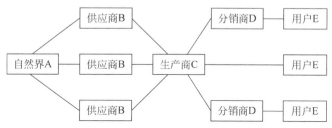

图 5.2 供应链网链结构模型

在历史上，许多供应链活动都是人工管理的，其效率往往非常低。所以，在计算机应用于商业的早期阶段，人们开始关注供应链流程的自动化。20 世纪 60 年代以前，就出现了第一代软件程序，它们只支持供应链上很短的一些环节，如单件产品库存管理、部门工作计划等，这些软件往往局限于某个流程，而相互之间又是独立的。但人们很快发现，供应链上的一些活动是相互关联的。最早被意识到的是生产计划与库存管理、采购计划之间的关系。20 世纪 60 年代中期，出现了物料需求计划(Material Requirements Planning，MRP)，较好地解决了相关需求管理问题。此后，人们一直探求更好的制造组织与管理模式，出现了制造资源计划(Manufacturing Resources Planning，MRPⅡ)、准时生产制(Just In Time，JIT)及精细生产(Lean Production，LP)等新的生产方式，这些新的生产方式极大提高了企业的整体效益。然而,自从 20 世纪 90 年代以来,全球经济一体化等新的发展趋势对企业的管理水平提出了更高的要求,原有的管理思想已经不能满足当前的竞争需要。为了能够快速响应市场需求,满足用户日益个性化的消费需要,就需要供应链上所有的资源更有效地组织起来,更好地为用户服务。

2. ERP

ERP(Enterprise Resource Planning,企业资源计划)是由美国加特纳公司(Gartner Group Inc.)在 1990 年 4 月《ERP:设想下一代的 MRPⅡ》的分析报告中提出的。ERP 是一种基于"供应链"的管理思想,是在 MRPⅡ的基础上扩展了管理范围,给出了新的结构,把客户需求和企业内部的制造活动以及供应商的制造资源整合在一起,体现了完全按用户需求制造的思想。

ERP 最初的目标是将企业的所有部门和职能都整合到一套计算机系统中,并服务于企业的所有需求。例如,接到订单时,软件会立即访问存货信息、产品数据、客户信用记录和先前的订单信息,这可以提高生产效率和客户满意度。很多企业已经成功实施了 ERP 系统。例如美孚石油公司通过在美国的石化业务中使用 SAP 的 R/3 系统,合并了 300 多个信息系统。

ERP 在帮助中小型制造商改进业务流程的过程中也扮演着关键角色。通过将多个工厂和销售部门结合在一起,ERP 解决方案使企业从崭新的角度思考如何经营扩展后的企业和更好地管理供应链。因为 ERP 涵盖了企业的大部分后台活动,所以必须和电子商务应用相结合。事实上,电子商务和 ERP 的整合正成为必然。

3. CRM

近年来,随着市场竞争的日益激烈,企业管理的重心正从内部向外部扩展,从生产制造向客户关系管理转移:ERP→SCM→CRM。

CRM(Customer Relationship Management,客户关系管理)是 1997 年美国加特纳公司正式提出的,"所谓的客户关系管理就是为企业提供全方位的管理视角;赋予企业更完善的客户交流能力,最大化客户的受益率""是企业与顾客之间建立的管理双方接触活动的信息系统"。简单地说,CRM 就是利用信息科学技术,实现市场营销、销售、服务等活动自动化,使企业能更高效地为客户提供满意、周到的服务,以提高客户满意度、忠诚度为目的的一种经营管理方式。CRM 既是一种管理理念,又是一种软件技术。

CRM 是企业电子商务战略中不可或缺的重要环节。CRM 是连接企业内部、外部经营的纽带和桥梁。一方面,CRM 为外部供应链、B2B 网站、B2C 网站的高效运转提供了更好的客户服务支持;另一方面,CRM 作用于销售、生产、财务等内部业务部门,使他们可以在 CRM 平台上共享信息,为客户提供一站式的服务,最大限度提高了客户满意度。

CRM 的主要组成部分包括客户互动渠道管理、营销自动化管理、销售自动化管理、服务自动化管理、Web 商务和商务智能。

4. BPR

BPR(Business Process Reengineering,业务流程重组)是 20 世纪 90 年代由美国 MIT 教授哈默(Michael Hammer)和 CSC 管理顾问公司董事长钱皮(James Champy)提出的。他们给 BPR 下的定义是:"为了飞跃性地改善成本、质量、服务、速度等现代企业的主要运营基础,必须对工作流程进行根本性的重新思考并彻底改革。"它的基本思想是必须彻底改变传统的工作方式,也就是彻底改变传统的自工业革命以来按照分工原则把一项完整的工作分成不同部分、由各自相对独立的部门依次进行工作的工作方式。

对 BPR 思想的具体定义众说纷纭,目前公认的 BPR 的概念是:"业务流程重组(BPR)就是对企业的业务流程进行根本性的再思考和彻底性的再设计,从而可以获得诸如成本、质量、服务和速度等方面的业绩来衡量的戏剧性的成就。"

企业实施 BPR 和应用电子商务系统并没有直接的关联,前者关注管理思想,后者关注技术手段,企业可以不考虑信息技术的应用而组织实施业务流程重组。但是在 BPR 实施成功的案例中,有很多都是与电子商务系统及其他系统的应用分不开的。BPR 可以独立于信息技术而存在,但这种独立是相对的。因此,在信息技术的应用过程中,不能仅仅着眼于电子商务系统本身,而应面向企业流程再造来开展研究和实施。

5.3 电子商务企业物流配送模式

我国电子商务发展非常迅猛,与之相比,物流则显得相对薄弱,这直接影响了电子商务的运作效率。本节从不同的电子商务模式入手,分析每种电子商务的物流配送模式。

5.3.1 物流的分类

由于物流对象、物流目的和物流范围不同,使得各领域物流都有自己的特征性,因而形成了不同类型的物流。现在人们对物流没有统一的分类标准,但是物流大致可以按照下列标准分类。

1. 按物流范围分类

按照物流范围的不同,物流可以分为宏观物流和微观物流,国际物流和区域物流。

宏观物流是指社会再生产总体的物流活动,从社会再生产总体角度认识和研究的物流活动。微观物流是指消费者、生产者所从事的实际的、具体的物流活动。

国际物流是指在两个或两个以上国家(或地区)之间所进行的物流。区域物流是指在一个国家内发生的物流活动。

2. 按物流系统性质分类

按照物流系统性质可以将物流分为社会物流、行业物流和企业物流。

1) 社会物流

社会物流是全社会物流的整体,所以有人也称之为大物流或宏观物流。社会物流的一个标志是:它是伴随着商业活动发生的,也就是与物流过程和所有权的更迭相关。就物流学的整体而言,可以认为其研究对象主要是社会物流。社会物流的流通网络是国民经济的命脉,流通网络分布是否合理、渠道是否畅通这些都是至关重要的。必须对其进行科学管理和有效控制,采用先进的技术手段,保证高效能、低成本运行,这样做可以带来巨大的经济效益和社会效益。

2) 行业物流

行业物流指同一行业为了本行业的共同目标或整体利益而形成的行业内部物流网络。例如,日本的建设机械行业提出,行业物流系统化的具体内容包括:各种运输手段的有效利用;建设共同的零部件仓库,实行共同集配送;建立新旧车设备及零部件的共同流通中心;建立技术中心,共同培训操作人员和维修人员;统一建设机械的规格等。又如在大量消费品方面,提出采用发票的统一、商品规格的统一、法规政策的统一、托盘规格的统一、陈列柜和包装模块化等。

3) 企业物流

企业物流是指在经营范围内由生产或服务活动所形成的物流系统。企业物流按照物流活动发生的顺序,又可以分成供应物流、生产物流、销售物流、回收和废弃物流。

3. 按物流活动的经营主体分类

按照物流活动的经营主体,物流可以分为企业自营物流、专业子公司物流、第三方物流和第四方物流。

1) 企业自营物流

企业自营物流是指供方所组织的物流,包括生产或流通企业在销售商品时自己所组织的物流活动。

2) 专业子公司物流

专业子公司物流是指企业采取把自己的一部分职工分离出来,成立物流子公司的物流经营方式。例如,20世纪70年代日本一些大型厂商设立的三洋电机商品中心、东芝物流、富士物流、松下物流仓库等,都是物流子公司,为自身企业服务的同时也为其他企业服务。

3) 第三方物流

第三方物流也称合同物流或契约物流,是指专业物流企业整合各种资源,为客户提供各种专业的物流服务的物流活动。第三方物流与产品的供需没有关系,而是以第三方的身份参与物流活动。

4) 第四方物流

第四方物流(4PL)的概念首先是由安德森咨询公司提出的,它甚至注册了该术语的商标,并定义为"一个调配和管理组织自身的及具有互补性的服务提供商的资源、能力与技术,提供全面的供应链解决方案的供应链集成商"。所谓第四方物流,就是供应链的集成者、整合者和管理者,主要是通过对物流资源、物流设备和物流技术的整合和管理,提出物流全过程的方案设计、实施方法和解决途径。

5.3.2 企业选择物流运作模式

电子商务下的物流配送模式包括四种:自营配送模式、共同配送模式、第三方物流配送模式、自营和第三方物流相结合的配送模式。

1) 自营配送模式

自营配送模式是指为本企业的生产经营提供物流服务的配送模式。如沃尔玛公司在美国建立了70个由高科技支持的物流配送中心,为沃尔玛实行"天天平价"提供了可靠的后勤。

2) 共同配送模式

共同配送模式是指若干相关联或相类似的企业由于共同的物流需求,在充分发掘利用各企业现有物流资源的基础上,联合创建的配送组织形式。例如,便利店按照不同的地区和商品群划分,组成共同配送中心,由该中心统一集货,再向各店铺配送。

3) 第三方物流配送模式

第三方物流配送模式是通过为一定市场范围的企业提供社会化物流配送服务而盈利和

自我发展的物流配送组织形式。

4）自营和第三方物流相结合的配送模式

自营和第三方物流相结合的配送模式是指企业系统地整合内外部物流资源，自建物流和第三方物流配送模式综合应用，从而形成高效运行的物流配送模式。

下面从几种电子商务运作模式来分析其适用的物流配送模式。

1. B2C 物流运作模式

B2C 物流运作模式一般有自营物流配送模式、第三方物流配送模式、自营和第三方物流相结合的配送模式以及共同配送物流配送模式。

1）自营物流配送模式

选择自营配送模式对于 B2C 企业来说有一定的优势，如掌握控制权、降低交易成本、提高品牌价值等。但是也存在着增加企业投资风险、配送效率低下、专业化程度低等劣势。选择自营模式的 B2C 企业一般有两类：一类是资金实力雄厚且业务规模较大的电子商务公司。由于电子商务在我国兴起的时候，国内第三方物流服务的水平远不能满足当时电子商务公司的要求，而这些电子商务公司手中持有大量的外国风险投资，为了抢占市场的制高点，不惜动用大量资金，在一定区域甚至全国范围内建立自己的物流配送系统。另一类是传统的大型制造企业或批发企业经营的电子商务网站，由于其自身在长期的传统商务中已经建立起初具规模的营销网络物流配送体系，在开展电子商务时只需将其加以改进、完善，就可满足电子商务条件下对物流配送的要求。

2）第三方物流配送模式

B2C 企业将物流配送业务完全外包给专业的物流公司来实现，自己很少干预甚至不干预，物流公司本身不拥有商品，而是与企业或商家签订合作协议或结成合作联盟。这种运作模式有利于企业集中精力于核心业务，有助于更好地利用物流专业技术，减少固定资产投资，而且更加灵活，但是也存在着控制不力、服务难以保证等问题。在发达国家，第三方物流配送模式是 B2C 企业常用的物流模式。例如，在美国，亚马逊就主要同 DHL 或者联邦快递合作，意大利、日本等其他分站采用的也都是依靠第三方进行配送的模式。

3）自营和第三方物流相结合的配送模式

对于 B2C 企业来说，自营配送模式和第三方物流配送模式各有利弊，而如果将两者结合起来则可以发挥两种模式的优势，扬长避短，对企业的发展起到巨大的支持作用。例如，成立于 1996 年的麦考林是 B2C 领域的佼佼者，对于物流体系的建立，麦考林经过充分的调研和实践，最终决定采用最适合自身发展需要的物流管理模式，即自建物流配送中心和外包配送相结合的方式。麦考林在上海松江建立了 40 000 余平方米的 CDC 仓储配送中心，而将面向全国的干线运输和城市配送业务外包给了国内市场上专业的第三方物流企业。

4）共同配送物流配送模式

共同配送物流配送模式有助于企业之间形成优势互补、相互信任、共担风险、共享受益的物流伙伴关系。对于中小型 B2C 企业来说，联合投资兴建配送中心，实行配送共同化，可以降低物流成本，实现物流配送的规模化效益，大幅度降低交易成本，为 B2C 企业和消费者带来切实利益。

2. B2B 物流运作模式

B2B 物流运作模式一般包括自营物流配送模式和第三方物流配送模式。

1)自营物流配送模式

B2B 模式是企业之间的业务,与 B2C 物流配送模式呈少批量、多批次的特点不同,B2B 企业的首次配货量大、年配货总量稳定。对于 B2B 电子商务企业来说,自营物流配送模式将有助于为客户提供更个性化的物流服务,而且物流控制力较强,但要求企业有足够的资金和能力去进行投资,一般大型的 B2B 企业很适合选择这种方式。例如,海尔物流几年来搭建的全球供应链资源网络、全球配送网络、资产过亿的物流执行系统,再加上运作海尔集团物料管理的经验和能力,都是海尔物流竞争力所在,为海尔 B2B 业务的开展提供了有力支持。

海尔现代物流的起点是订单。海尔把订单作为企业运行的驱动力,作为业务流程的源头,完全按订单组织采购、生产、销售等全部经营活动。从接到订单时起,就开始了采购、配送和分拨物流的同步流程,现代物流过程也就同时开始。海尔的物流改革是一种以订单信息流为中心的业务流程再造,通过对观念的再造与机制的再造,构筑起海尔的核心竞争能力。海尔物流管理的"一流三网"充分体现了现代物流的特征:"一流"是以订单信息流为中心;"三网"分别是全球供应链资源网络、全球配送资源网络和计算机信息网络,"三网"同步流动,为订单信息流的增值提供支持。

2)第三方物流配送模式

我国的 B2B 电子商务企业规模一般较小,因此没有过多的资金建设自己的物流队伍,而电子商务全球性的特点使得电子商务业务遍布全球,更增添了物流配送的难度。因此第三方物流成为解决我国 B2B 电子商务配送问题的主要物流模式。例如,某 B2B 交易平台提供的物流服务主要是推荐一些第三方物流公司并提供在线下单服务,如中通快递、德邦物流、韵达快递都是物流服务提供商。

3. C2C 物流运作模式

C2C 网商多选择第三方物流配送模式,依托多家物流公司向顾客送货。之前与 C2C 网商合作的快递公司包括邮政速递服务公司、申通 E 物流、圆通速递、中通速递、天天快递、宅急送、韵达快递、风火天地(上海同城)等十余家国内外物流企业,覆盖了中国全部消费区域。第三方物流配送模式给卖家最大的选择自由,即使后来很多 C2C 网商推出官方推荐物流,卖家手中还是把握着物流的自主选择权。在许多顾客的"好评"原因中,都提到了送货速度快。背后物流环节的支撑,直接决定了卖家的信誉度。由于电子商务市场还不成熟、C2C 模式的复杂性,物流配送方面的问题层出不穷。CNNIC 数据显示,因物流问题导致的用户不从事网上交易比例正在逐年递增。而某公司高层表示,物流已经成为网上购物最大的投诉热点。

5.4 用网络创造蓝色新经济——中国国际海运网

随着我国国民经济总量和国际贸易总额的高速增长,我国的海运业也在快速发展,中国海运业在国际上的影响力也不断增强,全球海运业的大门进一步向中国敞开。

5.4.1 关于 shippingchina——中国海运第一网

据海关统计,2017 年,我国货物贸易进出口总值 27.79 万亿元人民币,比 2016 年增长 14.2%,扭转了此前连续两年下降的局面。全球 85% 以上的贸易由海洋运输实现,60% 的行业与海洋运输业息息相关,中国拥有400多万个外贸客户和近70万个海运物流企业。

中国港口吞吐量和集装箱吞吐量连续三年位居世界第一,有十个港口跻身世界亿吨大港行列,由港口大国迈进了港口强国的行列。海运及其相关物流产业蕴藏着巨大的商机。

2002年11月,大连泰隆集团抓住这一历史性商机,出资1000万人民币成立中国国际海运网,成为国内登上中国国际海运电子商务舞台的第一家企业。中国国际海运网搭建的海运电子商务交易与服务平台,从根本上改变了海运业相关企业的计划、生产、销售和运行模式,促进了海运界商流、信息流和物流相融汇,并进一步将进出口贸易、国际海运以及相关行业产业链进行商业组合,有效地解决了航贸信息不畅、成本过高、操作脱节、效率低下等问题,甚至还可能改变整个海运行业的基本生存方式。同时,也为中国国际海运网自身提供了一个价值数亿至数十亿人民币的巨大盈利空间。

2005年12月,由中国物流行业协会发起的"中国物流推荐100"年度风云榜活动中,中国国际海运网被评为"物流最佳媒体"。2006年1月,中国国际海运网凭借其在海运界内优质的服务、超前的理念、过硬的产品及良好的口碑荣获"第二届(2005年度)中国物流网十大影响力品牌"称号。

从2015年开始,中国国际海运网成功完成B2B业务向BC2BC模式转型,打造以货运代理为主体,集跨境采购、物流运输、金融服务、生态商城于一体的国际供应链云平台。

5.4.2 引擎篇——一统海运,再组商机

中国国际海运网是中国最完善的大型海运物流电子商务平台,通过船、货、商、作、博五大网站频道和信息、数据、电子商务、行业媒体四大功能平台将国际贸易与海运物流完美地结合在一起。

1. 五大网站频道

1)"船"频道——实时船期运价,海运名录大全

"船"频道提供了船东、船代、货代公司发布船期、运价和其他航运商机的平台。频道内容包括即时、准确的船期运价信息,权威的参考运价、船东航期;还为能够操作危险品、液散、冷藏等运输服务的会员提供展示自己的平台;帮助用户减少空船、空箱回航所带来的成本增加。

2)"货"频道——万家货主资料,独家最新货盘

"货"频道提供货主公司发布托运货盘、展示货主商机和寻求最佳运输合作伙伴的平台。想找货主、需要货盘和自己的货太少想找其他货主拼箱,诸如此类的信息都可以在"货"频道中找到,通过为客户提供高质量的信息和多渠道的使用来增长公司的业绩并提高公司在客户心目中的形象。

3)"商"频道——商友实时互动,交易只需一站

"商"频道是一个货与船商机互动的平台,也是国际贸易、海洋运输下游产业链相关公司发布辅助性商业信息的平台。通过"以商会友"实现业务拓展、形象宣传、企业间沟通,最大程度获取海运市场中潜在的商机;"买卖租赁"和"租船市场"提供船舶及其附属品的交易平台;"货运超市"是海运界各类服务公司的超级市场;"其他运输"栏目提供海运以外的其他运输企业信息,实现多式联运,使运输更畅通。同时,"商"频道还提供专业的海运人才市场和最前沿的海运相关咨询。

4）"作"频道——海运服务机构，商检银行保险

"作"频道是一个以航贸为轴心、通过电子商务在线应用的方式，将相关行业网上商务资源进行整合并提供增值服务和产品的平台。该频道也是一个以提供海运物流产业供应链一体化中的各相关环节资讯服务及增值服务为主的综合性服务频道。根据行业特性，对海运相关行业提供业务流通便利的增值服务及解决方案。通过提供在线单证制作、订舱委托、配载操作、仓储装箱、集卡运输、报关出运、单证流转等服务的电子商务平台，以整合商检、银行、报关、保险、运输、订舱等海运流程，实现增值服务。

5）"博"频道——数据信息中心，航贸知识博览

"博"频道是行业资讯、行业数据和行业媒体的平台。通过"博"频道博览海运文化，掌握业内风云变化。这是一个由40人的专业团队精心打造，万名业内人士友情提供，轻移鼠标即可轻松享受航贸百科的在线查询系统。"博"频道的编辑将及时、准确地向用户传递行业动态并独家报道，使用户能零距离接触业内主管和特色企业。这也是一个极具人气的行业论坛，为专业人士搭建交流、学习的平台。

2. 四大功能平台

1）信息平台

中国国际海运网提供现时的船东、船代、货代、报关行、仓储、陆运、配送等公司业务信息，以及最新船期、运费、航线资料，为海运物流行业提供相关的软件信息及服务。

2）数据平台

中国国际海运网全力打造一个集港口、海关、船舶以及外贸为一体的数据统计平台。

3）电子商务平台

中国国际海运网先后推出在线保险、在线订舱、在线支付、在线政务、在线商旅、在线律师、在线报关、在线商检、在线询价、在线退税等一系列电子商务应用功能，使用户足不出户就能够轻松完成船、货交易以外的一切商务操作，真正实现航贸电子商务化。

4）行业媒体平台

中国国际海运网在发展过程中逐渐成为专业的网络媒体平台，对国际海运、物流、进出口贸易以及相关领域中的大事件、行业知名人物和行业动态进行报道。

3. 技术特点

中国国际海运网凭借其自身(大连泰隆精软方案有限公司)的软件开发优势，自主开发了海运网的运行平台。现有维护人员8名，硬件采用IBM服务器、负载均衡器和金盾硬件防火墙。基于MVC模式，采用当前流行的网络编程语言PHP编写网站框架，利用Smarty template engine实现程序与模版分离，完全面向对象编程。部分程序结合Ajax技术，增强用户体验。

为了能够为各地的用户提供同样快速的服务，海运网将主服务器设在大连网通机房，另外分别在上海、广州设置CDN节点镜像(内容分发网络)。其目的是通过在现有的Internet中增加一层新的网络架构，将网站的内容发布到最接近用户的网络"边缘"，使用户可以就近取得所需的信息，提高用户访问网站的响应速度。

5.4.3 赢运篇——赢在运营，成于超值

为客户提供全面、迅捷、实效的国际海运电子商务解决方案，建成五大成熟的盈利模式。

1. 网站自身产品、服务

会员销售、广告销售是网站的基本盈利模式。网站最基础的服务就是为会员提供服务及广告业务。依托庞大的航贸企业群体数量,提供优质的电子商务平台及独特、人性化的会员服务,是网站最根本的盈利模式。

广告客户目标群体为大中型船务公司和物流公司,而诸如保险、银行、港口、快递等相关行业公司也存在投入大型广告的可能。

中国国际海运网有3000多个页面,1.5万多个广告位。从性价比、时效性、覆盖范围以及有效受众群体等广告效果分析,其广告效应优于其他传统媒体广告。

2. 网络增值服务

网络增值服务指的是除海运交易以外为企业提供的服务。中国国际海运网与银行、商检、保险等物流相关行业进行合作,利用网络平台技术,建立电子商务平台,从而形成物流产业链。

除了提供基础的会员服务,中国国际海运网利用网站现有的电子商务平台,与航贸产业链周边企业(如银行、保险、商检、高校等)进行深度合作,将传统业务网络化,开发新型服务模式,为网站客户提供更多、更便捷、更超值的电子商务服务。

例如,目前已经开通"在线保险"服务。"在线保险"是保险业的竞争之地,中国国际海运网客户的50%是进出口贸易公司,在它们寻求海洋运输的同时,也需要保险业务。

3. 网外增值服务

利用中国国际海运网在航贸业界的知名度及影响力,组织主办或承办各种航贸及电子商务相关洽谈会、展览会、交易会,从而进一步提升网站知名度及品牌,树立行业先锋形象,增强中国国际海运网的品牌价值。另外,网站品牌价值及知名度的提升对会员形象推广也起了重要的促进作用。

4. 资本合作

中国国际海运网与国际、国内知名企业单位以注入资金和股份的方式进行深度合作,增强网站的实力及市场竞争力,进一步扩大市场份额,对市场进行深度挖掘。目前,中国国际海运网已经与亚洲最大的电子商务网站亚商网进行资本合作。

5. 资本运作

中国国际海运网现在正在进行资本运作的前期准备,专业的财务公司已经介入公司运营,为中国国际海运网进行了财务规划。

中国国际海运网以中国沿海港口城市为主要信息枢纽,把港口、海运和相关物流信息相汇通,创造出供需互动商业模式,为中国内地海运企业架起了信息沟通的桥梁。无论它们处于内地哪个区域,只要有网络,就可以和沿海城市的企业一样,可看到最新的船期,可以查到最优惠的运价,可以直接与代理公司网上交谈,可以在第一时间进行在线订舱和在线保险。中国国际海运网起到了辐射功能和牵动作用,吸纳更多的资金流、信息流、货物流在港口集散,可以形成口岸与腹地的经济联动,并降低中国产品出口附加成本,提升外向型企业的国际竞争力。

5.5 思考与实践

1. 简答题

(1) 请简述电子商务与物流的关系。
(2) 请简述物流的分类。
(3) 请简述电子商务下的物流配送模式。

2. 实践题

(1) 根据连锁鲜花店的电子商务经营特征,运用物流战略及模式选择方法,设计连锁鲜花店的物流策略,为其选择适宜的物流模式,制订较详细、可行的实施方案,实践要求如下。

① 充分论证物流在连锁鲜花店电子商务中的战略地位和关键作用。
② 充分论证第三方物流在电子商务中的重要作用。
③ 为连锁鲜花网店的第三方物流选择设定原则和标准。
④ 为连锁鲜花网店的第三方物流运作设定管理模式。

(2) 选择一家感兴趣的企业,完成企业商务模式的策划与分析(如果是拟创立企业,则进行策划;如果是现有企业,则进行分析),主要内容有以下十项。

① 选择目标市场,进行市场定位,并制定营销目标。
② 分析企业价值,确定企业主营业务。
③ 分析企业状况,画出企业的组织结构图,并且分析或制定部门职责。
④ 对企业相关状况进行分析,识别企业的核心业务流程。
⑤ 分析企业状况和市场状况,就产品策划、产品定价、产品促销、分销渠道四方面,选择适当的具体营销手段,进行市场营销策略设计。
⑥ 虚拟一项需求,规划采购流程,拟定具体的采购指标。注意在其中要使用适当的订货策略,进行订货量和订货时间的决策。
⑦ 分析其生产运作的内容、所采用的生产方式和大致的生产流程。
⑧ 分析企业所需获取的资源以及资源获取方式。
⑨ 分析其供应链构建和供应链管理。
⑩ 针对虚拟的或现有的企业财务报表,计算或估计有关指标,分析企业的获利能力。

第 6 章　跨境电子商务

本章学习目标
- 了解跨境电子商务的发展；
- 了解跨境电子商务的交易模式；
- 了解跨境电子商务平台；
- 了解跨境物流和跨境支付。

随着经济与互联网的快速发展，为了实现不同国家间的商贸合作，跨境电子商务应运而生。它构建了开放、立体的多边贸易合作模式，拓宽了企业进入国际市场的途径，同时，消费者还能通过该模式方便获取其他国家的商品。

6.1　跨境电子商务概述

视频讲解

跨境电子商务是指不同关境的交易主体，通过电子商务平台达成交易、进行支付结算，并通过跨境物流送达商品、完成交易的一种国际商业活动。跨境电子商务主要由跨境电子商务平台、跨境物流公司和跨境支付平台三部分组成。跨境电子商务平台用于进行商品信息的展示、提供在线购物功能，如亚马逊和易贝等；跨境物流公司用于运输和送达跨境包裹，主要有中国邮政、DHL 和 UPS 等；跨境支付平台则用于完成交易双方的跨境结账、信用卡支付和第三方支付等支付活动。

传统外贸电子商务主要是由一国的进出口商通过另一国的进出口商，进出口大批量货物，然后通过国内流通企业的多级分销，跨越多个流通渠道（如国内工厂、国内贸易商、目的国进口商、目的国分销商、目的国零售商）才能到达有需求的企业或消费者手中。与跨境电子商务相比，传统外贸电子商务具有进出口环节多、时间长和成本高等缺点，下面是两者的具体区别。

(1) 主体不同：跨境电子商务是通过网络将商品直接销售到海外消费者手中，其主体是商品；传统外贸电子商务则是通过电子商务手段推广宣传企业或商品，从网络中寻找外商求购信息，其主体是信息。

(2) 环节不同：跨境电子商务基于互联网与其独特的模式，大大减少了交易环节和交易成本；而外贸电子商务的进出口环节则没有变化。

(3) 交易方式不同：跨境电子商务的商业活动基本都在线上直接完成；外贸电子商务则在线下完成。

(4) 模式不同：跨境电子商务的模式并不局限于某一种，既有 B2B 跨境电子商务，又有

B2C、C2C等跨境电子商务；而外贸电子商务则基本是B2B模式。

跨境电子商务是一种新型的商务运作模式，亚马逊和京东全球购等都是具有代表性的跨境电子商务平台；环球资源、中国化工网和中国出口贸易网等传统的外贸电子商务只能算是广泛意义的跨境电子商务平台。

6.2 跨境电子商务的交易模式

按照交易模式的不同，可以将跨境电子商务分为B2B跨境电子商务、B2C跨境电子商务和C2C跨境电子商务。

1. B2B跨境电子商务

B2B跨境电子商务是指分属不同关境的企业与企业之间，通过电子商务平台达成交易，进行支付结算，并通过跨境物流送达商品，完成交易的一种国际商业活动。敦煌网、中国制作和环球资源网等都是十分具有代表性的B2B跨境电子商务。

随着国家政策的扶持和跨境电商的持续发展，2016年是跨境电商大热的一年，以跨境出口为方向的B2B电子商务模式更是其中的重点，所占的比例接近90%。B2B跨境电子商务的发展策略是通过推动制造型企业上线，促进外贸综合服务企业和现代物流企业转型，从生产端和销售端共同发力，使国内品牌商与全球零售商、批发商对接，完成贸易活动。

B2B跨境电子商务平台主要有两种模式：一种是"交易佣金＋服务费"模式；另一种是"会员制＋推广服务"模式。第一种模式采取免费注册、免费商品信息展示，只收取交易额佣金。采取单一佣金率模式，按照平台类目分别设定固定佣金比例来收取佣金，并实施"阶梯佣金"政策，当单笔订单金额满足一定金额时，即按照统一标准进行收费。平台还为商家提供了一定的服务，如开店、运营和营销推广等，平台从中收取一定的服务费。第二种模式主要为商家提供贸易平台和资讯收发等信息服务，通过收取付费会员和服务费的方式进行运营，针对目标企业的不同，提供不同的资讯服务。

2. B2C跨境电子商务

B2C跨境电子商务是指分属不同关境的企业直接面向个人消费者开展在线销售产品和服务，通过电子商务平台达成交易、进行支付结算，并通过跨境物流送达商品、完成交易的一种国际商业活动。亚马逊、eBay、Wish、兰亭集势等都是十分具有代表性的B2C跨境电子商务平台。

B2C跨境电子商务的模式主要包括"保税进口＋海外直邮"模式、"直营＋招商"模式和"直营"模式三种。

(1)"保税进口＋海外直邮"模式最典型的代表是亚马逊和1号会员店，亚马逊平台中的卖家类型有专业卖家和个人卖家，专业卖家每月收取39.99美元费用，个人卖家按照每笔0.99美元的佣金进行收取。亚马逊还收取一定比例的交易费，卖家根据所售商品的不同收取不同的费用。亚马逊在各地保税物流中心建立了自己的跨境物流仓储，在全球范围内拥有自己的物流配送系统，这是它与1号会员店等的最大区别。

(2)"直营＋招商"模式即发挥企业的最大内在优势，通过招商的方式来弥补自身的不足，如苏宁。苏宁在综合分析自身情况，充分发挥自身的供应链、资金链优势的同时，还通过全球招商来弥补国际商用资源的不足。

（3）"直营"模式是跨境电子商务企业直接参与到采购、物流和仓储等海外的交易流程，拥有自己的物流监控和支付系统。典型的"直营"模式如聚美优品，它通过整合全球供应链，直接参与到整个买卖流程，并独辟了"海淘"自营模式。2014 年，聚美优品在河南保税物流区建设了自己的自理仓，大大降低了商品运输时间，并让物流信息能够被全程跟踪。

3. C2C 跨境电子商务

C2C 跨境电子商务是指分属不同关境的个人卖方对个人买方开展在线产品销售和服务，由个人卖家通过第三方电子商务平台发布产品和服务信息，由买家进行筛选并最终通过电子商务平台进行交易、支付结算和跨境物流配送等一系列国际商业活动。典型的 C2C 跨境电子商务有淘世界和洋码头扫货神器等。

6.3　跨境电子商务平台

易贝(eBay)、Wish 和敦煌网(DHgate)都是典型的跨境电子商务平台，下面对这几个平台进行介绍。

1. 易贝

易贝(eBay)于 1995 年 9 月 4 日由皮埃尔·奥米迪亚(Pierre Omidyar)以 Auctionweb 的名称创立于加利福尼亚州圣荷西，创建目的是帮助女友在全美寻找 Pez 糖果爱好者。但意外的是，网站非常受欢迎，很快就被这些爱好者填满，网站也随之发展起来。

目前，eBay 已经成为全球最大的电子交易市场之一，是美国、英国、澳大利亚、德国和加拿大等国家的主流电子商务平台。eBay 只有拍卖和一口价两种销售方式，一般按照商品发布费用和成交佣金的方式收取费用。

2. Wish

Wish 是一款基于移动端 App 的商业平台，于 2011 年成立于美国旧金山。成立之初，Wish 只负责向用户推送消息，不进行商品交易，于 2013 年才开始正式升级成购物平台。与其他电子商务平台不同的是，Wish 平台的买家更倾向于无目的地浏览，而不是用关键字搜索。Wish 也会通过买家的浏览和购买行为，判断买家的喜好和感兴趣的产品信息，并推送给买家，这种方式比较受欧美人的喜爱，超过 60% 的用户来自于美国和加拿大。

3. 敦煌网

敦煌网(DHgate)成立于 2004 年，是国内首个为中小企业提供 B2B 网上交易的网站，致力于帮助中国中小企业通过跨境电子商务平台走向全球市场，开辟更加安全、便捷和高效的国际贸易。

敦煌网是中小额 B2B 跨境电子商务的首个实验者，免费注册，靠交易成功后收取佣金盈利。敦煌网与其他 B2B 电子商务的盈利模式不同，它以在线贸易为核心，以交易佣金收入为主的模式运营。所有卖家在敦煌网上进行注册、开店、发布和交易都是免费的，买家购买时需要支付一定的佣金。

6.4　跨境物流

交易成功后需要进行商品的物流运输，与国内物流运输不同的是，跨境物流需要跨越边境，将商品运输到境外国家。目前，常见的跨境物流的方式主要有邮政包裹、国际快递、专线物流和海外仓储四种。

1. 邮政包裹

邮政具有覆盖全球的特点，是最常用的一种跨境物流运输方式。目前常用的邮政运输方式包括中国邮政小包、新加坡邮政小包和一些特殊情况下使用的邮政小包。

邮政包裹对于运输的管理和要求较为严格，如果没有在指定日期内将货物投递给收件人，负责投递的运营商要按货物价格的100%赔付客户。需要注意的是，邮政包裹运输中，含电、粉末、液体的商品不能通关，并且需要挂号才能跟踪物流信息，运送的周期一般较长，通常为15~30天。

2. 国际快递

国际快递主要是通过国际知名的四大快递公司——美国联邦快递(FedEX)、联合国包裹速递服务公司(UPS)、TNT快递、敦豪航空货运公司(DHL)来进行国际快递业务的邮寄，具有速度快、服务好和丢包率低等特点，如使用UPS寄到美国的包裹，最快48小时内可以到达，但价格较为昂贵，一般只有在客户要求时才能使用该方式发货，且费用一般由客户自己支付。

3. 专线物流

跨境专线物流一般是通过航空包舱的方式运输到国外，再通过合作公司进行去往目的国的派送，具有送货时间基本固定、运输速度较快和运输费用较低的特点。

目前，市面上最普通的专线物流产品是美国专线、欧美专线、澳洲专线和俄罗斯专线等，也有不少物流公司推出了中东在线、南美在线和南非在线等。整体来说，专线物流能够集中大批量货物发往某一特定国家或地区，通过规模效应降低成本，但具有一定的地域限制。

4. 海外仓储

海外仓储是指在其他国家建立海外仓库，货物从本国出口，通过海运、货运和空运等形式储存在该国的仓库。当买家通过网上下单购买所需物品时，卖家可以第一时间做出快速响应，通过网络及时通知国外仓库进行货物的分拣、包装，并且从该国仓库运送到其他国家或地区，大大减少了物流的运输时间，保证货物安全、及时和快速地到达买家手中。

海外仓储的费用由头程费用、仓储管理费用和本地配送费用组成。头程费用是指货物从中国到海外仓库产生的运费；仓储管理费用是指货物存储在海外仓库和处理当地配送时产生的费用；本地配送费用是指在海外具体的国家对客户商品进行配送产生的本地快递费用。这种模式下运输的成本相对较低，时间较快，是未来的主流运输方式。

6.5 跨境支付

跨境支付是跨境电商必不可少的环节，可以通过银行转账、信用卡支付和第三方支付等方式。特别是第三方支付，随着跨境电商的发展，其需求日益增多。国际上常用的第三方支付工具是易贝的贝宝(PayPal)。

2015年1月，国家外汇管理局正式发布了《国家外汇管理局关于开展支付机构跨境外汇支付业务试点的通知》和《支付机构跨境外汇支付业务试点指导意见》，开始在全国范围内开展部分支付机构跨境外汇支付业务试点，允许支付机构为跨境电商交易双方提供外汇资金收付及结售汇服务。跨境支付的发展不仅能为国内第三方支付企业打开新的广阔市场空间,还能帮助企业获取相对更高的中间利润。对于支付平台本身来说,还能在很大程度上提高其增值潜力,一方面有利于支付平台对跨境商户进行拓展并简化支付的结算流程;另一方面,境内买家无须再为个人结售汇等手续困扰,直接使用人民币购买境外商家的商品或服务。目前,国内的跨境支付工具主要有财付通、银联电子支付、快钱和汇付天下等。

6.6 兰亭集势:外贸电商龙头是怎样炼成的

兰亭集势(LightInTheBox)是中国整合供应链服务的在线 B2C,首页如图 6.1 所示。它由 Google 中国前首席战略官、原卓越网首席运营官郭去疾于 2007 年创立,注册资金 300 万美元。

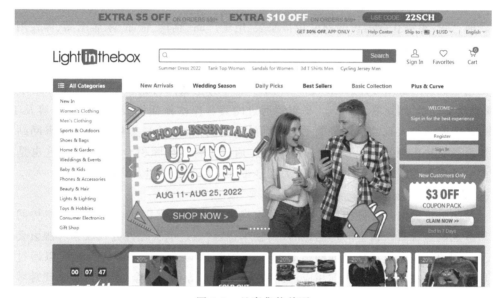

图 6.1 兰亭集势首页

公司成立之初即获得美国硅谷和中国著名风险投资公司的注资,成立高新技术企业,总部设在北京。兰亭集势目前涵盖了服装、电子产品、玩具、饰品、家居用品、体育用品等 14 大类,共 6 万多种商品。经过几年的发展,公司采购遍及中国各地,在广东、上海、浙江、江苏、福建、山东和北京等省市均有大量供货商,并积累了良好的声誉。许多品牌,包括纽曼、爱国者、方正科技、亚都、神舟电脑等也加入兰亭集势销售平台,成为公司的合作伙伴或者供货商。

自 2007 年创始到目前为止,兰亭集势已经发展成为国内外贸出口 B2C 最好的网站之一,是其他外贸出口 B2C 争相模仿的对象。公司发展迅速,拥有自己的采购(在深圳)和物流,并于 2013 年在纽交所上市。

兰亭集势主要是集合国内的供应商向国际市场提供"长尾式采购"模式,以国内的 3C 产品为主,这些产品毛利相对来说比较低,虽然业务量多,但盈利较少,其盈利主要来源于制造成本的低廉与价格差。2010 年 6 月,兰亭集势完成对 3C 电子商务欧酷网的收购。

6.6.1 商业模式

1. 战略目标

兰亭集势的使命是为全世界中小零售商提供一个基于互联网的全球整合供应链,向全世界用户递送有中国特色的商品,愿景则是利用十年时间打造一个具有美誉度的全球网络渠道商。

2. 目标用户

兰亭集势的目标用户主要定位于全世界中小零售商,包括线上零售商、线下零售商等。同时由于大部分产品对订单没有最低数量限制,兰亭集势也可以批发的价格向普通消费者提供商品零售。

3. 产品与服务

1) 在线直销

目前,兰亭集势在线销售的商品包括服装、电子产品、玩具、饰品、家居用品、体育用品等14大类,共6万多种商品,产品销往200多个国家。

2) 网站联盟

网站联盟(Affiliate Program)是一种国外流行的互联网营销模式,也称为分销联盟计划、联署营销计划、网站联盟等。兰亭集势通过向其合作伙伴提供吸引访问的内容及工具,凡通过联盟网站进入到兰亭集势电子商务网站购买商品的,兰亭集势将给予联盟网站消费者所购得商品销售额的最低8%的提成比例。通过销售提成吸引合作者加入,这也是兰亭集势的一种重要的网络推广手段,可以为兰亭带来大量的流量以及产品购买。

3) 销售代理加盟

兰亭集势也面向社会诚招加盟代理商,想成为兰亭代理零售商可以在兰亭集势网站免费注册并选购适合自己销售的产品,加入购物车,然后通过电子邮件方式联系客服索要所代理产品的图片等信息放在自己的网站上销售。达成订单之后,代理零售商们可以通过自己的注册账号直接在购物车中找到相应产品购买,兰亭集势负责安全、及时发货。代理零售商们可以根据不同的销售额度区间拿到不同的回扣比例。同时,代理零售商也可以加入VIP服务,但需要缴纳一定的费用。

4. 盈利模式

兰亭集势的收入和利润来源主要就是网站直接销售收入。兰亭以国内的3C产品为主,毛利相对来说比较低,但业务量多,盈利主要来源于制造成本的低廉与价格差。随着中国制造业成本的攀升以及外贸B2C市场逐步被发掘,兰亭集势的盈利空间会受到挤压。现在,兰亭集势年销售额在10亿元左右。

5. 核心能力

1) 创新的商业模式

兰亭集势的商业模式颠覆了传统的出口模式,一端连接着中国的制造工厂,另一端连接着外国消费者。它绕过中间所有环节,如中国出口商、外国进口商、外国批发商、外国零售商。需要说明的是,利润最大的环节恰恰出在外国进口商和外国批发商,绕过这两个环节,意味着丰厚的利润尽收囊中。凡是电子商务,无外乎三个流:信息流、资金流和物流。兰亭集势是在一出生就通吃"三流"。

资金流可以凭借PayPal(全球最大网上支付工具)轻松搞定；物流通过社会化的第三方物流来完成，这是个技术活，通过自己开发的系统，可以创新组合，不同的商品通过不同的物流形式送达外国消费者手中，优化且快捷。

最具创新力的莫过于信息流中的一环：如何把营销信息直接呈现在万里之外语言不同的外国消费者面前。这要仰仗兰亭集势开发的一套"领先精准的网络营销技术"。

2) 强大的管理团队

兰亭集势的主要竞争优势还在于其拥有一支具有丰富国际管理与技术经验的领导团队。兰亭集势创始人是Google中国前首席战略官郭去疾，原卓越网首席运营官等；前技术副总裁是前微软最年轻的许景阳。

3) 广泛的覆盖范围

目前，兰亭集势网站拥有英语、法语、西班牙语、日语等8种语言版本，产品销售真正实现了面向全球，而不像其他外贸网站仅提供英文版本网站。除此之外，兰亭集势还于2010年6月完成对3C电子商务欧酷网的收购。根据介绍，欧酷网是一家面对国内年轻消费者的网上电子商城，主营手机及配件、高清数码、电子教育等时尚消费产品，其特色化的服务在网上赢得了口碑，这与兰亭集势的经营理念不谋而合。收购欧酷网使兰亭集势也打通了内贸市场，真正地实现了内外贸结合的全球销售。

4) 世界一流的供应链体系

兰亭集势70％的产品自己采购，直接对接工厂，省去了很多中间环节，有自己的定价权，甚至很多产品还可以进行定制。兰亭集势一面连接着中国这一"世界工厂"众多制造企业，同时又有eBay这样强大的线上供应商平台。兰亭集势拥有一系列的供应商，兰亭集势在深圳和苏州的分公司，承担着更多更快挖掘珠三角和长三角地区优质供应商资源的功能，并拥有自己的数据仓库，是中国跨境电子商务平台的领头羊。

6.6.2 营销策略

1. 领先精准的网络营销技术

1) 做搜索引擎优化以及谷歌右侧广告

外贸电子商务最重要的网络推广手段就是搜索引擎优化以及关键词竞价排名。原Google中国四大创始人之一、Google中国总裁特别助理、兰亭集势创始人郭去疾本身就十分精通搜索引擎优化。可以说在兰亭集势的早期发展过程中，兰亭集势的快速成长很大程度上就是得益于其在搜索引擎优化以及关键词竞价排名上的强大优势。

2) 社会化网络社区营销

兰亭集势非常注重SNS、BBS等社会化营销工具的运用，这是兰亭集势最大的优势。在这套技术中，最具核心竞争力的便是社会化网络社区营销。简言之，兰亭集势的产品信息会直接出现在Facebook、Twitter、LinkedIn等多家社会化网络社区上。而这种营销迥异于传统网站的广告模式，是一种新兴的"润物细无声"的广告形式，互动更多，效果更佳且成本更低。

3) 网站联盟

兰亭集势通过较高比例的销售提成吸引合作者加入，并向其合作伙伴提供吸引访问的内容及工具，根据销售给予合作网站一定比例的销售额提成。

2. 产品策略

兰亭集势最开始以国内的 3C 产品为主,中国制造业在世界上的优势不言而喻,尤其是 3C 产品,中国的"山寨"货以其低廉的价格在国外十分受欢迎。近年来,随着兰亭集势的不断发展以及中国制造受到的一些冲击,兰亭集势紧紧地跟进市场动态,产品品类不断丰富和扩大,现在兰亭集势网站上的产品超过十万种,产品种类排名前三位的分别是服装、电子产品和家居。兰亭集势有一个特色经营手段不可忽视,这就是与国际潮流保持一致,始终紧跟时尚前沿,然后用自己的定制产品满足这一需求。

3. 优质的用户体验

事实上,兰亭集势正是以用户体验取胜。兰亭集势创始人郭去疾在生前对细节的关注渗透到了业务的每一个毛孔中。郭去疾要求下属每天整理 10 个客户的差评给他看,且要求看邮件的全部原文;郭去疾甚至常常会亲自写邮件给下属,小到某个英文单词前的冠词的细枝末节;他给兰亭集势高管们开会,讨论退货细则,包括逐条的内容、表达的口吻等,会后郭去疾也亲自先写出来一个版本与大家商榷。这种看起来事必躬亲的行事风格有时会让外界觉得诧异,而这恰恰是兰亭集势独树一帜的地方。郭去疾一向认为方法论没有对错之分,只有差异之别,商业的本质其实是产品和服务质量这些常识,兰亭集势做到了。因此,兰亭集势的业绩两年间增长了 300 倍。

6.6.3 技术模式

1. 用户服务技术

首先,用户在兰亭集势网站可以通过搜索、产品分类、热卖产品、免运费产品以及新到货产品等方便快速地找到自己想要的产品。其次,用户还可以通过电子邮件订阅产品更新信息、折扣产品信息以及一些特殊供应产品信息等。同时,用户还可以在兰亭集势官方博客、Twitter、YouTube 等社会化媒体上跟踪兰亭集势动态。最后,用户免费注册加入,订单无最低数量限制,可以批发的产品价格购买到相关产品,用户得到了极大的实惠。用户还可以及时跟踪物流信息,清楚明白所购商品的位置情况。

2. 合作商服务技术系统

兰亭集势建立了网站联盟计划,通过联盟计划,兰亭集势向合作伙伴提供吸引访问的内容及工具,用户通过联盟网站进入兰亭集势网站并购买商品,合作伙伴就会获得一定比例的销售提成。除此之外,兰亭集势还向合作伙伴提供了代理加盟项目计划,代理销售商可以从中拿取回扣。

6.7 思考与实践

1. 简答题

(1) 根据交易的模式不同,跨境电商可分为哪几种?

(2) 对每种交易模式举出几个跨境电商平台的例子。

(3) 跨境电商如何解决物流和支付问题?

2. 实践题

从开店门槛、费用、出单周期、对产品限制、安全性等方面比较四大跨境电商平台:

DHgate、Aliexpress、eBay、Amazon,选取某一平台,准备进行跨境电商开店实践。

(1) 选定店铺准备经营的产品子类目(不超过三个子类目),并结合某个产品谈谈为什么选择该产品。

(2) 利用数据分析工具分析选取的产品的可行性。

(3) 掌握运费模板的设置方法,设定具有竞争力和吸引力的运费模板。

(4) 掌握产品上传的方法与步骤,学会拟定产品英文标题和确定关键词,制作产品详情页并了解优质产品信息的要求,优化产品信息。

(5) 掌握产品价格的构成,制定有吸引力的价格,增强产品竞争力。

(6) 开通店铺,根据产品特点,设计店铺风格,掌握店铺装修基本方法,提升店铺整体形象,增强买家信任度。

(7) 设置多种形式的店铺营销,增强曝光,吸引流量,促成订单。

(8) 及时回复跨境平台客户的询盘,及时处理订单,根据客户要求选择跨境物流渠道及时发货。

(9) 撰写论文,进行开店实践总结。

第 7 章　移动电子商务

本章学习目标
- 了解移动电子商务的发展；
- 了解移动电子商务的内容；
- 了解移动电子商务的业务及应用。

本章介绍移动电子商务的发展，移动电子商务的内容、业务及应用，以及一个移动电子商务的典型案例。

7.1　移动电子商务概述

2002 年，亚太地区的日本、韩国以及西欧地区的大运营商都纷纷推出了新的移动电子商务服务，并且取得了良好的业务发展和经济收益。日本和韩国的移动电子商务已进入快速增长期；在中国，2004 年，中国移动、中国联通分别与相关银行联合推出了"手机钱包"业务，2005 年 2 月开始出现基于 WAP(无线应用协议)通信方式的手机银行业务。

7.1.1　移动电子商务的发展

视频讲解

无论是在大街上、餐厅里、还是地铁中，如今，人们"勤奋"地刷着手机屏幕的现象随处可见。

移动电子商务是在无线网络技术、移动通信技术和计算机应用技术的不断发展下兴起的，主要经历了三个阶段的发展过程。

1. 第一阶段的移动电子商务

第一阶段的移动电子商务访问技术主要是以短信为基础，这种技术的实时性较差，不能立即回复用户的查询请求。并且，由于短信信息长度的限制，用户的查询请求也不能得到完整的回复。因此，这一阶段的移动电子商务存在着严重的问题，这也使移动商务系统部门发出了升级和改造移动电子商务系统的请求。

2. 第二阶段的移动电子商务

第二阶段的移动电子商务主要基于 WAP，这种技术可以使移动终端通过浏览器访问 WAP 所支持的网页，以实现信息的查询。这种方式初步解决了第一阶段的移动商务的问题。但由于访问 WAP 所支持的网页的交互能力较弱，移动电子商务系统的灵活性和便捷性不足，不能很好地满足用户的需求。

3. 第三阶段的移动电子商务

第三阶段的移动电子商务是目前最新的移动电子商务，它充分结合了 WAP、移动 IP 技术、GPRS、第三代移动通信技术、数据库同步技术、移动定位系统技术、基于SOA架构的Web Service、智能移动终端和移动VPN技术相结合的第三代移动访问和处理技术,大大提高了移动电子商务系统的交互性和安全性,为用户提供了一种快速、安全的移动商务办公机制。

中国互联网络信息中心(CNNIC)发布的《中国互联网络发展状况统计报告》(以下简称《报告》)显示,截至2021年12月,我国网民规模达10.32亿,较2020年12月增长4296万,互联网普及率达73.0%。

根据《中国互联网企业综合实力指数(2021)》显示,互联网企业综合实力逐年增强,2021年前百家企业指数值高达616.5分,互联网行业总体保持良好发展态势。营收规模再创新高,盈利能力不断加强。前百家企业互联网业务总收入达4.1万亿元,同比增长16.9%;营业利润总额达4426.9亿元,同比增长39.4%。2014—2021年上半年中国手机网民规模占总体网民规模的比例走势图如图7.1所示。

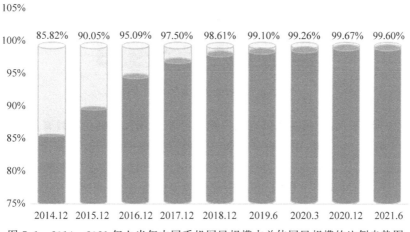

图7.1　2014—2021年上半年中国手机网民规模占总体网民规模的比例走势图

7.1.2　移动电子商务的内容

除了上网、看剧、听歌,现在越来越多的人开始使用手机理财、缴费、点外卖、骑共享单车……飞速发展的移动互联网给人们的生活带来了哪些变化?

在商场、餐厅、超市,甚至是报摊、菜站,人们只需要掏出手机扫描二维码就可以付款。这种无现金支付的方式免去了出门带钱带卡的烦琐,给人们的生活带来了极大便利。

2020年是迄今为止移动购物规模最大的一年。全球用户在购物应用中的使用时长为820亿小时,与2019年相比增长了30%。2020年11月1日到2020年12月9日,仅美国人在移动设备上的支出就达到532亿美元,同比增长了55%。

从2016年下半年开始,共享单车行业实现了快速发展。截至2017年6月,共享单车用户规模已达1.06亿(见图7.2),占网民总体的14.1%,此后增长速度放缓,在2019年达到2.56亿人。业务覆盖范围也由北上广深等一线城市及二线城市向三四线城市渗透,有些共享单车品牌更是开始走向国际。"公共交通+共享单车"让百姓出行更简单、经济、高效,这正是互联网服务在线下惠及民生的生动表现。

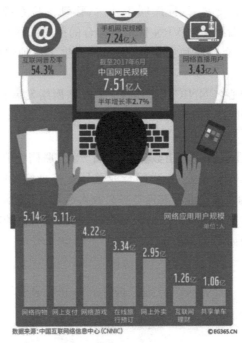

图 7.2 移动电子商务的应用统计

截至 2020 年 12 月,中国在线教育用户规模达 3.42 亿,手机在线教育用户规模达 3.41 亿。2020 年 1 月至 11 月末,在线教育行业共披露融资事件 89 起,融资金额共计约 388 亿元人民币,同比增长 256.8%。

2020 年,受新冠肺炎疫情影响,在线医疗优势得以凸显,行业迎来重要发展机遇。报告援引数据称,截至 2020 年 10 月底,全国已经有 900 多家互联网医院,远程医疗协作网覆盖了所有地级市,5500 多家二级以上的医院可以提供线上服务。

到 2020 年 12 月,在线医疗用户规模为 2.15 亿,较 2020 年 6 月增加 4673 万,占网民整体的 21.7%。

与此同时,AI(人工智能)技术也在驱动着在线教育产业升级。从"Uni 智能学习系统"到"高考机器人",再到"AI 英语老师",从今年开始,AI 对在线教育的影响也在逐渐加深。

1. 移动支付

移动支付是指交易双方为了某种货物或者业务,通过移动设备进行商业交易。其流程与一般的支付行为没有太大的区别,都要涉及四个环节:消费者、出售者、发行方和收款方,如图 7.3 所示。用户可以使用其移动终端核查账目、支付账单、进行转账以及接收付款通知等。

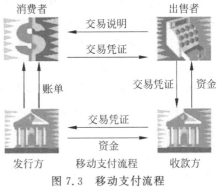

图 7.3 移动支付流程

移动支付可以分为两大类。

1) 微支付

根据国际移动支付论坛(Mobile Payment Forum)的定义,微支付是指交易额少于 10

美元的支付行为,通常是指购买移动内容的业务,如游戏、视频下载等。

2）宏支付

宏支付是指交易金额较大的支付行为,如在线购物或者近距离支付(微支付方式同样也包括近距离支付,如交停车费等)。

2. 移动网络购物

借助移动电子商务,用户可以通过移动通信设备进行网上购物,如订购鲜花、礼物、食品或快餐等。传统购物也可通过移动电子商务得到改进。例如,用户可以使用有无线电子钱包等安全支付功能的移动设备,在商店里或自动售货机上购物。

3. 移动股市

通过移动通信设备可以随时随地查询股票价格和股市行情,还可以进行股票交易。移动股市提供中文菜单界面,只需滚动选择,就能完成多项操作。

1）行情查询

既可以进行个股查询,还可以查询上证指数、深证指数、恒生指数、道琼斯指数、日经指数、伦敦指数及其他股票信息。

2）到价提示

对心中某股票的价位,可进行价位设置、查询及清除操作。

3）股票交易

当开好户并设置好券商代码及股东代码,就可以方便快捷地在手机上对深沪两地交易所的股票进行委托买入、委托卖出、委托撤单、资金查询、股份查询、委托查询、成交查询等各项操作。

4）交易信息

可以保存并查询通过本业务返回的信息。

4. 移动娱乐

移动电子商务将带来一系列娱乐服务。用户不仅可以利用移动设备在线收听音乐,订购、下载特定的曲目,而且可以在网上与朋友们玩交互式游戏,还可以参加快速、安全的博彩等活动。

5. 移动票务

通过 Internet 预订机票、车票、电影票或入场券已经发展成为一项主要业务,其规模还在继续扩大。从 Internet 上可方便核查票证的有无,并进行购票和确认。移动电子商务使用户能在票价优惠或航班取消时立即得到通知,也可支付票费或在旅行中途临时更改航班或车次。借助移动设备,用户可以浏览电影剪辑、阅读评论,然后订购附近电影院的电影票。

6. 移动医疗服务

移动医疗服务是在时间紧迫的情形下,向专业医务人员寻求关键的医疗信息。医疗产业十分适合移动电子商务的开展。在紧急情况下,救护车可以作为治疗的场所,而借助移动技术,救护车可以在行驶中同医疗中心和患者家属建立起快速、实时的数据交换,这对每一秒钟都很宝贵的紧急情况来说至关重要。移动医疗使患者、医生、保险公司都可以获益,也愿意为这项服务付费。

7. 移动应用服务提供商

某些行业需要经常派遣工程师或工人到现场作业。在这些行业中,移动服务提供商

(MASP)将会有巨大的应用空间。MASP结合定位服务技术、短信息服务、WAP技术以及Call Center技术,为用户提供及时的服务,提高用户的工作效率。

7.1.3 移动电子商务的特点

虽然移动电子商务和电子商务有一些相似的特征,但是移动电子商务不是电子商务的简单延伸。概括地说,移动电子商务的主要特点体现在位置相关性、紧急性和随时随地的访问三方面。

1. 位置相关性

在电子商务环境下,用户可以在有固定网络接入的地方访问各种信息资源。但是,在Internet服务环境下,用户的位置并不清楚,也很难确认用户的真实身份,甚至某个访问来自于一个还是多个用户也无法区别。这种情况在移动电子商务环境下发生了变化。一方面是因为移动通信技术可以方便地对使用者进行定位;另一方面由于移动通信用户所使用的终端通常属于个人所有,用户的个人配置能被内置在移动设备中,且每个终端都有一个唯一的标识,因此用户的身份信息不但容易分辨,而且容易收集和处理。

容易定位和用户标识两个功能的组合使得位置相关性成为移动电子商务应用中一个可以被充分利用的独特特点。通过利用用户的位置相关性等特点,移动电子商务应用在与用户的交互过程中能达到很高的个性化程度,从而满足移动电子商务用户对服务和应用的差异化、个性化的要求。在移动电子商务应用中,基于位置的服务(LBS)可以算得上是杀手锏应用。它通过精确定位使用者的地理位置,从而实现一些电子商务无法实现的应用,提供一些电子商务无法提供的服务内容。其中,LBS个人应用的例子有紧急医疗事故服务、汽车驾驶导航服务、旅游向导服务等。在企业应用中,公司可以根据用户的位置进行各种商务活动,如对一定区域内的用户发送广告、对在途货物进行跟踪等。

2. 紧急性

紧急的事件通常也是重要的,移动设备对于紧急事件的处理具有独特的优势。由于紧急事件常常具有突发性,其发生的时间和地点都具有极大的不确定性。事件发生处可能没有固定的通信设备,如野外发生的医疗急救事件、汽车在路边抛锚、森林火警等。由于移动设备通常随身携带,因此能为这些事件的处理带来极大的方便。此外,某些信息服务也具备紧急性,客户一般需要马上得到所需要的信息,如查询股价或者天气情况等。可以说,越是在紧急的情况下,移动电子商务越能体现它的优势。

3. 随时随地的访问

不同于固定电话和电子邮件,移动通信方式下通信者可以在任何时间及任何地点进行通信,即所谓随时随地的通信。这种通信方式相比以往的通信方式有强大的优势。首先,通信者不局限于固定的地点,只要是在通信网络覆盖的范围内都可以实现通信,用户也可以边通信边移动,这与固定电话只能在固定地点等待有很大的不同。其次,移动通信不局限于固定的时间,通信者可以在任何时候与任何人进行通信,只要通信对象处于移动网络覆盖的范围内。相比之下,像电子邮件和语音留言等通信方式主要支持的是异步通信,这种通信方式不能满足实时性的要求。正是由于移动电子商务采用的是可以随时随地通信的技术,所以比较适合于时效性要求较高的场合。

2004年12月东南亚发生海啸之后,利用手机救援被困游客的例子可以很好地说明移动电子商务的位置相关性和紧急性体现出来的价值。根据海啸救援中心负责人介绍,在灾难发生时,斯里兰卡网络上共有 10 252 部国际漫游手机工作。救援中心向每个人发送一条短信,并收到 2321 条回复。然后,救援中心跟踪每个人的位置,并且限定搜索范围。当时,有 36 名英国游客被困在斯里兰卡的南部海滨,救援中心根据一名英国游客的回复和定位结果,找到了 36 名受困英国游客的下落,并把他们转移到安全地带。此外,摩根士丹利亚太总部的 35 名员工也依靠国际漫游手机,最后成功获救。据悉,这是斯里兰卡首次在救援中利用手机定位等高技术手段进行救援,并且大获成功。因此,位置敏感而且时间紧迫的服务可以充分体现出移动电子商务的特有价值,这将是今后移动电子商务领域比较有前途的产业化方向。

7.2 移动电子商务技术

移动电子商务的发展有赖于移动技术的支持,本节将简要介绍移动电子商务的支撑技术。现代通信技术的范围非常广阔,这里主要讨论与移动电子商务最为相关的技术。

7.2.1 无线通信技术

现代无线通信技术的发展始于 20 世纪 20 年代,大致经历了六个发展阶段。

1. 第一阶段

从 20 世纪 20 年代至 20 世纪 40 年代初期,这一阶段的特点是专用系统开发,工作频率较低。

2. 第二阶段

从 20 世纪 40 年代中期至 20 世纪 60 年代初期,这一阶段公用无线通信业务开始问世。

3. 第三阶段

从 20 世纪 60 年代中期至 20 世纪 70 年代初期,这一阶段是无线通信系统改进与完善的阶段。

4. 第四阶段

从 20 世纪 70 年代中期至 20 世纪 80 年代初期,这是无线通信蓬勃发展时期,在这一时间出现了推动无线通信飞速发展的核心技术:蜂窝系统。

无线通信系统的服务对象分布于非常广泛的地理区域,凡是有人类的地方,实际上都有移动通信的需求。另外,移动用户的分布密度通常也不均匀。在人口密集的体育馆、市场、办公楼地区,每平方千米可以达到数万人;但是在森林、草原和沙漠地区,每平方千米的用户数量可能仅有几十或者上百人。为对所有用户提供有效的服务,无线通信系统必须能够适应这种人口分布的特点,所采用的解决方案一般是使用不同尺寸的蜂窝。

蜂窝系统的概念图如图 7.4 所示。为与用户保持联系,移动通信网络由许多单元构成,在每个单元的中央是一个基站,该单元中的所有电话都通过天线设备向其发送和接收信息。基站在空间上一般有规律地均匀排列,每个基站的辐射区域为圆形,信号在区域的边界会形成层叠,这样就在空间上形成了许多紧密排列的六边形,就像蜂窝的形状。每个蜂窝就是一个小区,蜂窝一般以 10~20km 为一个单位,发射频率在不相邻的蜂窝里可以重用。在移动通信系统中,所有的基站都连接到一个被称为"移动电话交换站"的设备上,并通过该设备连接到公共电话交换网络(Public Switched Telephone Network,PSTN)。

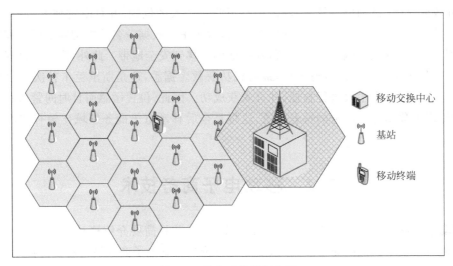

图 7.4 蜂窝系统的概念图

5. 第五阶段

从 20 世纪 80 年代中期至 20 世纪末,这是数字无线通信系统发展的成熟时期。由于第一代蜂窝无线通信网是模拟蜂窝网,虽然取得了很大成功,但其容量已不能满足日益增长的移动用户需求。解决这些问题的方法是开发新一代数字蜂窝无线通信系统。

6. 第六阶段

自 21 世纪初开始,无线通信技术主要包括无线应用协议(WAP)、移动 IP 技术、第三代(3G)无线通信系统、无线局域网(WLAN)技术和 WiMAX 无线城域网等。无线通信技术通常每 10 年更新一代,2000 年 3G 开始成熟并商用;2010 年 4G 开始成熟并商用;5G 的诞生,将进一步改变我们的生活。

7.2.2 无线通信网络技术

按照服务距离的有效范围,无线通信网络主要分为三种类型:长距离无线网络、中距离无线网络和短距离无线网络。普通用户使用最多的是中距离无线网络。

1. 长距离无线网络

卫星应用是高度综合的现代科学技术,它以基础科学和技术科学为基础,集中应用了当今许多工程技术新成就,包括航天技术、电子技术、遥感技术、通信技术、计算机技术、测绘技术、气象技术等都对卫星通信应用有重要的贡献。早在 20 世纪 60 年代中期,卫星就被应用于电信领域。在之后 10 年左右的时间里,大部分的国际电话是通过卫星传送的。

基于卫星的无线网络主要包括两类:一类是卫星通信系统,另一类是卫星定位系统。按所用轨道分,卫星通信系统可分为静止轨道(GEO)、中轨道(MEO)和低轨道(LEO)卫星无线通信系统及区域性的卫星移动系统。人们熟悉的 GPS 就是卫星定位系统的一种。

2. 中距离无线网络

中距离无线通信技术是指无线通信网络,也就是通常所说的手机网络,包括 GSM、

GPRS、CDMA、3G、PHS、PAS以及正在发展中的各种无线通信系统。现代无线通信网络技术的发展已经经历了第一代(1G)模拟技术和第二代(2G)GSM、CDMA数字技术,第三代(3G)、第四代(4G)无线通信与国际互联网等多媒体通信结合的新型无线通信系统方向发展。现在已转向5G,即第五代移动通信技术,国际电联将5G应用场景划分为移动互联网和物联网两大类。低时延、低功耗、高可靠的5G通信技术,是4G多种有线、无线接入技术的演进式集成解决方案。

1) 几代移动通信技术的发展

现代无线通信技术的发展演进如图7.5所示。

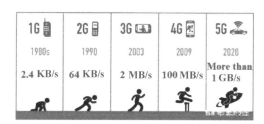

图7.5 现代无线通信技术的发展演进

(1) 第一代无线通信技术(1G)是指最初的模拟、仅限语音的蜂窝电话标准,制定于20世纪80年代,它采用模拟技术和频分多址(FDMA)技术。由于受传输带宽的限制,第一代无线网络不能进行长途漫游,只能是一种区域性的无线通信系统。

(2) 2G是第二代无线通信技术,其最常见的是当今的无线电话通信。它也支持相对较慢的数据通信,但主要的功能还是语音通信。2G采用数字时分多址(TDMA)和码分多址(CDMA)技术,基于TDMA技术以GSM为代表,基于CDMA技术以CDMA为代表。

(3) 2.5G针对2G在数据业务上的弱点,通过在2G中添加分组交换控制功能,为用户提供一定速率的数据业务,成为介于2G和3G系统的过渡类型。代表性的2.5G是基于GSM的GPRS系统。

(4) 3G是指将无线通信与国际互联网等多媒体通信结合的新一代无线通信系统。它能够处理图像、语音、视频流等多种媒体形式,提供包括网页浏览、电话会议、电子商务等多种信息服务,如图7.6所示。

(5) 4G集3G与WLAN于一体,并能够传输高质量视频图像,它的图像传输质量与高清晰度电视不相上下。4G系统能够以100MB/s的速度下载,比目前的拨号上网快2000倍,上传的速度也能达到20MB/s,并能够满足几乎所有用户对无线服务的要求。而在用户最为关注的价格方面,4G与固定宽带网络在价格上不相上下,而且计费方式更加灵活机动,用户完全可以根据自身的需求确定所需的服务。此外,4G可以在ADSL和有线电视调制解调器没有覆盖的地方部署,然后再扩展到整个地区。很明显,4G有着不可比拟的优越性。

(6) 车联网、物联网带来的庞大终端接入、数据流量需求,以及种类繁多的应用体验提升需求推动了5G的研究。目前,无人驾驶、无人机、智能家居、智慧城市等项目正推动国内运营商部署5G网络,5G的应用,将进一步改善并提升每个人的生活品质。5G,它带来的风口,就是现在大热的人工智能。5G是一条支持速度更快的高速公路,链接大数据处理中

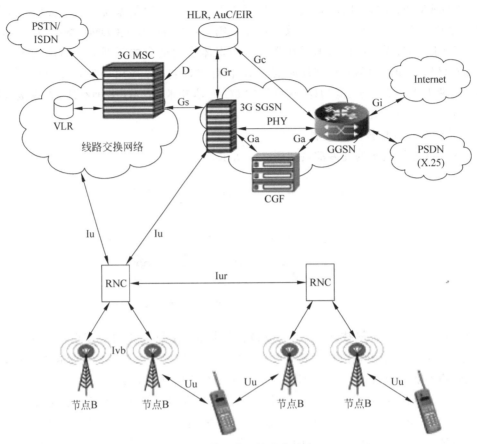

图 7.6 第三代无线通信技术

心和终端。一秒便可以下载一部电影；无人驾驶有了依靠，对汽车发出指令后，能迅速反馈，只有这样才能实现无人驾驶。

2) 其他中距离无线通信技术

其他中距离无线通信技术包括 PHS、PAS 等。

(1) PHS(个人便携式电话系统)提供高速上网、高清晰话质、低费率和超低电磁波的优质行动通话环境，最适用于频密的闹市区，可提供与 GSM 系统同样的功能。PHS 发射功率远低于一般的 GSM 移动电话，所以它是唯一可在医院使用的移动通信系统。

(2) PAS("小灵通"无线市话)属于无线接入技术，GSM 和 CDMA 属于无线通信技术。PAS 系统是现有固定电话网络的延伸和补充，没有独立的交换和传输资源，属于接入方范畴。PAS 系统的突出特点是系统容量大，建设周期短，频率资源利用率高。

3. 短距离无线网络

在一般意义上，只要通信收发双方通过无线电波传输信息，并且传输距离限制在较短的范围内，就可以称为短距离无线通信。各种短距离无线通信技术的对比如图 7.7 所示。

1) 无线局域网

无线局域网(Wireless Local Area Network，WLAN，别名 WiFi)，是指应用无线通信技术将计算机设备互联起来，构成可以互相通信和实现资源共享的网络体系。无线局域网本

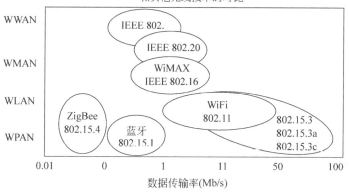

图 7.7 短距离无线通信技术的对比

质的特点是通过无线的方式连接,从而使网络的构建和终端的移动更加灵活。

支持 WLAN 的无线网络标准有 IEEE 802.11、IEEE 802.11a、IEEE 802.11b、IEEE 802.11g、IEEE 802.11i、IEEE 802.11e/f/h/n。

2) 蓝牙技术

蓝牙是一种低功率、短距离的无线连接技术标准的代称,"蓝牙"一词取自公元 10 世纪一位丹麦国王哈拉德二世的绰号(国王喜欢吃蓝莓,牙经常是蓝色的)。

(1) 蓝牙的应用范围如下。

① 无线设备,如 PDA、手机、智能电话、无绳电话等。

② 图像处理设备,如照相机、打印机、扫描仪等。

③ 安全产品,如智能卡、身份识别、票据管理、安全检查等。

④ 消费娱乐,如耳机、MP3、游戏等。

⑤ 汽车产品,如 GPS、ABS、动力系统、安全气袋等。

⑥ 家用电器,如电视机、电冰箱、电烤箱、微波炉、音响、录像机等。

⑦ 医疗健身、建筑、玩具等领域。

(2) 根据计划,蓝牙从实验室进入市场经过以下三个阶段。

① 蓝牙产品作为附件应用于移动性较大的高端产品中。

② 蓝牙产品嵌入中高档产品中,如 iPad、移动电话、笔记本电脑等。

③ 2005 年以后,蓝牙进入家用电器、数码相机及其他各种电子产品中,蓝牙应用开始普及,产品价格为 2~5 美元,力争每人都可拥有 2~3 个蓝牙产品。

3) ZigBee

ZigBee 是一种新兴的短距离、低速率、低功耗无线网络技术,它是一种介于无线标记技术和蓝牙之间的技术。它此前被称为 HomeRF Lite 或 FireFly 无线技术,主要用于近距离无线连接。

通常,符合如下条件之一的应用,就可以考虑采用 ZigBee 技术做无线传输。

(1) 设备成本很低,传输的数据量很小。

(2) 设备体积很小,不便放置较大的充电电池或者电源模块。

(3) 没有充足的电力支持,只能使用一次性电池。

(4) 频繁地更换电池或者反复地充电无法做到或者很困难。
(5) 需要较大范围的通信覆盖，网络中的设备非常多，但仅仅用于监测或控制。

4) 无线城域网

无线城域网(Worldwide Interoperability for Microwave Access，WiMAX)与需要授权或免授权的微波设备相结合之后，由于成本较低，将扩大宽带无线市场，改善企业与服务供应商的认知度。

5) 超宽带无线技术

超宽带无线技术(UWB)具有抗干扰能力强、传输速率高、带宽极宽、发射功率小等优点，具有广泛的应用前景，在室内通信、高速无线LAN、家庭网络等场合都能得到充分应用。

6) 无线个域网

无线个域网(WPAN)指的是能在便携式消费者电器和通信设备之间进行短距离特别连接的网。它的覆盖范围半径一般在10m以内，支持高速率多媒体应用并实现无缝连接。

7) 无线射频识别技术

射频识别(Radio Frequency Identification，RFID)，俗称为电子标签。其基本原理是利用射频信号和空间耦合(电感或电磁耦合)传输特性实现对被识别物体的自动识别。RFID的理念是实现物与物的通信，它的发展经过物品识别、跟踪记录、环境感知阶段，正向物物通信和实时控制方向演进。

8) 近距离非接触技术

近距离非接触技术(Near Field Communication，NFC)是脱胎于无线设备间的"非接触式射频识别"及互联技术。NFC通过射频信号自动识别目标对象并获取相关数据，识别工作无须人工干预，任意两个设备(如移动电话、蓝牙设备、WiFi设备)接近而不需要线缆接插，就可以实现相互间的通信，满足任何两个无线设备间的信息交换、内容访问、服务交换。

9) 二维条码技术

二维条码技术是一种基于光学识读图像的编码技术，具有存储量大、性价比高、数据采集与识读方便等优点。该技术涉及光、机、电，以及印刷、信息安全、标识等技术领域，是目前全球应用最为广泛的信息技术之一。二维条码那"马赛克"般形态各异的"花纹"中，蕴藏着丰富的信息。

从全球的二维码市场来看，亚洲发展最好。目前，亚洲地区已经有七个国家或地区开始提供二维码业务。二维码常用在移动支付、电子票务、移动票务的识读中。

一维条码只是在一个方向(一般是水平方向)表达信息，而在垂直方向则不表达任何信息，其一定的高度通常是为了便于阅读器的对准。二维条码是在水平和垂直方向的二维空间存储信息的条码，可直接显示英文、中文、数字、符号、图形，储存数据量大等。

10) 红外通信

红外通信就是通过红外线传输数据。红外通信技术已被全球范围内的众多软硬件厂商所支持和采用，目前主流的软件和硬件平台均提供对它的支持，已被广泛应用在移动计算和移动通信的设备中。

11) 无绳电话

无绳电话是用无线信道代替普通电话线，在限定的业务区内给无线用户提供步行速度的移动或固定电话终端业务的电话系统。

7.2.3 无线通信协议

当前,无线通信在中国发展十分迅速。1987年11月,我国广东正式开通了第一个TACS制式模拟蜂窝无线通信系统,实现了移动电话用户"零"的突破。从1987年至今,我国移动电话用户数的增长很快,尤其是GSM网更是以人们始料不及的速度在迅猛发展。截至2020年1月,中国移动用户总数为9.49亿户,已经超过世界平均水平。尽管我国的无线通信和互联网发展十分迅速,但我国在移动业务方面还存在很多问题。

目前,无线通信协议主要有WAP和IPv6。

1. WAP

WAP(Wireless Application Protocol,无线应用协议)是在数字移动电话、互联网或其他个人数字助理机(PDA)、计算机应用乃至未来的信息家电之间进行通信的全球性开放标准。

WAP支持绝大多数无线网络,包括GSM、CDMA、CDPD、PDC、PHS、TDMA、FLLEX、ReFLEX、iDEN、TETEA、DECT、DataTAC和Mobitex。

WAP可提供的服务主要涉及以下五方面。

(1) 信息类:基于短信平台上的信息点播服务,如新闻、天气预报、折扣消息等信息。

(2) 通信类:利用电信运营商的短信平台为用户提供的诸如E-mail通知、E-mail通信等。

(3) 商务类:移动电子商务服务,包括在线的交易、购物支付等应用。

(4) 娱乐类:包括各种游戏、图片及音乐铃声下载等。

(5) 特殊服务类:如广告、位置服务等。可以把商家的广告信息定向发送到用户的手机。

2. IPv6

IPv4是互联网协议的第四版,也是第一个被广泛使用、构成现今互联网技术的基石的协议。

IPv6是下一代互联网的协议。IPv6采用128位地址长度,几乎可以不受限制地提供地址。IPv6最突出的优势是恢复了原来因地址受限而失去的端到端连接功能,为互联网的普及与深化发展提供了基本条件。

1) IPv6与IPv4相比的优点

(1) 更大的地址空间。

(2) 加入了对自动配置(Auto-configuration)的支持。

(3) 更高的安全性。

2) IPv6与移动

IPv6为全球数十亿的用户提供足够多的地址,特别是充满生机的移动市场,采用IPv6之后有了足够的IP地址。在IPv6环境中的编址方式能够实现更加有效率的自我管理,使得移动、增加和更改更加容易,并且显著降低了网络管理的成本。

3) IPv6与RFID

RFID技术具有条形码所不具备的防水、防磁、耐高温、使用寿命长、读取距离大、标签上数据可以加密、存储数据容量更大、存储信息更改自如等优点,其应用将给零售、物流等产业带来革命性变化。

4) IPv6 与 WiFi 和 WiMAX

WiFi 和 WiMAX 都将是 IPv6 走向实用的主要驱动力之一。WiMAX 作为新的无线接入技术具有高带宽、广覆盖的性能,已成为业界的新宠。

5) IPv6 与网络家电

所谓网络家电,指通过个人计算机、PDA 等信息设备可对连接在家庭网络中的空调、电饭煲、微波炉、冰箱、电视、音响和照明设备等家用电器进行远距离遥控。

7.2.4 移动应用平台

目前,主要有三种移动应用平台,分别是移动消息平台、移动网络接入平台和 IVR(互动式语音应答)平台。

1. 移动消息平台

移动消息平台包括 SMS 和 MMS 两种,都可用于建立点对点的短信业务平台,在此基础上也可以开发各种增值业务。

1) SMS

SMS(Short Message Service,短信息服务)是指在无线电话或传呼机等无线设备之间传递小段文字或数字数据的一种服务。SMS 是一种相对简单和可靠的技术,在 1992 年首次出现在 GSM 电话中,如今所有的主要无线设备都支持它,且大多数移动电话都有发送和接收 SMS 的功能,用户可以通过电话键将 160 个以内的数字或字母输入一条 SMS 信息中。

2) MMS

MMS(Multimedia Message Service,多媒体信息服务)通常又称为彩信,其最大特点是支持多媒体功能,能够传递功能全面的内容和信息,这些信息可以是文字、图像、声音、数据等多种多媒体格式。彩信与普通短信相比,除基本的文字信息外,还可配有丰富的彩色图片、声音、动画等多媒体内容。另外,彩信还可以和手机摄像头结合,用户只要拥有带摄像头的彩信手机,就可以随时随地拍照,并把照片分享给亲人或朋友。

2. 移动网络接入平台

移动网络接入平台(WAP 平台)是开展移动电子商务的核心平台之一,通过 WAP 平台,手机可以方便快捷地接入互联网,真正实现不受时间和地域约束的移动电子商务。WAP 是一种通信协议,它的提出和发展基于在移动中接入互联网的需要。WAP 提供了一套开放、统一的技术平台,用户使用移动设备很容易访问和获取以统一的内容格式表示的互联网或企业内部网信息和各种服务。同时,WAP 提供了一种应用开发和运行环境,能够支持当前流行的嵌入式操作系统。

1) 特点

目前,WAP 已经成为无线通信业中的一大热点。它具有以下特点。

(1) WAP 是公开的全球无线协议标准,并且是基于现有的 Internet 标准制定的。

(2) WAP 提供了一套开放、统一的技术平台。

2) 技术上的局限性

尽管 WAP 功能强大,但它在技术上也有局限性。

(1) WAP 终端设备受 CPU、随机访问存储器、只读存储器和处理速度的限制。
(2) WAP 承载的网络是低功率的网络。

3. IVR 平台

IVR(Interactive Voice Response,自动语音应答)实际上是一个自动的业务代理。通过 IVR 系统,客户可以利用音频按键,从该系统中获得预先录制的数字语音信息或系统通过文本自动转成语音(Text To Speech,TTS)技术动态合成的语音信息,可以实现全天候自助式服务。通过 CTI 系统的计算机交互式应答服务,客户可以很容易地通过电话机键盘输入选择,从而得到 24 小时的服务。电话银行就是典型的 IVR。

7.2.5 移动通信终端

移动通信终端的重要性在移动电子商务中是不言而喻的。典型的移动设备终端包括移动电话、PDA、掌上电脑及其他移动设备终端。随着移动技术的进步,移动设备的便携性得到了极大提高,设备体积、重量显著减小,计算能力和电池能力显著提高。

1. 长距离移动通信终端接入设备

1) 卫星电话

基于卫星通信系统来传输信息的电话就是卫星电话。卫星电话在全球范围内到目前为止基本有四种。

(1) 海事卫星系统 INMARSAT 终端。
(2) ACES 亚洲蜂窝卫星系统终端。
(3) "铱星"系统终端。
(4) 全球星卫星终端。

2) GPS 终端产品

GPS(Global Positioning System,全球定位系统)是由美国国防部(DOD)投资建设,免费向全世界民间用户开放。该系统民用信号精度大概在 100m;军用信号的精度在 10m 以下。使用者需要拥有 GPS 接收机。在汽车定位时,只需要在汽车上装一台"车载终端"就可以了。

GPS 终端产品分为以下四种。

(1) GMOUSE:有线 GPS,一般通过 USB 或专用的适配线连接设备,自身会带有吸铁石,可以直接吸附在车顶。
(2) CF GPS:通过 CF 口或 CF 转换器连接相应设备。
(3) SD GPS:通过 SD 接口连接相应设备。
(4) 蓝牙 GPS:可以连接各类有蓝牙功能的信息设备。

GPS 定位设备如图 7.8 所示。

图 7.8　GPS 定位设备

2. 中距离移动通信终端接入设备

中距离移动通信终端接入设备主要包括寻呼机、移动电话、智能手机、个人数字助理、掌上电脑、手持电脑设备和笔记本电脑。

3. 短距离移动通信终端接入设备

1) 蓝牙终端接入设备

利用蓝牙技术,能够有效地简化掌上电脑、笔记本电脑和移动电话手机等无线通信终端设备之间的通信，也能够成功地简化以上设备与 Internet 之间的通信，从而使这些现代通信设备与互联网之间的数据传输变得更加迅速高效，为无线通信拓宽道路。

蓝牙在应用范围上，目前主要还是以 PDA、手机及耳机等较为常见。

2) 红外终端接入设备

红外是普及度高的无线产品，很多数码产品都将红外作为标配。而在红外相关产品中，主要可分为两类：一类是为各种不具备红外功能的计算机提供红外功能的独立红外适配器；另一类是各类计算机、数码设备中集成的红外适配器。

3) 二维条码终端接入设备

手机要带有摄像头，再安装一个二维条码识别软件，就可以使用二维码识别技术了。

4) 近距离无线通信技术（NFC）

NFC 设备可以用作非接触式智能卡、智能卡的读写器终端以及设备对设备的数据传输链路。

5) 无线射频识别（RFID）标签

RFID 无线射频识别是一种非接触式的自动识别射频技术，它通过射频信号自动识别目标对象并获取相关数据，识别工作无须人工干预，可工作于各种恶劣环境。

7.3 移动电子商务的业务与应用

移动电子商务的应用范围很广，可以从电子订票、自动售货机支付，到通过无线设备实现的各种商品和服务的在线选购和支付，以及金融交易和其他银行业务等。移动电子商务不仅提供电子购物环境，还提供一种全新的销售和信息发布渠道。在这些服务中，很重要的一种能力是随时确定一个移动用户或设备的确切地理位置，因为这种能力开启了通向创新性服务的大门。这里所谓的创新性服务就是被称为移动电子商务杀手锏的应用——基于位置的服务（Location-based Services，LBS）。这是一个生造词，主要指那些利用与用户地理位置相关的信息来向用户提供增值服务的商务应用。

根据位置监控是否必须实时进行，基于位置的服务可分为"推式"服务和"拉式"服务两大类。

(1) 实时监控——"推式"服务。

以往，用户通常通过互联网定制"推式"服务。首先，用户需要决定希望获得何种提示信息或消息，然后通过网站进行设置。然后，当某个消息符合用户的定制需求时，信息将被发送给用户。在移动电子商务环境下，"推式"服务的原理是类似的。移动运营网络时刻定位用户，并基于预订的激活值发送即时消息。例如，当用户接近某交通阻塞口时，系统会发出警告消息并提供另一条可行路线。

安全和隐私是基于位置的"推式"服务遇到的主要问题。如果第三方能跟踪监测到用户的位置，就可能使用该信息进行非法活动。如果某个犯罪团体可以跟踪某个人并控制其人身自由，不难想象"推式"服务可能引发多少骇人的事情。因此，部署"推式"服务的企业必须照顾到用户的安全和隐私，在法律和社会道德允许的范围内适当发展。

（2）按需定位——"拉式"服务。

"拉式"服务比"推式"服务更易执行,因为用户的位置只需在服务需要时更新即可,因此移动网络不必时刻对用户进行监测。

监测他人或车辆的服务与普通的"拉式"服务有所区别,这时移动网络必须定时监测有关方的位置,或者由用户控制何时进行定位。在用户控制的前提下,网络系统会在提供服务之前向有关方即时发送通知并申请授权。

基于位置服务的主要类型有以下六种。

1. 紧急救助服务

可能 LBS 最为人熟悉的市场应用就是在移动用户呼叫求助的同时确定个人的位置。救助者可能当时不知道自己的准确位置,也可能因为情况紧急(如受伤、遭到犯罪袭击等)而无法说出这个位置。美国规定 2001 年 10 月以后的所有手机必须具备定位报警功能,欧洲一些国家也开始了这方面的应用。目前,我国人身安全和紧急救助报警主要依靠拨打 110 或 120,这使得用户在紧急情况下(如受到人身攻击或急病突发)报警变得十分困难。如果利用移动定位业务,手机的持有者只要按几个按钮,警务中心和急救中心在几秒钟内便可得知报警人的位置,从而提供及时的帮助。

2. 导航服务

导航服务是基于移动用户当前的地理位置获得所需要的方向。基于对移动用户的准确定位,使得一系列导航服务成为可能。

1) 求助人工服务

移动用户向操作员求助,由操作员告诉用户他们在哪里,提供详细的方向指示,以及怎样到达目的地。

2) 根据实时交通状况进行导航

通过交通状况监控网络,考虑当前的交通状况(如交通堵塞或道路事故),为用户指示目的地,并提供可选择路径。

3) 详细方向指示

例如,在路线导向方面,协助用户在百货商场、仓库、展览会和其他有着丰富信息的环境中寻找产品或者展览架。

4) 群组管理应用

允许移动用户定位附近的朋友、家人或者同事,依据兴趣创建虚拟社区。

3. 信息服务

移动定位业务可提供与位置相关的各种信息服务。当用户身处陌生地区,并且想知道距离最近的商店、银行、书店、医院时,手机屏幕上可以迅速显示所需基础设施的位置信息。当用户想购买自己喜欢的商品时,定位系统可以与信息数据库结合,并引导用户进行选购。移动信息服务还有许多类型,如下所述。

（1）旅游服务:提供旅行向导功能,介绍附近的名胜古迹、运输服务以及其他各种相关信息。

（2）移动黄页服务:提供附近基础设施的信息和联系方式。

（3）信息娱乐服务:如最新的消息和新闻等。

4. 广告服务

移动广告的收入前景非常可观,也是 LBS 一项重要的应用内容。移动广告之所以得到关注,也是由于其个性化的特征。移动广告可以根据用户的位置,起到有效的推销效果。移动广告的形式包括移动横幅广告(Banners)、警报(通常作为 SMS 消息派送)和接近式触发广告等。

为避免对用户产生干扰,移动广告出现的时机需要精心设计。一般认为,用户必须明确表示"决定参加"某个活动、进行了广告服务的注册登记,或者广告商主动为用户提供优惠时(例如减少话费或特价),移动广告才能得以触发。

5. 跟踪服务

跟踪服务既适用于个人,也适用于企业。在个人应用市场,人们可以跟踪和监控特定的人群,例如老人和小孩。在企业应用中,跟踪服务的典型应用是车辆跟踪,它可以使公司随时知道其货物的确切位置。车辆跟踪也用于查找和派遣离呼叫点最近的救护车。此外,跟踪服务也可以用于确定外出职员(如售货员和维修工程师)的位置,以便于动态分派任务。跟踪服务还可用于供应链管理,例如提供准确的产品跟踪等。

作为父母,可能最担心的莫过于忽然转身发现孩子不见了,更糟糕的是你无法知道孩子目前的状况。在美国,每天都收到 2000 多名儿童的失踪报警,这意味着每 40s 就有一名儿童失踪。跟踪服务可以随时定位孩子的位置,从而让父母随时了解孩子是否安全,并方便在发生危险时进行紧急救助。跟踪定位器如图 7.9 所示,跟踪定位器实时监测孩子的位置,如有紧急状况发生立刻报警求援。

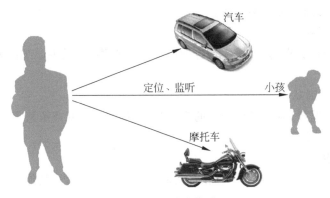

图 7.9 跟踪定位器

6. 付费服务

由于有定位功能,企业可以根据用户的当前位置执行差异化的定价策略。例如,如果家中有固定电话,当用户在家里用手机通信时,运营商便可以给予一定的费率优惠。

7.4 移动电子商务未来发展趋势

1. 全渠道、线上线下融合发展是重要方向

移动电商时代,消费者的需求和网购发展环境均有较大改变,用户希望随时随地精准购买到所需的商品和服务;另外,由于商品供大于求,单一渠道发展的增量空间有限,线上和线下均在布局全渠道发展。线下消费体验和线上购物便利的双向需求将带来线上和线下购物期望值的融合,目前线上线下融合是新零售时代的重要发展方向。

2. 社交化分享是移动电商时代的新营销方式

移动社交和自媒体爆发,电商走向去中心化新模式。与传统电子商务企业通过一个平台聚集所有商家和流量的中心化模式不同,去中心化的电子商务模式是以微博、微信等移动社交平台为依托,通过自媒体的粉丝经济模式的分享传播来获取用户,消费者的购买需求会在人们碎片化的社交场景中被随时激发。例如,贝贝网开设的红人街频道,融合了社交、内容及直播等新型营销方式,达人分享服饰搭配并通过与粉丝的互动引导用户消费。

3. 内容化、粉丝化、场景化成为发展新方向

移动电商时代,用户的消费路径和习惯发生了很大的变革,消费需求场景化,移动购物模式多样。内容化、粉丝化和场景化成为吸引流量的新方式。各大移动电商网站纷纷布局内容营销。从搜索到推荐,用户对精准内容的要求越来越高。

4. 垂直品类经济或人群经济成为发展新趋势

随着国民经济的快速发展、人民生活水平的提高,各方面消费力量兴起。一方面,"90后"、女性等细分用户成为消费新动力;另一方面,用户更加注重商品品质,更多选择符合自身特征的商品。在此基础上,基于特定品类和特定人群的垂直经济成为新的发展趋势。例如,贝贝网围绕母婴人群发展的"妈妈经济",基于特定人群,打造一站式购物入口;以易果生鲜为代表的生鲜电商和以土巴兔为代表的家装电商崛起,基于垂直行业深入发展。其中,2016年中国生鲜电商市场交易规模超过900亿元,2017年交易规模超过1000亿元。

5. 大数据将成为移动电商核心驱动引擎

随着互联网计算处理技术的逐渐成熟,大数据开始应用到各行各业。移动电商流量红利渐失,大数据将成为新的利益推动点,可以精准匹配供求信息,进行个性化推荐、用户偏好预测、优化页面,提升运营效率。

7.5 可口可乐"数据空港"移动商务营销案例

可口可乐是世界家喻户晓的饮料品牌之一,自1979年返回中国市场至今,已在中国投资达20亿美元。至2021年,中国已是可口可乐全球第三大市场,年销售额逾百亿元。

1. 竞争格局变化推动管理模式改变

尽管取得如此辉煌的业绩,但是可口可乐公司的心情已经与30多年前刚刚返回中国市场时大不相同,那时中国饮料市场尚未开发,外国饮料公司基本上感受不到中国饮料企业的压力,可口可乐可以说是一家独大,十几年前中国出现的几家"可乐"型饮料,最后都无声无息消失了。近年来,随着中国民族饮料品牌的蓬勃发展,以可口可乐为代表的外国饮料企业逐渐感受到中国饮料企业强烈的竞争威胁。

作为快速消费品行业典型代表的饮料企业,因其行业特点,在销售数据和库存管理方面往往会出现以下问题:销售数据可能滞后或失真,影响营销决策;资金挤占和坏账损失,导致财务危机;库存数据不易准确及时,导致库存成本增加、流转效率低下;跨区域窜货,打乱企业整体市场布局。

面对竞争日趋激烈的中国饮料市场,行业老大可口可乐公司也意识到这些普遍性的问题对公司盈利状况产生的不良影响,开始思考改变管理模式、优化管理流程来提高管理效率和控制成本的重要意义。

在借鉴了多家有代表意义的快速消费品企业的数据管理经验后,可口可乐公司的管理人员将目光聚焦到了高效并且普及率高的短信服务业务上——应用移动通信技术服务来进行销售数据和库存管理,成为可口可乐公司的新目标。此时,选择一家最合适的合作伙伴迫在眉睫。

2. 强强联手打造信息管理平台

经过广泛的市场调查和产品试用评比后,北京亿美软通科技有限公司(以下简称亿美软通)走进了可口可乐公司的视线。

亿美软通是中国领先的移动商务服务商,提供具备国际技术水准的移动商务平台及运营服务,曾于2008年、2009年连续两年为全国人大政协两会提供移动信息平台服务,合作伙伴遍及各个行业,与Google、腾讯、IBM、Cisco、Nokia、联想、招商银行等众多国内外知名企事业单位都曾有过良好合作经验。它是目前中国移动商务服务领域客户数量最多、市场占有量最大、产品线最齐全的移动商务服务商。

针对可口可乐公司的业务需求,亿美软通为其提供了亿美"数据空港"移动商务方案,该方案是针对可口可乐公司的终端销售和库存管理需求,结合GPRS技术开发的销售终端数据采集系统,通过活力短信,可口可乐公司将及时获得下属各分公司、连锁店、代理商的实时销售、库存情况,帮助企业提高流程运转效率。

3. 亿美软通"数据空港"移动商务方案优势体现

亿美软通"数据空港"移动商务方案如图7.10所示,具有以下优势。

(1) 不受地域、运营商、IT环境限制,拥有不同制式及多种传输方式。
(2) 操作快捷方便,多种应用模式,满足企业不同需求。
(3) 兼容性好,实现与外部数据接口无缝对接,融合各种移动商务应用。
(4) 管理逻辑灵活,支持多终端对多表单。
(5) 安全性强,系统稳定,支持多用户吞吐,保证数据安全。
(6) 运作模式成熟,为企业量身定制移动信息化应用服务。

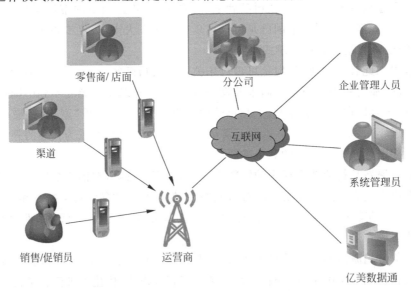

图7.10 亿美软通"数据空港"移动商务方案

4. 功能实现

1）销售和库存管理

（1）销售人员编辑固定格式的短信，将当日销售金额、售出商品明细等信息上行发送至总部。

（2）通过上行发送规定格式短信，销售人员向总部物流中心汇报库存物品的入库、出库、盘点情况并提报补货请求。

2）工作通知

总部发送下行短信下达各种通知，包括商品价格调整通知、促销信息和发薪通知等。

3）信息发布

实现总部重大事件的信息发布提醒和企业各层级人员之间的信息沟通。

4）短信自动归档管理

对上下行短信进行归档，并保存到历史数据表，供数据统计部门进行汇总处理。

5）人文关怀

在重大节日、员工生日时，总部行政部门发送短信，送上节日祝福和生日祝贺，为员工送上关怀，增强员工凝聚力。

应用亿美软通"数据空港"移动商务方案，可口可乐公司的各级管理者通过手机掌握各销售网点、销售地区的各时段的销售、库存情况，做出及时准确的销售分析，实现24小时的信息数据有效传达，真正做到对市场的快速响应，提高企业的管理水平和竞争实力，全面实现移动办公。

不断提高销售额、降低流转成本和提高运营效率是快速消费品企业的利润来源，亿美软通移动销售管理解决方案利用无限移动技术提供了企业管理层和终端销售人员间的信息管理平台，提高了销售执行力，加强了沟通，规范了终端销售人员的工作流程，帮助企业将管理延伸到每一个营业网点，真正实现了移动化办公。

7.6 思考与实践

1. 简答题

(1) 什么是移动电子商务？移动电子商务能提供哪些服务？

(2) 移动电子商务提供的业务，可以分为哪几方面？

(3) 为什么说电子商务移动化是大势所趋？

(4) 短距离的移动通信终端都有哪些？

(5) 试搜索互联网信息资源，了解移动电子商务发展的最新动态。

2. 实践题

(1) 找一家针对手机用户的购物网站，列举该网站提供的支付方式，体验手机支付的过程。从消费者角度分析手机支付过程(含现场支付、远程支付)中存在哪些安全风险，应如何防范。

(2) 著名的网络银行评价网站 Gomez 对网络银行的评价要求是至少提供五种业务中的一种才可以称作是网络银行。这五种银行业务是什么？

(3) 查阅资料，并结合所学移动商务知识，分析滴滴出行的商业模式以及 SWOT。

(4) 查找资料，归纳目前国内移动支付业务发展中存在的主要问题及对策。

第 8 章　电子政务

本章学习目标
- 熟练掌握电子政务的相关概念；
- 了解电子政务的应用模式；
- 熟练掌握电子政务的体系结构。

本章先介绍电子政务的相关概念及发展状况，再介绍电子政务的体系结构，最后介绍如何对政府信息资源进行管理和利用。

8.1　电子政务概述

全球性的信息化、网络化进程正在改变着人们的生活方式。政府，作为人类社会治理体系基本组成部分的公共组织，既是社会资源的最大生产者和拥有者，也是社会信息产品的领先使用者和主要传播者，在面临现代通信技术革命严峻挑战的同时，也迎来了一个全新的发展时代——电子政务时代。电子政务在改进和优化政府组织、重组公共管理、提升政府的工作效率、提高政府服务的能力和水平方面，正焕发着越来越强的生命力。

8.1.1　电子政务的相关概念

所谓电子政务，是指借助电子信息技术而进行的政务活动。由于电子政务是电子信息技术和政务活动的交集，所以与它相关的概念有办公自动化、政府上网、政府信息化、电子政府、电子商务等。

1. 电子政务发展中使用过的术语

1）办公自动化

办公自动化(Office Automation，OA)是指利用现代化的办公设备、计算机技术、通信技术来代替办公人员的手工作业。从电子政务的发展历程看，世界各国无一例外地经历了从办公自动化到电子政务的发展历程。实际上，办公自动化不仅仅是办公设备的电子化、自动化，办公自动化的进一步发展是建立由各种现代化办公设备组成的政务信息处理系统。

办公自动化还称不上电子政务，它与电子政务的区别有以下三方面。

(1) 在应用人群上，办公自动化的应用群体受限于政府内部的行政工作人员；而电子政务的应用群体除了政府内部的行政工作人员以外，还有广大企业和普通公众。

(2) 在业务内容上，办公自动化一般受限于政府部门内部，并且集中于办公人员的日常业务层面；而电子政务的业务范围包括政府部门内部以及政府部门之间、政府与企业和政府与公众的政务信息处理。

（3）在目标上，办公自动化限于提高政府内部的办公效率，对政府管理、政府事务的电子化转移是对原有状态的改造和超越；而电子政务就是将政府的信息发布、管理、服务、沟通功能向Internet上迁移，同时也结合政府行政管理流程的改变，构建和优化政府的内部管理系统、决策支持系统，并为政府信息管理、服务水平的提高提供强大的技术支持，同时还涉及政府职能的变革。

2）政府上网

政府上网与电子政务也不同。政府上网的主要任务是建设政府网站，推动政府部门与公众之间的信息交流，使政府信息发布更快速，获得外部信息更及时，与公众的沟通更便捷。而电子政务则是一个更为广泛的概念，它还包括政府部门内部以及政府部门之间所有的业务往来。因此，政府上网只是电子政务建设内容的一个组成部分。

3）政府信息化

政府信息化是指政府有效利用现代信息和通信技术，通过不同的信息服务设施，对政府的业务流程、组织结构、人员素质等诸方面进行优化、改造的过程。政府信息化是一个不断发展变化的过程。政府信息化的过程如图8.1所示。

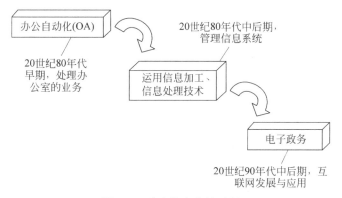

图8.1 政府信息化的过程

电子政务是实现政府信息化的举措与途径，通过在政务活动中不断扩大电子化政务的范围，逐步推动政府信息化水平由低向高发展。

4）电子政府

电子政府是与传统的政府机构相对而言的，是现有的政府机构在开展电子政务的过程中，对现有的政府组织结构和工作流程进行优化重组之后所重新构建的新的政府管理组织；是一种全新的政府管理形态，是一个理想化的目标，即一种以信息和技术为依托，以实现完善的政府服务为目标的虚拟政府。

电子政务是电子政府发展的一个重要阶段；电子政府是电子政务发展的长期目标。建设电子政府的目的，是使企业和公众能够随时随地享受各类政府服务。

传统政府与电子政府的比较如表8.1所示。

表 8.1　传统政府与电子政府的比较

比较内容	传统政府	电子政府
政务信息形式	物理的	电子的
办事空间	受地域限制	不受地域限制
办事时间	受时间限制	7×24 小时
办事效率	较低	很高
办事透明程度	低	较高
交互性	差	好

5) 电子政务

所谓电子政务(E-government，E-governance，E-gov)，是指借助电子信息技术而进行的政务活动。由于电子政务是电子信息技术和政务活动的交集，所以它的内涵和外延在很大程度上取决于人们对电子技术和政府活动所下的定义。政务有广义和狭义之分。电子政务也可以分为广义电子政务和狭义电子政务，如图 8.2 所示。

图 8.2　广义电子政务和狭义电子政务

狭义电子政务专指政府部门的管理和服务活动。广义电子政务泛指各类行政管理活动，包括党委、人大、政协、司法等。

6) 准电子政务

"准电子政务"意在完成完善的电子政务建设之前最大限度地发挥政府网站的作用，虽然没有实现完整的电子政务流程，但大部分工作都可以通过政务网络进行，而将一些难以实现的复杂功能仍然通过传统方式来进行。"准电子政务"的思想源于我国电子商务发展初期的"网上订货，货到付款"方式，尽管没有实现交易过程的完全电子化，并非真正意义上的电子商务，但由于适应了我国网上支付环境不很成熟的现状，至今还为许多网上零售网站所采用，也是用户选择最多的支付方式之一。在这种情况下，网站发挥更多的是交流和宣传的作用，交易的实现仍然在网下进行。事实上，一些地方的政府网站正是按照"准电子政务"模式逐步发展起来的。

电子政务系统建设是中国信息化建设重点发展的十大领域之一。在某些领域、某些地区现在已经实现了部分电子政务的功能，但政府信息化的整体发展水平还比较低，用"准电子政务"的思想对现有政府网站进行升级改造，是电子政务建设中比较现实的做法。

7) 电子政务系统

电子政务系统是基于网络的符合互联网技术标准和面向政府机关内部、其他政府机构、企业以及社会公众的信息服务和信息处理系统。电子政务系统是电子政务功能和模式的实现。电子政务系统的结构如图 8.3 所示。

8) 电子政务与电子商务

(1) 区别。

电子政务与电子商务是两个联系紧密而又不相同的概念，两者区别如下所述。

① 主体不同，电子商务的主体是企业，电子政务的主体是政府。

② 目的不同，电子商务追求经济效益，电子政务实现自身职能。

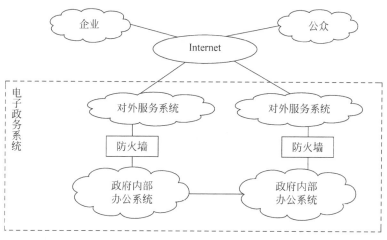

图 8.3 电子政务系统的结构

(2) 两者的联系如下所述。

① 两者必须依靠信息技术来实现。

② 企业与政府之间的业务往来,对企业而言是电子商务,对政府而言则是电子政务,如政府向企业采购。

③ 根本目的都是推动经济社会的发展。

2. 有关电子政务结构的几个术语

1) 三网一库

"三网一库"是国务院办公厅于 2000 年起,按照我国国情和政府工作特点,提出的我国电子政务系统框架。

(1) "三网"是指:

① 政务内网,即政府机关内部的"办公业务网";

② 政务专网,即"办公业务资源网",是政府涉密网络,可以实现地区级政府共享,并可以与内网有条件互联;

③ 政务外网,即以 Internet 为依托的"政府公众信息网"。

(2) "一库":指政府共建共享的"信息资源数据库"。

2) 两网一站四库十二金

"两网一站四库十二金"是国务院信息化工作办公室根据 WTO 要求及国内发展需要,按照国家"十五"期间全国电子政务建设指导意见,提出的 2003 年电子政务建设工作重点任务。

"两网"指政务内网和政务外网;"一站"指政府门户网站;"四库"指建立人口、法人单位、空间地理和自然资源、宏观经济四个基础数据库;"十二金"则是要推进办公业务资源系统等 12 个重点业务系统。这 12 个重点业务系统又可以分为三类:第一类是对加强监管、提高效率和推进公共服务起到核心作用的办公业务资源系统和宏观经济管理系统的建设;第二类是增强政府收入能力,保证公共支出合理性的金税、金关、金财、金融监管(含金卡)、金审五个业务系统的建设;第三类是保障社会秩序,为国民经济和社会发展打下坚实基础的金盾、社会保障、金农、金水、金质五个业务系统的建设。

"两网一站四库十二金"覆盖了我国电子政务急需建设的各方面,涉及信息资源开发、信息基础设施建设与整合、信息技术应用等领域。

3) 数字城市、无线城市和智慧城市

数字城市的概念分为广义和狭义两种。广义的数字城市即城市信息化,是指通过建设宽带多媒体信息网路和地理信息系统等基础设施平台,整合城市信息资源,实现城市经济信息化,建立城市电子政府、电子商务企业、电子社区,并通过发展信息家电、远程教育、网上医疗,建立信息化社区。狭义的数字城市,是指利用"数字城市"理论,基于地理信息系统(GIS)、全球定位系统(GPS)、遥感系统(RS)、宽带网络等关键技术,深入开发和应用空间信息资源,建设服务于城市规划、城市建设和管理,服务于政府、企业、公众,服务于人口、资源环境、经济社会的可持续发展的信息基础设施和信息系统。其本质是建设空间信息基础设施,并在此基础上深度开发和整合应用各种信息资源。

无线城市是指利用多种无线接入技术,为整个城市提供随时随地随需的无线网络接入,形成一个多层次、全覆盖、宽带、泛在、具有融合特性的信息网络,使得用户根据应用和场景自由切换,随时接入最佳网络,为市民构建一个能够便捷、安全、迅速接入信息世界的通道。因此,无线城市以融入互联网、移动互联网和物联网的信息应用平台为基础,可以聚合大量信息内容和应用,能够为市民的购物、出行、学习、教育、保健等方面提供便利,能为企业的开张、销售、宣传、管理等方面提供有力工具,能够为政府的政务公开、监督、城市管理等方面提供有益帮助。

智慧城市是 IBM 公司于 2010 年提出的一个愿景。通过物联网基础设施、云计算基础设施、地理空间基础设施等新一代信息技术以及维基、社交网络、Fab Lab、Living Lab、综合集成法、网动全媒体、融合通信终端等工具和方法的应用,实现全面透彻的感知、宽带泛在的互联、智能融合的应用以及以用户创新、开放创新、大众创新和协同创新为特征的可持续创新。

4) 一站式服务和无站式服务

一站式服务是指居民或企业只要去一个政府综合办公点,即可解决需要办理的所有的有关事项。

无站式服务是指居民或企业只要进入一个政府网站,即可解决需要解决的问题,同时可以做到每周 7 天,每天 24 小时全天候不间断地向居民或企业提供服务。

这两种形式在许多国家的电子政府建设中得到采用并且取得了非常明显的效果。

视频讲解

8.1.2 电子政务的应用模式

根据用户的不同,可将电子政务分为政府对公务员的电子政务(G2E)、政府间的电子政务(G2G)、政府对企业的电子政务(G2B)、政府对公众的电子政务(G2C),图 8.4 表明了这四种模式之间的关系。

1. G2E

G2E 是政务中有关公务员的工作、培训和考核的部分,主要由下面的系统进行。

1) 培训系统

培训系统对政府公务员提供各种综合性和专业性的网络教育课程,特别是适应信息素养、业务能力、政策法规的专业培训。公务员可以通过网络随时随地注册参加培训课程,接

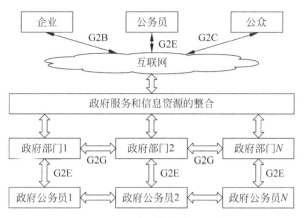

图 8.4　电子政务各模式间的关系

受培训、参加考试等。

2）办公系统

办公系统通过计算机和信息网络，为公务员提供现代化的工作环境，节约时间和费用，提高工作效率。

3）人员考核评估系统

人员考核评估系统通过信息网络对公务员的业绩进行考核，对工作人员出差、请假、工资等进行管理和服务。

2．G2G

G2G 是政府对政府的电子政务应用模式，它分别应用于四种不同关系的政府机关之间：第一，隶属关系，是指同一组织系统中的上下级机关之间，如国务院与各省级政府；第二，业务指导关系，是指同一专业系统中的上下级主管业务部门之间，如人事部与省人事厅；第三，平行关系，是指同一组织系统中的同级机关之间，如某省政府下属的教育厅与财政厅；第四，不相隶属关系，非同一系统中的任何机关或部门之间，如某省财政厅与另一省公安厅。

政务的部分活动需要在上下级政府之间、不同地方政府之间以及不同政府部门之间进行，其活动内容主要是信息交换、资源整合和业务协同。这些活动主要由下列一些信息系统实现。

1）法规政策系统

法规政策系统对所有政府部门和工作人员提供相关的各项法律、法规、规章、行政命令和政策规范，使所有政府机关和工作人员真正做到依法办事。

2）公文流转系统

公文流转系统在保证信息安全的前提下，在政府上下级之间、部门之间传送有关的政府公文（如报告、请示、批复、公告、通知、通报等），使政务信息十分快捷地流转，提高政府公文处理速度。

3）司法档案系统

司法档案系统在政府司法机关之间共享司法信息（如公安机关的刑事犯罪记录、审判机关的审判案宗、检察机关的检察案宗等），以提高司法部门的工作效率，提高司法人员的综合能力。

4) 财政管理系统

财政管理系统向各级国家权力机关、审计部门和相关机构提供历年的、分级、分部门政府财政预算及其执行情况(包括从明细到汇总的财政收入、开支、拨付款数据以及相关的文字说明和图表),使有关部门和领导能及时掌握和监控本地区和本部门的财政状况。

5) 业绩评价系统

业绩评价系统按照设定的任务目标、工作标准和完成情况,对政府各部门业绩进行科学的测量和评估。

3. G2B

G2B是指政府向企事业单位提供的各种公共服务和对其进行监管。

G2B主要包括政府采购与招标、税务服务、工商审批和证照办理、信息咨询服务和为中小企业服务等内容。

1) 政府采购与招标

通过政府信息网络公布政府采购与招标信息,介绍政府采购的有关政策和程序,为企业参与政府采购提供必要的帮助,使政府采购成为阳光作业,降低企业的交易成本,节约政府采购支出。

2) 税务服务

通过政府税务信息网络系统公布税收政策,开展税务业务,使企业可以远程进行税务登记和申报、税款划拨、税收公报查询。

3) 工商审批和证照办理

让企业通过政府网站可以方便地进行企业营业执照的申请、受理、审核、发放、年检、登记项目变更、核销,进行统计证、土地和房产证、建筑许可证、环境评估报告等证件、执照和审批事项的办理,并缩短办证周期,减轻企业负担。

4) 信息咨询服务

政府对企业开放所拥有的各种信息(如法律法规规章政策数据库、政府经济白皮书、国际贸易统计资料等),方便企业利用。

5) 为中小企业提供服务

政府通过政策和资源,为提高中小企业的竞争力和知名度提供各种帮助。例如,为中小企业提供统一政府网站入口,提供信息化平台等。

4. G2C

G2C是指政府通过电子网络系统为公众提供各种服务。

G2C主要包括提供信息服务、民众参与服务、教育培训服务、就业服务、医疗服务、社会保险网络服务、交通服务、证件服务等内容。

1) 信息服务

包括政策信息的发布,新闻和公众生活信息(如交通和气象信息)的介绍等。

2) 民众参与服务

通过在线评论和意见反馈,了解公民对政府工作的意见,改进政府工作。

3) 教育培训服务

建立教育平台,加强对公民信息技术能力的教育和培训,以适应信息时代的挑战。

4) 就业服务

通过电话、信息网络或其他媒体向公民提供工作机会和就业培训,促进就业(如开设网上人才市场或劳动市场,提供与就业有关的工作职位缺口数据库和求职数据库信息);为求职者提供网上就业培训、就业形势分析,指导就业方向。

5) 医疗服务

通过政府网站提供医疗保险政策信息、医药信息和执业医生信息,为公民提供全面的医疗服务。公民可以通过网络查询自己的医疗保险个人账户余额和当地公共医疗账户的情况;查询国家新审批的药品的成分、功效、试验数据、使用方法及其他详细数据,提高自我保健的能力;查询当地医院的级别和职业医生的资格情况,选择合适的医院和医生。

6) 社会保险网络服务

通过电子网络建立覆盖地区甚至国家的社会保险网络,使公民通过网络及时全面地了解自己的养老、失业、工伤、医疗等社会保险账户的明细情况,有利于加深社会保障体系的建立和普及;通过网络公布最低收入家庭补助,增加透明度;还可以通过网络直接办理有关的社会保险理赔手续。

7) 交通服务

通过建立电子交通网站,提供对交通工具、交通线路、车次(航班)时间和司机的管理与服务。

8) 证件服务

将来或许允许居民通过网络办理结婚证、离婚证、出生证、死亡证明等。

当前,世界各国的电子政务的发展主要就是围绕着上述四个模式展开的,强调在电子政务的发展过程中对原有的政府结构、政府业务活动的组织方式和方法等进行根本改造,从而最终构建出一种信息时代的政府形态。

8.1.3 国外电子政务的发展

自 20 世纪 90 年代中后期以来,电子政务在促进世界各国、各级政府管理与服务模式快速变革的同时,也正在对人类社会的进步和发展产生越来越重要的影响。众所周知,在电子政务多年的发展历程中,国际社会在电子政务的理论研究、技术开发、实际应用以及政府改革等众多方面都积累起了较为丰富的经验,并涌现出了很多具有实用价值和借鉴作用的成功案例。对国际电子政务发展的现状与趋势进行系统分析,并对相关的电子政务发展规划进行全面的解析,对于更好地把握电子政务的发展方向有着不可低估的现实意义。

1. 美国

电子政务建设起源于 20 世纪 90 年代初,美国是世界上电子政务最发达的国家之一。其第一政府网是世界上第一个真正意义上的电子政务网站。早在 1994 年,美国政府信息技术服务小组就提出了《政府信息技术服务的前景》报告,要求用技术力量彻底重塑政府为民服务的方式。

2000 年,时任总统的克林顿宣布建立第一家政府网站,目的是减少"橡皮图章",使向政府申请贷款和合同竞标等活动能通过网络进行。2001 年,布什总统启动了政府改革计划,电子政府是这项改革计划的重要内容。美国白宫与预算办公室在当年 7 月宣布成立"电子政务特别工作小组"。2003 年,这个工作组公布了美国政府新的电子政府战略。

美国已在全国各级政府中完成了覆盖面广、服务项目齐全的电子政务施政模式,实现了精简机构、提高效率的功能。

美国电子政务网络结构的突出特色是网站功能层次分明。按照用户的不同,美国的电子政务可分为政府-公民(G2C)、政府-商界(G2B)、政府机构之间(G2G)和政府内部(IEE)四大类型。从级别上讲,政府网站可以划分为联邦、州与市县三级,每一级政府网站的服务内容各不相同,彼此之间分工明确。

美国的每一个政府网站都各具特色,服务包罗万象,力图满足所在地域的每个居民的具体需求。USA.gov作为联邦一级的网站,是美国联邦政府唯一的政府服务网站,如图8.5所示。该网站整合了联邦政府的所有服务项目,并与许多政府部门(如立法、司法和行政部门)建立了链接,同时与各州政府和市县政府网站都设有链接,起到了前台的作用。任何企业和公民,通过这个前台网站都可以找到所有美国政府部门提供的服务。

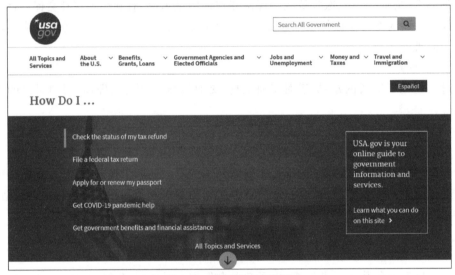

图8.5 美国第一政府网

美国人认为,电子政务的服务有两方面:一是政府利用技术手段主动地为民众提供服务;二是通过技术手段使民众能够方便地从政府索取服务。两者加在一起便形成了政府与民众之间的双向互动。电子政务最重要的意义是,将从根本上改变政府和人民的联系。说到底,发展电子政务的目的就是要更好地服务于民,不是追赶潮流,或做做样子。

2. 英国

英国于1994年进行了"政府信息服务"的实验计划。2001年,英国已经有40%的政府服务可以通过网络提供给公众。到2002年年底,政府服务上网率达到近75%。英国已于2001年1月组建政府的网关,该网关把公民网站、商业和部门网站与政府的办公室系统等安全地连接在一起,提供每年365天和每天24小时的"无缝"服务。据《2020年联合国电子政务调查报告》显示,英国位居第七名。

3. 新加坡

新加坡从1981年开始发展电子政务,至今其电子政务已备受世人瞩目。新加坡的电子政务系统完全是受国家控制,没有私人的参与,政府每年要在这项工程上花费大量的资金。

但电子政务的实施也为政府节省了大量的办公费用。2002年7月,新加坡电子政府可以为其公民提供200项以上的电子政务服务,新加坡的公众可以从一个名为"电子公民中心"的站点轻松获取医疗、商务、法律法规、交通、家庭、住房、就业等各项网上信息和服务。据《2020年联合国电子政务调查报告》显示,新加坡仍然稳居前十名。

8.1.4 中国电子政务的发展

中国的信息化建设起步于20世纪80年代初期,从国家大力推动电子信息技术应用开始,大致经历了四个阶段。目前,我国的电子政务建设是中国信息化建设发展的一个新阶段,它以我国前期信息化建设的成果为基础。

1. 中国电子政务的发展历程

1) 办公自动化阶段

中国政府早在20世纪80年代已意识到信息革命带来的挑战与机遇,各级政府部门已开始尝试利用计算机辅助一些最基础的政务劳动,譬如文件电子化处理、数据电子化存储等,这就是所谓的办公自动化发展阶段。这一阶段最主要的特点是利用计算机替代一部分手工劳动,提高政府文字、报表处理等工作的效率。

到20世纪80年代末,全国各地不少政府机构已建立起了各种纵向或横向内部信息办公网络,很多政府机构成立起了专门的信息中心,为提高政府的信息处理能力和决策水平起到了重要的作用。

2)"金字工程"实施阶段

进入20世纪90年代,我国的政府信息化建设进一步加快,特别是一系列"金字工程"的启动,标志着中国政府与国民经济信息化的序幕正式拉开。1993年12月,我国政府成立"国际经济信息化联席会议",确立"实施信息化工程,以信息化带动产业发展"的指导思想,正式启动"金卡""金桥""金关"等重大信息化工程,这些工程都是由中央政府直接领导,以加强信息化基础设施建设为重点,以保证国民经济重点领域的数据传输和信息共享为主要目的。

紧随"三金工程"之后的是"金税工程",它是为了配合中国财税体制的改革,推行以增值税为主体的流转税制度,严格税收征管、杜绝税源流失而实施的一项全国性的信息化工程。

除此以外,近年来,国家又启动了"金审工程""金盾工程""金卫工程"等新的"金字工程"。这些工程的相继完工,将会对我国的政府信息化建设和电子政务发展起到直接的推动作用。

3) 政府上网阶段

到了20世纪90年代的中后期,互联网已经开始在经济社会生活的各个领域进行广泛渗透。政府作为社会信息资源最大拥有者和使用者,理所当然要与互联网"联姻"。开始于1999年年初的"政府上网工程",标志着真正意义的电子政务在我国正式开启。

在"政府上网工程"的推动下,我国的政府信息化建设有了实质性进展。绝大部分国家部、委、办、局与地市级以上地方政府都已经在互联网上建立起了自己的网站。与此同时,政府网页的内容也变得较为丰富,网站的功能也变得日益多样化,政府网站所发挥的作用也变得越来越大。

"政府上网工程"的启动,使中国政府真正开始了基于互联网的电子政务活动。无论是普通百姓,还是政府职员,对电子政务发展有了更进一步的认识,为改善电子政务发展环境起到了重要的作用。

4) 电子政务实质性应用阶段

在经历了声势浩大的"政府上网工程"后,我国电子政务的发展进入了理性发展阶段。特别是我国国民经济与社会发展"十五"计划中提出的"以信息化带动工业化"已取代"九五"计划中"以信息产业推动国民经济发展"的提法,这标志着我国的电子政务发展进入实质性应用阶段。

在电子政务发展规划方面,从中央到地方都引起了足够的重视。2001年12月,国家信息化工作领导小组成立,由国务院总理朱镕基担任领导小组组长;同年的12月29日,由国家科技部会同相关单位专家共同组织进行的"中国电子政务应用示范工程"开始在全国范围内进行公开招标。"数字化北京""数字化上海""数字化福建"等一个个宏伟计划也进入各地方政府的工作日程。2003年是我国电子政务从规划转向具体实施阶段的第一年。同年9月15日,温家宝总理在国家行政学院省部级干部"政府管理创新与电子政务"专题研究班的讲话中指出,要加快政府职能的根本性转变,加快推进政府管理创新。2004年,我国政府继续推进以"三网一库"为基本架构的政府系统政务信息化枢纽框架及应用体系,以实施电子政务示范工程为先导,加快建设和整合统一的全国政府系统办公业务资源网络平台。

随着云计算、大数据、人工智能、物联网等新兴技术在政务领域的广泛应用,基础信息资源库、电子政务信息系统等多个重大工程项目建设的不断深入,我国电子政务市场规模处于不断增长趋势。2020年我国电子政务市场规模为3682亿元。随着智慧城市建设的不断推进,预计2022年年底我国电子政务市场规模将超4000亿元。

2. 中国电子政务发展框架

国务院信息化办公室组织了上百位专家对国家电子政务进行研究,形成一套电子政务发展战略框架,电子政务已经被列为中国信息化建设的重点任务。

(1) 建立两个统一的电子政务平台,即连接副省级以上部门办公业务的"政务内网"和面向公众、企业以及连接政府间业务的"政务外网"。其中,外网将与互联网相连接。

(2) 建设和推进十二项重点工程,包括为各级领导决策服务的"办公业务资源系统"和"宏观政策管理系统",将所有税务机关和税种扩展成为全方位的税收电子化系统的"金税工程",将完整的通关业务电子化的"金关工程",为国家预算编制和预算执行提供网络化、数字化服务的"金财工程",对银行、信托、证券、保险进行有效监管的"金融监管工程",实现审计工作数字化的"金审工程"。另外,包括保障社会稳定、安全的"金盾工程"和"社会保障工程"、防伪打假的"金质工程"、应对水旱灾情的"金水工程"和为农业现代化服务的"金农工程"。

(3) 信息资源建设,包括两个信息体系和人口库、法人库、信息资源和空间地域库、宏观经济库等四个数据库,为政府部门提供最基础的数据资源。

8.2 电子政务的体系结构

电子政务的建设是一项复杂的系统工程,要求各级政府信息和通信系统的互操作性,并且能够无缝地交互。在电子政务的建设过程中构筑一个稳定而成熟的体系结构是整个电子政务实施的关键,必须制定相应的电子政务标准和体系结构,建立一致的标准、格式和规范。

这样可避免电子政务建设中的并行工作,而且使利用互联网的协作成为可能,有利于信息通信间的互操作性。

8.2.1 电子政务的网络结构

电子政务的网络结构主要指"三网一库"的结构。"三网"指内网、外网和专网,"一库"指政务信息资源库。"三网一库"的电子政务网络体系为各级政府形成统一的信息基础设施格局奠定了基础,促进了电子政务的发展。

1. 三网一库

"三网一库"的结构如图 8.6 所示。从图中可以看出,为了保证电子政务系统的安全性,内网和专网之间、外网和互联网之间采取逻辑隔离措施,专网和外网之间采取物理隔离措施。

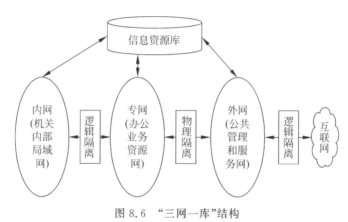

图 8.6 "三网一库"结构

1) 内网

内网(机关内部局域网)以政府各部门的局域网为基础,建立在保密通信平台上。内网主要运行党政决策指挥、宏观调控、行政执行、应急处理、信息查询等各类相对独立的电子政务应用系统。

2) 专网

专网(办公业务资源网)连接从中央到地方的各级党政机关、上下级相关业务部门。根据机构职能,在业务范围内,与内网有条件互联,实现地区级别涉密信息共享。专网上运行的是从中央到地方的各级政府间的办公自动化系统、行业部门业务管理系统。

3) 外网

外网(公共管理和服务网)建立在公共通信平台上,主要用于政府信息发布和向社会提供政府服务。

2. 政务内外网体系结构

"三网一库"的电子政务网络体系为各级政务形成统一的信息基础设施格局奠定了基础,促进了电子政务的发展。但专网与外网之间实行物理隔离,影响数据的实时交换,限制了政府面向企业和公众的服务发展。于是,在此基础上产生了电子政务的内外网体系。

内外网体系结构是把原来的内网和专网重新划分为政务内网和政务外网,原来的内网入新的政务内网,原来专网中的各部委、副省级以上政府部门也入新的政务内网,并与国务院办公厅内部、党委、人大、政协等系统建立有条件连接。原来专网中的副省级以下部门入政务外网。政务内外网结构如图8.7所示。

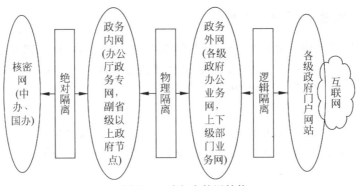

图8.7 政务内外网结构

政务内网和政务外网之间采用物理隔离,政务外网和互联网采用逻辑隔离。不同部门的内网之间进行层间物理隔离或逻辑隔离,通过专用网络互联。政务内网数据传输要采用普密级以上的加密,一般采用虚拟专用网络(VPN)技术。政务外网是政府业务专网,主要运行政府部门面向社会的专业性服务和不需要在内网上运行的业务,即"行政监管"和"公共服务"等不涉及办公业务的服务。政务外网上的数据传输也采用VPN技术,可采用商密级加密。

视频讲解

8.2.2 电子政务的总体结构

我国电子政务的总体结构由网络基础设施支撑体系、电子政务业务应用体系、电子政务公共监管与服务体系、电子政务标准化支撑体系、电子政务安全支撑体系五部分组成,如图8.8所示。

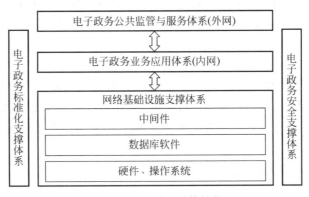

图8.8 电子政务总体结构

1. 网络基础设施支撑体系

网络基础设施支撑体系是整个电子政务的硬件和软件基础,为各类应用提供基础模块支撑和信息交换传输集成服务,主要包括四部分:硬件、操作系统、数据库软件和各类中间件。

(1) 硬件包括各种个人计算机、服务器、网络设备、通信线路、存储设备等。

（2）操作系统是构筑各类软件的基础。常用的操作系统有 UNIX、Linux 和 Windows 等，操作系统是电子政务系统安全的一个重要基石，需要根据业务需要选择适合的操作系统。

（3）数据库软件用于存储数据以及对数据进行管理。

（4）各类中间件的作用主要是集成各类数据资源，提供跨平台异构分布数据资源访问及处理服务，提供跨平台应用集成的解决方案，实现政务信息及相关数据的共享和交换。目前，主要有五类中间件：数据存取中间件、消息中间件、事务处理中间件、分布对象中间件和应用服务中间件。

2. 电子政务业务应用体系

1）政府部门内部的各类应用

政府部门内部的各类应用主要包括政府内部的公文流转、审核、处理；政府内部的各类专项业务管理系统；政府内部面向不同管理层的统计、分析系统；领导事务管理系统；涉及重大事件的决策分析、决策处理系统；涉及国家重大事务的数据分析、处理系统。

2）政府部门之间的各类应用

政府部门之间的各类应用主要包括各级政府间的公文信息审核、传递系统；各级政府间的多媒体信息应用平台；同级政府间的公文传递、信息交换。

3. 电子政务公共监管与服务体系

实施电子政务可以增加公共权力运行的透明度，政务公开，强化了公民对政府的监督力度。电子政务公共服务的内容包括面向公众的服务、面向企业的服务和面向社会的服务。

1）面向公众的服务

面向公众的服务包括个人证件的申请和延长，如护照和驾照；汽车登记，如新车、二手车以及进口车；建立就业查询；公共图书馆在线资源提供；在线教育服务提供、入学登记；地址变更；就业信息查询；社会保险缴纳；有关健康的设施和服务等。

2）面向企业的服务

面向企业的服务包括员工的社会税款缴纳；公司所得税的申报和通知；增值税的申报和通知；新公司注册；向统计部门提交数据；有关环境的许可证；政府公开采购等。

3）面向社会的服务

面向社会的服务包括各类公开的信息和一般的、非敏感的社会服务。例如，基于政府网站的信息发布与查询；面向全社会的各类信访、建议、反馈及数据收集统计系统；面向全社会的各类项目计划的申报、申请，相关文件、法规的发布及查询；各类公共服务性业务的信息发布和实施，如工商管理、税务管理、保险管理；开展政务电子化采购，大力发展电子社区，通过信息手段为基层群众提供各类便民服务等。

4. 电子政务安全支撑体系

电子政务安全支撑体系由从网络系统层到应用层的多项安全模块组成，较为重要的是：网络信道的加密和网络的隔离；网络防火墙、访问代理、入侵检测；数字认证应用管理系统；访问控制应用支撑平台；系统监控、日志分析、系统管理模块；Web 监控和在线保护模块。

5. 电子政务标准化支撑体系

电子政务标准化体系主要是保障实现信息资源共享和政务互联、互通和互动,主要由六部分组成:总体标准、应用标准、应用支撑标准、信息安全标准、网络基础设施标准和管理标准。

(1) 总体标准包括电子政务总体性、框架性、基础性的标准和规范。

(2) 应用标准包括数据元、代码、电子公文格式和流程控制等应用方面的标准。

(3) 应用支撑标准包括信息交换平台、电子公文交换、电子记录管理、日志管理和数据库等方面的标准。

(4) 信息安全标准主要有安全级别管理、身份鉴别、访问控制管理、加密算法、数字签名和公钥基础设施等方面的标准。

(5) 网络基础设施标准主要有通信平台建设、网络互联互通方面的标准。

(6) 管理标准主要是为确保电子政务建设质量而制定的标准,如电子政务工程监理、验收等方面的标准。

近年来,尽管从市场发展速度来看,我国电子政务发展较快,但这并不表明我国电子政务已经到了一个较高的水平。恰恰相反,由于"数字鸿沟"以及各种体制的障碍,我国电子政务的发展水平与发达国家差距仍然很大,据《2016 年联合国电子政务调查报告》显示,中国的电子政务发展指数为 0.6071,位居 63 名,与 2014 年相比上升 7 个位次,还有很大的发展空间。《2020 年联合国电子政务调查报告》的主题是"数字政府助力可持续发展十年行动"。报告显示,我国电子政务发展指数从 2018 年的 0.6811 提高至 2020 年的 0.7948,排名提升至全球第 45 位,达到"非常高"水平,特别是作为衡量国家电子政务发展水平核心指标的在线服务指数上升为 0.9059,指数排名大幅提升全球第 9 位,进入全球前十行列。

8.3 大数据时代的电子政务数据中心

随着电子政务的发展,各业务部门之间的数据交换和共享越来越重要,政务数据中心的功能从以校验和集成为中心,转向为政务机关和部门提供公共资源共享服务、实现共性资源和优势资源的共享为核心,政务数据交换平台应运而生。由于数据中心功能的转变,人们也把数据中心叫作数据交换中心。

建立统一的政务数据交换中心,可以实现跨平台异构应用系统的数据交换、共享与集成,支持电子政务一站式服务。通过数据交换中心实现数据共享,既保证各部门业务系统间的有效协同,又保证相互独立性和低耦合性,从整体上提高系统运作效率和安全性,降低整合成本与风险。

8.3.1 大数据时代

今天,已经很少有人不会使用计算机,很少有人不会发电子邮件,也很少有人不会网络聊天和发微博了,因为那都是弹指一挥间的事情。可是,会有多少人想到,这每一个弹指一挥间的背后折射着什么?

来自 go-global 的 infographic 60 秒,如图 8.9 所示,展示了互联网上每 60 秒内发生的事情。

图 8.9　互联网上的 60 秒

这些数字说明了什么？说明人类面临的数据量，已经从 TB(1TB＝1024GB)级跃升到 PB(1PB＝1024TB)级、EB(1EB＝1024PB)级乃至 ZB(1ZB＝1024EB)级。

根据监测统计，2011 年全球数据总量已经达到 0.7ZB(1ZB＝1 万亿 GB，0.7ZB 相当于 7 亿个 1TB 的移动硬盘)，而这个数值还在以每两年翻一番的速度增长。2015 年全球的数据总量为 8.6ZB。目前，全球数据的增长速度在每年 40％左右，全球近 90％的数据将在这几年内产生。预计到 2025 年，全球数据量将比 2016 年的 16.1ZB 增加十倍，达到 163ZB。

随着 PC、手机、车载设备等生产或传播数据载体的不断增多，全球数据急速增长，数据类型也在日益丰富。仅就移动终端来看，2007 年，全球人均联网设备大致是 10 人平均拥有 1 台，2010 年将每 10 人增长至 5 台设备，截至 2021 年 6 月，中国移动互联网月活跃设备总量达到 13.1 亿台，人均活跃移动设备达到 1.3 台。全球数据总量中以电子商务为代表的交易数据、以社交网络为代表的交互数据、以移动终端数据为代表的传感数据占主导的非结构化类型的数据将占据总数据量的 80％～90％，增速远远高过结构化数据，全球已经全面进入大数据时代。

在"互联网＋"时代下，数据正在以超凡的速度呈现爆炸式增长。从移动互联网到企业私有云及公有云数据平台，再到"感知万物"的物联网等，数据早已经渗透到中国的各行各业，成为重要的生产要素。中国数据总量正以年均 50％的速度增长，据 IDC 预测，2025 年中国数据规模将达到 48.6ZB，其中超过 80％为非结构化数据，且由于发展滞后北美 4～5 年，中国云市场增速高于全球水平。中国正在成为真正的数据资源大国，这为大数据产业的发展提供了坚实基础。而成功的 IT 数字企业必须采用双重模式来应对数字经济所带来的挑战：一是安全、高效；二是灵活、高速。

这一切都说明，人类将迎来一个新的时代——大数据时代。

大数据（Big Data）是指无法用现有的软件工具提取、存储、搜索、共享、分析和处理的海量的、复杂的数据集合。业界通常用 4 个 V——Volume、Variety、Value、Velocity 来概括大数据的特征。

1）数据体量巨大（Volume）

截至目前，人类生产的所有印刷材料的数据量是 200PB（1PB=1024TB），而历史上全人类说过的所有的话的数据量大约是 5EB（1EB=1024PB）。当前，典型个人计算机硬盘的容量为 TB 量级，而一些大企业的数据量已经接近 EB 量级。

2）数据类型繁多（Variety）

数据类型的多样性也让数据被分为结构化数据和非结构化数据。相对于以往便于存储的以文本为主的结构化数据，非结构化数据越来越多，包括网络日志、音频、视频、图片、地理位置信息等，这些多类型的数据对数据的处理能力提出了更高要求。

3）价值密度低（Value）

价值密度的高低与数据总量的大小成反比。以视频为例，一部 1 小时的视频，在连续不间断的监控中，有用数据可能仅有一二秒。如何通过强大的机器算法更迅速地完成数据的价值"提纯"成为目前大数据背景下亟待解决的难题。

4）处理速度快（Velocity）

这是大数据区分于传统数据挖掘的最显著特征。在海量的数据面前，处理数据的效率就是企业的生命。

8.3.2 大数据处理的核心技术

大数据技术就是从各种类型的数据中快速获得有价值信息的技术。大数据领域已经涌现出了大量新的技术，它们成为大数据采集、存储、处理和呈现的有力武器。

大数据处理核心技术一般包括大数据采集、大数据预处理、大数据存储及管理、大数据分析及挖掘、分布式计算技术、大数据展现与应用，如图 8.10 所示。

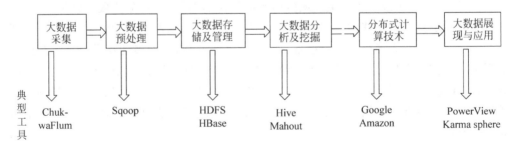

图 8.10　大数据处理的核心技术

1. 大数据采集技术

数据是指通过 RFID 射频数据、传感器数据、社交网络交互数据及移动互联网数据等方式获得的各种类型的结构化、半结构化（或称为弱结构化）及非结构化的海量数据，是大数据知识服务模型的根本。重点要突破分布式高速、高可靠的数据抓取或采集和高速数据全映像等大数据收集技术；突破高速数据解析、转换与装载等大数据整合技术；设计质量评估模型、开发数据质量技术。

大数据采集一般分为大数据智能感知层、基础支撑层。

1）大数据智能感知层

大数据智能感知层主要包括数据传感体系、网络通信体系、传感适配体系、智能识别体系及软硬件资源接入系统，实现对结构化、半结构化、非结构化的海量数据的智能识别、定位、跟踪、接入、传输、信号转换、监控、初步处理和管理等。必须着重攻克针对大数据源的智能识别、感知、适配、传输、接入等技术。

2）基础支撑层

基础支撑层提供大数据服务平台所需的虚拟服务器，结构化、半结构化及非结构化数据的数据库及物联网络资源等基础支撑环境。重点攻克分布式虚拟存储技术，大数据获取、存储、组织、分析和决策操作的可视化接口技术，大数据的网络传输与压缩技术，大数据隐私保护技术等。

2. 大数据预处理技术

大数据预处理技术主要完成对已接收数据的辨析、抽取、清洗等操作。下面介绍抽取和清洗。

1）抽取

因获取的数据可能具有多种结构和类型，数据抽取过程可以帮助用户将这些复杂的数据转化为单一的或者便于处理的类型，以达到快速分析处理的目的。

2）清洗

对于大数据，并不全是有价值的。有些数据并不是大家所关心的内容，而另一些数据则是完全错误的干扰项，因此要对数据通过过滤"去噪"，从而提取出有效的数据。

3. 大数据存储及管理技术

1）存储数据库

大数据分析经常会用到存储数据库来快速处理大量记录的数据流通。例如，可以对某个全国性的连锁店某天的销售记录进行分析，得出某些特征，进而根据某种规则及时为消费者提供奖励回馈。

2）NoSQL 数据库

NoSQL（Not Only SQL）数据库意为非 SQL 数据库，即非关系型数据库，很多情况下又叫作云数据库，是一种建立在云平台上的新型数据处理模式。

SQL 数据库性能良好、稳定性高、使用简单、功能强大、久经考验，同时也积累了大量的成功案例。在 20 世纪 90 年代，一个网站的访问量一般都不大，用单个数据库完全可以轻松应付。在那个时候，更多的都是静态网页，动态交互类型的网站不多，使用 SQL 数据库可以发挥很好的作用。于是在互联网时代，MySQL 成为绝对靠前的王者，为互联网的发展做出了卓越的贡献。

后来，网站开始快速发展，火爆的论坛、博客、SNS、微博逐渐引领 Web 领域的潮流，需要数据库在 IO 密集的环境下运行。此外，当 SQL 存储一些大文本字段时，会使数据库表非常大，不容易快速恢复数据库。大数据 IO 压力下，表结构更改困难，使 SQL 数据库正面临越来越大的挑战。

NoSQL 数据库的基本特点是去掉关系数据库的关系型特性,它不像 SQL 数据库那样结构固定,按照字段存储一些格式化的数据结构,而是以 Key-Value 对存储数据。这样就不会局限于固定的结构,可以处理各种文档类型的非结构化数据,减少时间和空间的开销,并且数据之间无关系,非常容易扩展。特别是,它所处理的数据完全分布于各种低成本服务器和存储磁盘,因此可以借助网页和各种交互性应用快速处理过程中的海量数据。

MySQL 和 NoSQL 都有各自的特点和应用场景,两者的紧密结合将会给 Web 2.0 的数据库发展带来新的思路,即让关系数据库关注在关系上,NoSQL 关注在存储上。

4. 大数据分析及挖掘技术

大数据分析意味着对海量数据进行分析以实时得出答案。2012 年美国大选如火如荼地进行时,IT 经理网曾经报道奥巴马的总统竞选团队如何在华盛顿的数据极客的帮助下,通过 Hadoop 集群分析并处理数以 TB 的社交数据,使竞选团队能为选民建立更为准确的模型和计划。这意味着竞选活动将更有针对性,将获得更多的网站注册人数、更多的邮件地址、更多的选票和献金。

对于政府来说,大数据分析可以及时、精确地感知到公众的需求和意愿,以便精准地为他们服务,提高政务效率。

5. 分布式计算技术

分布式计算技术可以吸纳一系列技术,特别是结合 NoSQL 与实时分析技术。这样,不仅可以对海量数据进行实时分析,还能使用非常便宜的硬件,让这种技术的普及成为可能。现在,人们已经找到进行分布式处理的有效途径,这就是云计算(Cloud Computing)。

云计算是一种基于互联网的计算方式,通过这种方式,共享的软硬件资源和信息可以像水、电、煤气一样,按需提供给用户的终端设备。其核心思想是将计算资源虚拟化为资源池,进行统一管理和调度,向用户提供服务。与之相配套的还有云网络、云存储、云安全、云管理等设施。

1) 云计算的三个层次的服务

云计算一般包括三个层次的服务:基础设施即服务(IaaS)、平台即服务(PaaS)和软件即服务(SaaS)。

2) 云计算的优点

(1) 超大规模。

"云"拥有超大的规模,Google、Amazon、IBM、微软、Yahoo 等的"云"都是拥有几十万台以上服务器。"云"所拥有的超大规模性,赋予用户史无前例的计算能力。

(2) 高可靠性。

以前用户会顾虑到计算机中毒、文件的丢失、资料的泄露等。而云计算使用了数据多副本容错、计算节点同构可互换等措施来保障服务的高可靠性。

(3) 通用性。

云计算不受应用规范的限制。由于各个地方政府信息建设尺度不统一,严重阻碍了政府信息资源共享,云计算能解决这种困境,"云"可同时支持不同的应用运行。

(4) 价格低廉。

云计算就好比水厂和电厂一样,根据用户使用量来计算费用。如果用户使用 1% 的资源,就只需付出 1% 的价格,改变往常为购买的设备 100% 买单的情形。

(5) 云计算对资源整合起作用。

资源整合一直是困扰政府信息共享的一个很大的问题,如建设尺度不统一、资源冗余等。云计算能够将散布式存储的数据库与一站式的检索界面结合起来,通过对政府信息资源进行全面整合,能够为用户提供统一的入口,实现一站式服务。

(6) 超强的存储能力。

云计算拥有超大的规模,从而赋予它超强的存储能力,这样用户可不用为了数据存储购买昂贵的设备。

(7) 数据与应用共享性高。

在云计算的"云"终端中数据只有一份,用户可以随时通过计算机、手机等其他设备连接互联网来使用该数据。

(8) 降低数据的管理成本。

在将来,用户只要通过一个浏览器就能满足自己的所有需求,不需要购买大量的设备和软件来管理数据,这些事情可由云计算服务提供商代为解决。

在电子政务系统建设中,通过统筹规划,可以把大量的应用和服务放在云端,充分利用云服务;一个机构或者部门可以不建立独立的数据中心,充分利用资源云,采用第三方提供的专业化服务,不仅可以增强电子政务的安全保障,还可以大量节约电子政务的建设资金,降低能源消耗,实现节能减排。

6. 大数据展现与应用技术

大数据技术能够将隐藏于海量数据中的信息和知识挖掘出来,为人类的社会经济活动提供依据,从而提高各个领域的运行效率,大大提高整个社会经济的集约化程度。在我国,大数据将重点应用于以下三大领域:商业智能、政府决策、公共服务。例如,商业智能技术,政府决策技术,电信数据信息处理与挖掘技术,电网数据信息处理与挖掘技术,气象信息分析技术,环境监测技术,警务云应用系统(道路监控、视频监控、网络监控、智能交通、反电信诈骗、指挥调度等公安信息系统),大规模基因序列分析比对技术,Web信息挖掘技术,多媒体数据并行化处理技术,影视制作渲染技术,其他各种行业的云计算和海量数据处理应用技术等。

8.3.3 大数据分析的五个经典案例

信息量的膨胀化使数据越来越庞大,民用的容量单位 MB(兆字节)、GB(吉字节)已发展到常用 TB(太字节)甚至是 PB(1024TB)来描述。过去常用的"信息爆炸""海量数据"等词汇也不能满足这个发展中的新现象。

大数据一说首先被全球各大 IT 企业所重视。这些企业基于自身的商业目标,对大数据做了各种解释,一条共识是:"大数据是指无法在一定时间内用常规软件工具对其内容进行抓取、管理和处理的数据集合。"

从这一个侧面表明,大数据带来的挑战在于它的实时处理,而数据本身也从结构性数据转向了非结构性数据的变化。例如,现代人每天用手机拍照上传的照片和视频等。从潜在的机会来看,通信和网络公司是掌握大数据最容易的途径。海量的用户基础如果能够被充分利用,就可以探索个性化、精确化和智能化的广告推送和服务推广。同时,企业也可以通过对大数据的把握,更好地开发新产品和新服务,降低运营成本。

Facebook 作为目前最大的社交平台,坐拥数以亿计的用户群,上传照片数达到 3 亿张,每半小时通过 Hive 扫描的数据就达 105TB 之多,而 Facebook 的工程总监 Parikh 解释了这些数据对于公司的意义:"大数据的意义在于真正对你的生意有内在的洞见。如果你不能好好利用自己收集到的数据,那你只是空有一堆数据而已,不叫大数据。"所以,如何利用大数据的潜在价值就成了目前领先的企业竞相追逐的新诉求。这样的价值不仅体现在 IT 领域,覆盖全球性业务的企业也同样具有数据采集和分析的构架基础,同时政府作为民用之途和信息监控也同样可以通过大数据分析获得有利价值。

1. 产品——跑步时都爱听黑眼豆豆

Nike 作为全球最大的运动品牌公司之一,曾在官网上公布了这样的信息:"在冬天,美国人比欧洲和非洲人都更喜欢跑步这项运动,但美国人平均每次跑步的长度和时间都比欧洲人短。"所以 Nike 计划在不同的市场区域做好不同的产品划分,运动鞋的设计也根据区域的不同做了独立调整。另外,"在全球跑步爱好者中,每次的人均跑步时间为 35 分钟。同时,在跑步中听取的音乐,点播率最高的是黑眼豆豆的 *Pump it*。"时间和歌曲的具体信息,都可以直接影响 Nike 在下阶段市场营销的新想法。

Nike 的成功和市场上的特立独行正是来源于对自身产品和消费者的数据挖掘,早在 2006 年 Nike 就和苹果公司合作发布了捆绑 iPod 的 NikePlus 产品和平台。

通过运动鞋里的一个感测器系统,使用者在跑步时的相关数据会被记录在 Nike 全球数据库里,NikePlus.com 上有实时数据更新,使用者对自己跑步的千米数、消耗的卡路里以及路径都了如指掌,还可以分享并关注朋友们取得的进步。这个创新不仅仅使 NikePlus 变成了体育运动爱好者的 Facebook,Nike 成功建立了全球最大的与运动相关的网上社区(超过 500 万的活跃注册用户,上传超过几十亿千米数和几百亿卡路里数)。

2. 消费——谁能最了解女性

这是 2012 年初发生在美国的一件趣闻:一名男子闯入了他家附近的超市(Target),"你们怎么能这样!"男人向店铺经理大吼道,"你们竟然给我 17 岁的女儿发婴儿尿片和童车的优惠券,她才 17 岁啊!"店铺经理不知道发生了什么,立刻向来者道歉,表明那肯定是个误会。然而,经理没有意识到,公司正在运行一套大数据系统。一个月后,这个愤怒的父亲打来电话道歉,因为 Target 发来的婴儿用品促销广告并不是误发,他的女儿的确怀孕了。

大数据的价值在美国的零售业早已得到运用。以 Target 为例,这家全球利润第二大的零售商从其会员卡的用户购买记录中,充分了解一个用户是什么"类别"的客人,并基于这些分类进行一系列的业务活动。例如,Target 创建了一套女性购买行为在怀孕期间产生变化的模型,不仅如此,如果用户从它们的店铺中购买了婴儿用品,Target 在接下来的几年中会根据婴儿的生长周期情况定期给这些顾客推送相关产品,使这些客户形成长期的忠诚度。

诸如此类的应用,在国际零售行业巨头中已屡见不鲜。以 Target 为例,是因为它的案例的确留给人强烈的印象。数据的力量不仅让商家提升了自己的业绩,还让客户为之心甘情愿埋单。

3. 灾害——海底地震的英雄

在发生海地地震时,由于海地人散落在全国各地,并且当地的通信本身也不发达,援助机构为弄清该向哪里提供援助而忙得四脚朝天。传统上,他们只能通过飞临灾区上空或赶赴灾区现场来查找需要援助的人群。当时,一家独立的信息分析平台通过广播公布了手机短信紧急求助号码,结果收到了数千条有关被困人员的信息。散居在美国各地的大量海地裔美国人翻译了这些信息,并把它们标注在"危机地图"上。Ushahidi 志愿者们向海地的美国海岸警卫队发送即时消息,告诉他们搜寻地点,最终成功营救了当地居民。

救命英雄正是来自东非肯尼亚的一个开源数据分析平台——Ushahidi,它们一直收集和追踪有关暴乱、难民、强奸、死亡等事件的短信报告工作,并按照报告者提供的位置在地图上标明这些事件,并从中分析事件频发的位置,并进行预测和加强管制。

与新闻报道和灾害应对小组相比,Ushahidi 可以在更短的时间内收集到更多的证据,这些证据的基础便是来源于对数据分析而进行准确的地理定位,通过实时变化的地图信息来实施营救计划。在灾害面前,只有数据是最为冷静和理性的。

4. 治安——犯罪前就执行逮捕

总部位于美国犹他州桑迪市的 SecureAlert 监控中心曾经发现一个加利福尼亚州的假释者每天下午 2 点左右都出现在同一个路口。根据进一步调查显示,该路口是一个学校巴士停靠站。这里本该是学生聚集的地方,四处也并无其他公共设施,相对人群较为稀少。于是该公司将这个情况上报到更高的层级,并且将该报告通知给当地警察部门,已做好预警准备。最终在假释者试图诱拐一名学生时,便衣警察直接将其逮捕,数月的路径跟踪在法庭上成为有力证据。

SecureAlert 公司其实是一家 GPS 定位技术的提供者,公司正致力于通过进一步自动化从监控到地理位置调查的过程来增强系统的预测能力。实际上,SecureAlert 公司提供了一种内置 GPS 功能的脚环,这种脚环被应用于跟踪预审被告、假释罪犯和缓刑罪犯。该技术使得警察和法院能够实时跟踪和监控犯罪分子,有助于执法者提前预测犯罪行为。

SecureAlert 的这项预测服务的原理并不复杂,复杂的是将类似的数据收集整理,并从中分析作案途径和手法,同时在任何时间内检测到犯罪分子活动的不寻常模式。

5. 经济——股市将被微博预测拿下

英国的一名"80 后"外汇交易员保罗·霍廷从三位信息学教授那里获得灵感,随后联手推出了一款利用 Twitter 来预测股票走势的对冲基金 Derwent Capital,并大胆承诺,公司推出的交易策略可以获得的年回报率高达 15%～20%。如此的雄心豪情来源于公司成功的预测效率,他们发现通过 Twitter 上的情绪性词语可以在一定程度上用于预测道琼斯工业指数的变化。结果表明,人们在网上的情绪变化会在 2～6 天后影响到指数的变化,研究者称,这使得他们预测的成功率高达 87.6%。

Derwent 的创始者们并非最早利用 Twitter 预测能力的人。这家网站目前已有高达 2 亿用户群体,早就被用来预测从电影票房到美国和英国选举的所有事情。而 Derwent 公司利用计算机程序,每天通过对 3 亿条推文的抽样,抓取如"我感觉""我认为""让我觉得"等表达投资者和公众情绪的语句进行分析、归纳,然后做出推断。这些试验虽然有待时间的校验,但是大数据挖掘的价值已经成为不可轻视的科学热流。

8.3.4 大数据处理带来数据中心的变革

面对大数据环境,必然带来数据中心的变革,主要表现在四方面。

1. 核心技术更新

这在前面已经介绍,这里不再赘述。

2. 应对能耗问题

根据瑞典的研究人员 Anders Andrae 在 2016 年发布的名为"消费者总功耗预测"的生命周期评估报告,在全球范围内,数据中心成为全球能源使用规模最大的用户,将从 2015 年的 0.9% 上升到 2025 年的 4.5%。相比之下,消费设备、固定接入有线服务、无线网络等行业领域在能源使用方面落后于数据中心。

根据 Synergy Research 的新数据显示,截至 2021 年第 2 季度末,超大规模提供商(Hyperscale Providers)运营的大型数据中心总数增加到 659 个,相比 2016 年同期增加一倍多。在所处位置方面,美国和中国继续占主要云和互联网数据中心站点的一半以上。紧随其后的是日本、德国、英国、澳大利亚、加拿大、爱尔兰和印度,它们合计占总数的 25%。

3. 数据中心最本质的改变在于软件和服务

其实不仅仅是能耗问题,业务运营价值低、平台支撑能力差、资源利用率低、运行效率低、维护成本高、缺乏全网规划等方面,都在制约着数据中心的建设和应用。解决这些问题的有效途径就是软件和服务。

采用运行在廉价的集群型硬件上的"软件定义数据中心"的新模型是一种新的思路。软件定义能越来越大地提高系统的弹性、智能性、灵活性、速度、可扩展性和自动化能力,能提升用户体验,提高数据中心运营价值。

4. 运维服务走向专业化、外包化

随着云数据中心规模化发展,运维服务从硬件维护走向软硬兼具,运维服务的难度与规模相应扩大。因此,运维服务走向专业化、外包化将成为行业趋势。

8.4 指尖上的电子政务——南京市政务 App

近十亿网民构成了全球最大的数字社会。截至 2020 年 12 月,我国的网民总体规模已占全球网民的五分之一左右。截至 2020 年 12 月,我国网民规模为 9.89 亿,较 2020 年 3 月新增网民 8540 万,互联网普及率达 70.4%,较 2020 年 3 月提升 5.9 个百分点。截至 2020 年 12 月,我国手机网民规模为 9.86 亿,较 2020 年 3 月新增手机网民 8885 万,网民中使用手机上网的比例为 99.7%,手机成为网民上网不可或缺的设备。这也使得政府门户网站向政务 App 发展成为必然趋势。本节以南京市政务 App 为例,从其优点、不足等方面对其进行分析,并提出改进措施。

1. 南京市政务 App 介绍

《南京市"十二五"智慧城市发展规划》发布后,南京市政府办公厅与中国移动江苏分公司全面启动基于移动互联网的政府微门户网站建设,于 2011 年 8 月"移动南京•政府微门户"正式上线。这一政务 App 设立了五大栏目,提供 35 项信息服务、五大类 24 项便民服务。其中,南京资讯栏目主要提供最新的南京政务新闻,涉及政府工作和区县工作的各个方面;走进南京栏目从文化建设、社会建设、经济发展等 12 方面介绍南京的概况;网上服务栏目为社会公众提供医疗、教育、就业、住房、旅游等 20 方面的服务；市长信箱栏目介绍市长、副市长各自的职责以及个人简历，并且可以给他们写信，实现政民互动；微博天地栏目为社会公众提供南京发布、南京检察、人社局等 22 个官方微博的手机访问。自"移动南京·政府微门户"上线运行以来，南京市政务公开、政民互动、公共服务水平均有所改善，推动了南京市以一流的网络服务窗口打造政府公开、高效、透明的网络新形象的进程。

2. "移动南京·政府微门户"的优点

1) 界面简洁，操作简单

"移动南京·政府微门户"与政府门户网站"中国南京"相比，在内容上精简了不少，只保留了社会公众浏览量比较高的栏目和内容，模块化程度高，简洁明了。同时，为满足广大用户的使用，发布了 Android 客户端、iPhone 客户端等版本，并且操作方便，无论男女老少，文化水平高低都能很快学会，这样的人性化设计使得繁杂的政务流程变得简单。

2) 不受时间和空间的限制

"移动南京·政府微门户"是建立在移动通信网络之上通过手机、iPad 等具有高度移动性的便携式设备来向社会公众提供信息和服务的。2020 年，南京公共区域免费 WiFi 全覆盖。这更使得社会公众可以不受地理位置的限制，利用其碎片化的时间来获取政府提供的信息和服务。

3) 直接性和个性化

"移动南京·政府微门户"是由移动通信用户个人直接持有的，可以说是"一次下载，终身享用"，因而该政务 App 与政府门户网站相比更具有直接性和个性化，它根据用户个人的不同需求提供更有效的服务。它也为政府和社会公众之间架起了更加直接、高效的沟通互动桥梁，使政府的服务能力、服务质量、服务效率和服务水平得到提升。

3. "移动南京·政府微门户"的不足

1) 服务内容不完善，信息更新不及时

"移动南京·政府微门户"虽然在模块设置上比较合理，但其信息的更新频率不规律，并没有做到及时性，这使该 App 的内容丰富不起来。该政务 App 在新闻资讯方面的信息更新及时，基本是每天都更新，但在住房、就业等方面的信息更新不规律、时间周期长，甚至在就业服务中最新资讯是 2013 年 9 月的。其次，系统功能并没有完全实现，如智慧医疗中的预约挂号功能点击后并不能使用，但在政府门户网上该功能是能够实现的。这会让用户对政务 App 的需求感降低，可能会觉得它占手机内存却不发挥实质作用，最终卸载应用。

2) 内容上与政务网站重叠，不具备差异性

"移动南京·政府微门户"是以政府门户网站——中国南京为蓝本的，是"智慧南京"建设的重要组成部分，但其发展水平远不如政府门户网站。该政务 App 沿用了社会公众访问比较多的几个板块，而其中的内容则是将政务网站上的原有内容一成不变地移植到政务 App 上，缺少差异化的功能和优势。并且该政务 App 不提供搜索功能，这让用户想要找到自己所需要的信息无疑是大海捞针。

3) 公众参与度不高

南京政务 App 还处于起步阶段，社会公众对其知晓程度还不高。再者，用户使用政务 App 还处在被动阶段，主要是政府向公众提供信息，没有很好的交流渠道。在该政务 App

上最直接的参与渠道是市长信箱,而在政府门户网站上则有局长信箱、网上信访、立法意见征集等 11 种互动交流渠道,更能有效地反馈意见。与之相比,政务 App 的交互性太差。另外,出于信息安全的考虑,公众在使用政务 App 时会担心自己的信息被泄露出去。因而,公众会产生政务 App 不如政府门户网站的想法。

4) 缺少后续运维保障

门户仍然延续了传统 PC 网站"重建设、轻运维"的模式,在项目规划时,并未考虑 App 后续运维的重要性,单独定制开发部署,后续运维工作开发公司无法持续保障,导致 App 更新不及时,或者在手机系统升级之后出现兼容性问题或无法再使用。

4. 改进措施

1) 进一步丰富政务 App 的内容

南京政务 App 的发展要坚持以公众需求为中心,切实有效解决公众面临的实际问题。因此,必须对政府各部门的相关职能和服务进行有效整合,使其能更好地体现政府服务的整合优势;通过加强与公众的互动更好地把握公众对政府服务的需求,从而不断地丰富政务 App 的内容。

2) 建设以民生为重点的政务 App

党的十八大提出,"要多谋民生之利,多解民生之忧,努力让人民过上好生活"。而公众最关注的是住房、医疗、教育、就业、环境等方面的问题。从一些发达国家的政务 App 来看,它们也是注重开发与公众生活密切相关的政务 App。而南京政务 App 也可以从中借鉴一些经验,少一点新闻资讯,多一些对老百姓生活有实用的信息,以区别于政府门户网站,为用户定制个性化的信息。

3) 提高公民的参与度

在公民参与方面还需要政府进一步引导。政府首先要向公众大力宣传政务 App,提高政务 App 的知名度和美誉度,使得公众认识到政务 App 与自己的生活息息相关;其次,丰富公民与政府交流的渠道并保障其畅通;最后,加强网络信息安全建设,降低个人信息泄露的风险,消除公众的后顾之忧。

4) 降低上网成本,提高无线网络覆盖率

政府 App 的主体是政府,但仅依靠政府的力量是不行的,必须要加强政府和企业的合作。通过通信商的技术革新,降低用户的使用成本。用手机 App 免流量的方式来增加用户量,或者在图书馆、公园等公共场所提供免费 WiFi 来提高用户的热情。

8.5 思考与实践

1. 简答题

(1) 我国现阶段的电子政务与国外相比有哪些特点?

(2) 简述电子政务的应用模式。

(3) 简述我国电子政务建设的"三网一库"结构和内外网结构。

(4) 我国电子政务的发展经历了哪几个阶段?

2. 实践题

(1) 调研:传统政务有哪些方面需要改进?

(2) 上网浏览6个中国政府网站和6个外国政府网站,完成下列任务。

① 一般政府网站有哪些栏目?

② 在这些网站上享受一下服务(如自己关心的事宜),感觉哪个政府网站比较方便?

③ 体会一下,什么是政府门户网站?什么是一站式服务?

④ 中国政府网站和外国政府网站各有哪些优缺点?

第二篇 电子商务模式与应用创新

第9章 企业对个人的电子商务——B2C模式

第10章 企业间的电子商务——B2B模式

第11章 消费者间的电子商务——C2C模式

第12章 其他业务模式

第13章 网络营销

第14章 电子商务的数据分析

第 9 章 企业对个人的电子商务——B2C 模式

本章学习目标
- 熟练掌握 B2C 电子商务模式的类型；
- 了解 B2C 电子商务的业务流程；
- 了解我国 B2C 电子商务的发展特色及存在问题。

本章先向读者介绍 B2C 电子商务的业务流程，再分析交易的商品类型、B2C 的模式类型、发展特色及存在问题，最后分析两个典型的 B2C 案例——天猫和京东商城，并对 B2C 网站的盈利模式进行总结。

9.1 B2C 电子商务概述

视频讲解

企业对个人的电子商务(Business to Consumer，B2C)是以 Internet 为主要手段，由商场或企业通过网站向消费者提供商品和服务的一种商务模式。消费者在家中通过与互联网相连的计算机，便可以在网上选购自己的商品，而不必亲自到商场去购买。B2C 电子商务由三个基本部分组成：为顾客提供在线购物场所的网上商场；负责为客户所购商品进行配送的物流配送系统；负责顾客身份确认、货款结算的银行及认证系统。

B2C 电子商务的基本业务形式主要有商家通过自建网站进行商品直销和通过网上中介进行交易两种。

通过自建网站完成商品销售又称为网上商品直销，采用这一方式的代表性企业有海尔公司。海尔公司通过在公司主页设置"海尔网上商城"完成网上商品销售，如图 9.1 所示。

网上中介商城的典型代表有当当网、京东商城、天猫、1 号会员店、苏宁易购等。

9.1.1 B2C 电子商务的业务流程

网上商品直销的业务流程和通过网上中介交易的业务流程有所不同。

1. 网上商品直销的业务流程

网上商品直销是消费者和生产者直接利用网络这种形式开展的买卖活动。其最大的特点是：供需直接沟通、环节少、速度快、费用低。其直销过程可分为以下六个步骤。

(1) 购买方通过互联网，查看供应方的在线商店或企业主页等网络平台。

(2) 购买方浏览供应方的商品目录，或转而浏览其他供应方的商品目录。

(3) 放入购物车，确定购买，购买方通过购物对话框填写姓名、地址以及购买商品的品种、规格、数量和价格。

图 9.1 海尔商城首页

（4）购买方选择支付方式，如信用卡，也可选用借记卡、电子货币或电子支票等，经过支付网关，通过网上银行进行账户认证。

（5）订单送至供应商，商家的客户服务器检查支付方服务器，确认汇款额是否认可。商家确认消费者付款后，通知销售部门发货、送货。

（6）购买方的开户银行将支付款项传递到供应方的开户银行，进行货款清算。

以上过程为了保证交易的安全，需要有一个认证机构对在 Internet 上交易的买卖双方进行认证，以确定其真实身份。

网络商品直销的不足之处主要表现在两方面。

（1）购买者只能根据网上广告判断商品的型号、性能、样式和质量等，对实物没有直接的感知，这就可能产生错误的判断。某些厂商也可能利用网络广告对自己的产品夸大其词，进行不实的宣传，打出虚假广告欺骗消费者。

（2）购买者在网上使用信用卡进行交易时，个人信息可能被盗取，这种情况不论是在国外还是在国内均有发生。

2. 通过网上中介交易的业务流程

这种交易是通过网上中介，建立起产品生产厂商与消费者之间的购物平台，再从产品的生产厂商处进货后销售给最终消费者，这种模式一般也称为亚马逊电子商务。其业务流程如下。

（1）买卖双方将各自的供求信息通过网络发送到网络商品交易中心。

（2）买卖双方根据网络商品交易中心提供的信息，选择自己的贸易伙伴。

（3）网络商品交易中心从中撮合，促使买卖双方成交。

（4）买方在网络商品交易中心按市场支持的支付方式办理支付手续。

（5）指定银行通过网络商品交易中心使买方货款到账。

（6）网络商品交易中心通知卖方将货物发送到离买方最近的配送部门。

（7）配送部门给买方送货。

（8）买方验证货物后通知网络商品交易中心货物收到。

（9）网络商品交易中心通知银行买方收到货物。

（10）银行将买方货款转交给卖方。

(11) 卖方将回执转交给银行。

9.1.2 网上交易商品类型分析

随着电子商务的发展,消费者对这一新型购物方式的接受程度日益提高,同时越来越多的企业系统通过自建网站或电子商务交易中介增加商品销售渠道,满足更多消费者的需求。但是由于受到网络及商品本身特点等因素限制,并非所有商品都适合这一销售模式。

1. 适合网上销售的商品

据统计,按照成交额排名,淘宝网最热销的十大商品分别是手机通信设备、化妆品、笔记本电脑、网络游戏虚拟商品、计算机硬件、数码相机、珠宝首饰、运动健身产品、手机充值卡、汽车与摩托配件。

适合网上销售的商品一般都具有特殊性、特别性和良好的利润空间,同时产品一般是地方产品,没有普遍性。以下是适合网上销售产品的特点。

1) 标准化商品

如书籍、音像制品、数码产品等标准化的商品,因为不需要当面检验,如果在价格上有优势,就容易成为热销品。

因为网上直接销售,买家和卖家不见面,而买家又看不到商品的实物,只能根据卖家提供的图片和文字信息来了解商品。如果卖方供给的材料不正确、不详细,就有可能导致买家对商品不满意,产生退货行动。所以质量容易把关的标准化商品,更适合在网上销售。

2) 地域性强的商品

由于地域的原因,很多产品在其他地方很难买到,如土特产、民族工艺品等。

3) 产品价值高的商品

国内的物流业还不是很发达,物流费用也是企业营销的主要成本之一,所以不要选择商品价值低、难以运输的商品。

4) 新产品

新产品由于刚推出,缺乏大规模推广,不易在传统店铺里销售,而网上低廉的销售模式更容易产生效果。

5) 手工产品

手工产品受限于生产能力,量都不大,通过传统渠道销售会产生比较大的销售成本,通过网络销售成本可以降到最低,而且可以接触到最广泛的客户群。网上手工店特别适合个人或家庭的手工制品销售。

6) 附加值高的商品

现在商业已经很发达,一般的日用品批发价和零售价之间的差价已经很小,显然不适合在网上直接销售,但可以在网上做产品宣传。网上销售应该尽量选择利润率比较高,能够给顾客提供较大折扣的商品。

7) 针对特别人群的商品

针对某一特别人群细分市场的商店,更适合在网上开店。某一特别人群在全部消费者群体中比例是小的,而对于全部城市来说其数量也是不小的。传统店铺受到地域局限,城市中一个小区域可能客户很少,而如果放到网上,就可以面对更广阔的消费者,从而有利可图。

8) 消费者有购买障碍的商品

例如,成人用品是有着潜在需求的,但可能很多人不好意思直接到店铺购买。事实也证明,成人用品在网上的消费量是很大的。

据统计,网站销售量最大的商品有以下几种。

1) 书籍

销售书籍的网站,最熟悉的是世界 B2C 电子商务行业标杆——亚马逊书店和全球最大的中文网上书店——当当网。书籍之所以适合网上销售,最主要原因是基本要素(如封面、作者、版次、出版社、目录、页数、简介等)能够清晰发布在网页上,可方便顾客了解书的情况。而书的实际情况也与描述情况基本相似,这就符合了顾客的期望值。其次是价格,网上购书一般可以获得更多折扣,二手书更是如此,让价空间大了,顾客的购买能力就相对提高。在运输过程中,书也不像工艺品那样容易受损。

2) 软件

国外网上销售软件已经司空见惯,当然这与国外网络发展速度及信用卡支付的客观环境密切相关。国内大容量的软件似乎不适合网上销售,更多的是中小型的软件(600MB 以下,以 200KB/s 的速度,下载时间一般是 50~60 分钟)。随着国内带宽加大,支付条件更加便利,一些软件,例如个人编写的程序、杀毒软件、手机、PDA 软件等会具有广阔的网上市场。

3) 计算机配件

这里指的是一些个性化的附加性的硬件。目前,计算机硬件市场趋于大众化,种类越来越多,价格不断下降,国内计算机 DIY 的爱好者数量也在不断增加。例如,一些个性化的 U 盘、摄像头、蓝牙、GPS、读卡器等需求开始增大。

4) 特色礼品

逢年过节、结婚、过生日都会想到送礼品。一些工艺品、土特产、小电器等特色礼品,除了个性化,还具有不同的意义。虽然大小城市都有类似的精品店,但难以满足分散在各地的顾客。而网络恰好能解决这个问题。

5) 护理用品

品牌化妆品通常都有专柜或者专卖店,但不少在校学生或白领因为时间紧等原因无法出现在那些商品面前。护理用品不仅品牌多,而且种类也多。品牌的产品,如 SK-Ⅱ、LANCOME、CHANNEL 等,无论是护肤用品还是香水,都有详细的说明,也有质量保证。对于有品牌偏好的顾客来说,这也是一种销售促进。

2. 不适合网上销售的商品

据统计,不适合网上销售的商品主要有以下六种。

1) 体积太大或重量太重的商品

网上的商品交易,一般都是通过物流配送到买家手中的,而物流的运输费用是按照商品体积与重量来收取的。如果商品太重,就需要支付更多的运费;同样,如果商品体积太大,不但运费会增加,而且物流运输也比较麻烦。

2) 附加值低的商品

交易的商品是通过物流配送给买家的,物流会产生相应的运费。如果一件商品的运费高于商品本身的价格,那么买家购买的可能性就非常小,这称为商品的附加值。目前物流运输多以重量计算,一般每千克 6~10 元,以 1 千克商品为例,如果商品价格只有 10 元,运费同样也需要 10 元,那么这类商品就不适合通过网上销售。

3)没有特色的商品

网店所选择商品最好具备特色,不同商品的特色也不同,如服装类商品的时尚性、个性化,数码类商品的独特性等。如果销售的商品在现实中随处可见,那么买家也就没必要通过网上购买了。

4)价格优势不明显的商品

买家在网上购物的主要目的是省钱,同样对于卖家来说,由于网店没有很多额外的开支,因此其销售价格会低于市面商品的销售价格。如果销售的商品没有明显的价格优势,那么就很难吸引买家来购买,因而也不适合网上销售。

5)法律法规禁止销售的商品

这类商品是绝对不可以通过网上销售的,包括武器弹药、管制刀具、文物、淫秽品、毒品、伪劣商品等。

6)其他不宜网上销售的商品

如医疗器械、药品、股票、债券和抵押品等商品不宜在网上销售。

9.1.3 B2C 电子商务模式的类型

B2C 电子商务按企业和消费者买卖关系和交易的客体可分为不同的类型。

1. 按企业和消费者买卖关系分类

按企业和消费者买卖关系分类,B2C 电子商务的模式可分为卖方企业—买方个人的电子商务和买方企业—卖方个人的电子商务。

1)卖方企业—买方个人模式

这是商家出售商品和服务给消费者个人的电子商务模式。在这种模式中,商家首先在网上开设网上商店,公布商品的种类、规格、价格、性能等,或者提供服务种类、价格和方式,由消费者个人选购、下订单、网上支付或货到付款、商家负责配送。这种网上购物方式可使消费者获得更多的商品信息,虽足不出户,却可货比千家,买到满意的商品,节省购物时间。当然这种电子商务模式的发展需要高效率和低成本的物流体系的配合。这种方式中比较典型的代表是 1 号会员店,如图 9.2 所示。

图 9.2　1 号会员店网上商城首页

2) 买方企业—卖方个人模式

这是企业在网上向个人求购商品或服务的一种电子商务模式。这种模式应用最多的就是企业网上招聘人才,如智联招聘网、前程无忧、中华英才网(见图9.3)。在这种模式中,企业首先在网上发布需求信息,然后由个人上网洽谈。这种方式在当今人才流动量大的社会中极为流行,因为它建立起了企业与个人之间的联系平台,使得人力资源得以充分利用。

图 9.3 中华英才网首页

2. 按照交易的客体分类

按照交易的客体可把 B2C 电子商务分为无形商品和服务的电子商务模式以及有形商品和服务的电子商务模式。前者可以完整地通过网络进行,而后者不能完全在网上实现,要借助传统手段的配合才能完成。

1) 无形商品和服务的电子商务模式

计算机网络本身具有信息传输和信息处理功能,无形商品和服务(如电子信息、计算机软件、数字化试听娱乐产品等)一般可以通过网络直接提供给消费者。无形商品和服务的电子商务模式主要有网上订阅模式、广告支持模式和网上赠予模式。

(1) 网上订阅模式。

消费者通过网络订阅企业的无形商品和服务,并在网上直接浏览或消费。这种模式主要被一些商业在线企业用来销售报纸、杂志、有线电视节目等。网上订阅模式主要有以下三种。

① 在线出版(Online Publications)。出版商通过 Internet 向消费者提供传统印刷出版物以外的电子刊物。在线出版一般不提供 Internet 的接入服务,只在网上发布电子刊物,消费者通过订阅下载有关刊物。这种模式并不是一种理想的信息销售模式。在当今信息大爆炸的时代,普通用户获取信息的渠道很多,因而对本来已很廉价的信息收费敬而远之。因此,有些在线出版商采取免费赠送和收费订阅相结合的双轨制,从而吸引了一定数量的消费者,并保持了一定的营业收入。

② 在线服务(Online Services)。在线服务商通过每月收取固定费用而向消费者提供各种形式的在线信息服务。在线服务商一般都有自己固定的客户群体。如美国在线(AOL)的主要客户群体是家庭用户,而微软网络(Microsoft Network)的主要客户群体是 Windows

的使用者。订阅者每月支付固定的费用,从而享受多种信息服务。在线服务一般是针对一定的社会群体提供的,以培养消费者的忠诚度。在美国,几乎每台出售的计算机都预装了免费试用软件。在线服务商的强大营销攻势,使它们的用户数量稳步上升。

③ 在线娱乐(Online Entertainment)。在线娱乐商通过网站向消费者提供在线游戏,并收取一定的订阅费。这是无线商品和服务在线销售中令人关注的一个领域,也取得了一定的成功。当前,网络游戏已成为网络会战的焦点之一,Microsoft、Excite、Infoseek 纷纷在网络游戏方面强势出击。事实上,网络经营者们已将眼光放得更远,通过一些免费或价格低廉的网上娱乐换取消费者的访问率和忠诚度。

(2) 广告支持模式。

在线服务商免费向消费者提供信息服务,其营业收入完全靠网站上的广告获得。这种模式虽然不直接向消费者收费,但却是目前最成功的电子商务模式之一。Yahoo 等在线搜索服务网站就是依靠广告收入来维持经营活动的。对于上网者来说,信息搜索是其在 Internet 的信息海洋中寻找所需信息最基础的服务。因此,企业也愿意在信息搜索网站上设置广告,通过单击广告可直接到达该企业的网站。采用广告支持模式的在线服务商能否成功的关键是其网页能否吸引大量的广告,能否吸引广大消费者的注意。

(3) 网上赠予模式。

网上赠予模式经常被软件公司用来赠送软件产品,以扩大其知名度和市场份额。一些软件公司将测试版软件通过 Internet 向用户免费发送,用户自行下载试用,也可以将意见或建议反馈给软件公司。用户对测试软件试用一段时间后,如果满意,则有可能购买正版软件。采用这种模式,软件公司不仅可以降低成本,还可以扩大测试群体,改善测试效果,提高市场占有率。美国的网景公司(Netscape)在其浏览器最初推广阶段采用的就是这种方法,从而使其浏览器迅速占领市场,效果十分明显。

2) 有形商品和服务的电子商务模式

有形商品是指传统的实物商品。采用这种模式,有形商品和服务的查询、订购、付款等活动在网上进行,即使最终的交付不能通过网络实现,需要用传统的方法完成,这种电子商务模式也叫在线销售。目前,企业实现在线销售主要有两种方式:一种是在网上开设独立的虚拟商店;另一种是参与并成为网上购物中心的一部分。有形商品和服务的在线销售使企业扩大了销售渠道,增加了市场机会。与传统的店铺销售相比,即使企业的规模很小,网上销售也可将业务开展到世界的各个角落。网上商店不需要像一般的实体店那样保持很多的库存,纯粹的虚拟商店可以直接向厂家或批发商订货,省去了商品存储的阶段,从而大大节省了库存成本。

9.1.4 我国 B2C 电子商务的发展特色及存在问题

根据易观分析发布的《中国网络零售 B2C 市场季度监测报告 2021 年第 4 季度》数据显示,2021 年第 4 季度,中国网络零售 B2C 市场交易规模为 23 593.9 亿元人民币,同比增长 8.1%。

在年底的"双十一"之前,三季度虽然各大平台的促销力度都相对有限,但也依然有各大平台几乎都参与其中的"818 大促""99 大促",也有与中秋、国庆等各大节庆日应景的小型促销贯穿其中。在进行日常促销活动的同时,各大平台都在积极部署年底促销的大战,争取在

"双十一"大考中取得满意的成绩。除此之外,各大平台还利用这段相对平静的时间纷纷根据自身的情况增强业务的厚度。

市场份额方面,2020年第三季度,天猫成交总额较去年同期增长22.3%,占据市场份额64.3%,排名第一。京东成交总额较去年同期增长20.5%,其市场份额为25.8%,排名第二。苏宁易购排名第三,其市场份额为5.2%。唯品会和国美分别以2.5%和0.4%的市场份额位列第四和第五。

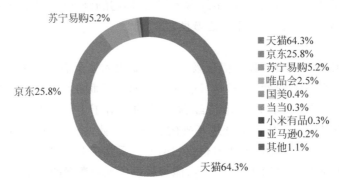

图 9.4　2020 年第三季度中国 B2C 市场份额

1. 我国 B2C 电子商务的发展特色

2010 年是 B2C 发展的元年。在网购环境良好、资金充裕的条件下,B2C 平台企业频繁出招,形成多样化的发展特色。

1) 新模式层出不穷

网络销售模式被不断创新,团购、限时抢购、秒杀和代购模式既吸引了众多网民的注意力,也扩大了网站的营销力和销售额。据统计,2010 年全年有超过 500 万人次参加了淘宝聚划算团购。唯品会和聚尚网是限时抢购模式,唯品会活跃用户数超过百万,重复购买率达到 29.12%。秒杀销售模式受到众多商家的青睐,通过个别商品的秒杀活动,带来了意想不到的人气,促进了其他商品的销售。国内的电子商务网站先后推出自己的代购项目,如易趣网的"美国直送"、拍拍网的"海外代购",代购商品主要包括化妆品、奶粉等。

2) 市场细分

B2C 的市场细分策略包括产品的细分和用户的细分。淘宝商城启动独立域名后,在原"电器城"和"名鞋馆"基础上,增设"运动馆""家装馆""美容馆"等行业垂直频道。再如,麦包包专注于箱包的生产和销售,尚客茶品只做茶叶生意,等等。一批目标对象精细化定位的网站也相继映入眼帘,如针对日益火爆的"她经济",面向中高端女性的网站就有梦芭莎、米拉商城、乐蜂网、呼哈网等。

3) 百货化

百货化是提高利润和销售额、增强抗风险能力的有效途径。虽然百货化趋势已经延续了几年,但是在 2010 年,这种变化更加明显。当当图书占比越来越低,通过百货化扩张,已经拥有 150 万种商品,当当计划将六大类百货商品发展到占据行业市场份额的 2%;京东商城为了摆脱 3C 产品发展空间的束缚,增加用户黏性和利润空间,也宣布将发展重点放在拓展百货类商品上,特别是以降价图书作为吸引用户的手段。

4) 开放

开放平台是2010年电子商务企业达成的共识。通过搭建开放平台,提供基础设施服务,吸引商户入驻,从而增加销售额和盈利空间。凡客诚品新推出购物网站"V+"作为共享平台,销售一些国内外知名的商品品牌。京东商城也走开放平台战略,其他品牌直销频道已经上线,招商活动已经启动。目前,京东商城上的联营商品数量已达到数万种,覆盖家居类、鞋帽服饰、钟表首饰、化妆、图书等品类。

5) 注重特色

除了增长较快的服装、3C及图书类网站,一些特色交易网站也不断涌现,并且成绩靓丽。经营创意百货的趣玩网,2010年销售额同比增长500%;千腾网号称网聚全球特产,于2010年11月上线运营;悠都网提供个性礼品定制;酒仙网专营酒类商品;乐淘网采取"实库代销"商业模式,减少资金投入,避免了资金链断裂风险。

6) 奢侈品网站粉墨登场

近年,我国的奢侈品市场快速增长,多家权威咨询机构都预测,未来中国将占据全球奢侈品市场的首位。这种趋势也引发了B2C奢侈品热潮。唯品会、魅力惠、佳品网、聚尚网、呼哈网、走秀网、我爱奢侈品、Ystyle等应运而生。奢侈品网站也受到风险投资的关注,2010年唯品会、尚品网、唯友佳品都先后获得风险投资的支持。目前,奢侈品网站主要经营手表、箱包、服装等品牌高档消费品。

7) 线上与线下互动

为了增强消费者体验,同时拓展销售渠道和盈利模式,一些网站还开辟了线下推广渠道。例如,麦考林除了拓展网络渠道、目录销售外,还邀请400余家实体加盟店,分布于一二三线城市。再如,凡客诚品与苏宁电器联手进行推广,双方会员可以互相享受对方的购物优惠。麦包包除了做足网络渠道,还开设线下专卖店,与传统代理商合作。

8) 移动购物

目前,中国移动电商市场交易额呈现增长趋势。2021年中国移动电子商务交易额约达到27.5万亿元;预计2022年年底,移动电商市场交易额将达到31.2万亿元,同比增长13.5%。移动端作为商家直播和消费者观看的重要渠道,直播电商市场的高速发展带动了移动电商市场交易规模的扩大。

9) 价格战仍然是主要促销手段

价格仍然是吸引网民购物的主要驱动力之一,也是抵御竞争的有效手段。例如,亚马逊、当当和京东商城三家爆发的激烈的价格战。2010年12月15日,亚马逊宣布将对旗下数十万种畅销书在全网络最低价的基础上再降20%,并免运费。12月18日,当当网宣布将斥资4000万元进行促销降价活动。当天下午,京东商城宣告展开总金额8000万元的大促销。随后,亚马逊再次加入,宣布斥资1亿元让利用户。

2013年6月,京东、天猫、苏宁易购等电商企业进行大规模促销,展开全品类、长时间的激烈竞争,成为2013年规模最大的一次电商大促销。

2. 我国B2C电子商务存在的问题

虽然近年我国电子商务B2C市场取得突破性进步,但是与发达国家相比,我国的网络购物水平仍然处在初级阶段,存在以下问题。

1) 低水平恶性竞争,尚需挖掘盈利能力

B2C 平台企业同质化竞争严重。目前,国内家电类网上商城已超过 1000 家,而这些网站在商品品类、商业模式上雷同,没有形成差异化竞争。在这种情况下,为了跑马圈地,打败竞争对手,在风险投资的支持下,B2C 企业不断进行降价和促销。凡客诚品称:"虽然每天的销售额近 600 万元,但凡客诚品一直在亏损,亏损数字达到上亿元。"从短期看,消费者享受到了低价的实惠,企业获得了市场份额;但是从长远看,低水平恶性竞争对产业和企业的发展,甚至是对消费者的利益都没有好处。

2) 公司治理尚需规范,倒闭现象依然存在

麦考林上市后的首份季度财报发布后,让投资者大失所望。股价不仅因此受到重创,还遭遇美国当地的五起集体诉讼,被指控报告虚假和过度包装。麦考林的遭遇,暴露出我国企业治理水平还需提高,盈利能力有待改善;另外,麦考林在对国外相关法律法规不了解的情况下急于在海外上市,暴露出企业被过度包装的问题。

B2C 企业倒闭现象依然发生。面临激烈竞争,一些网站由于商业模式模糊,缺少资金和人才,不得不选择破产倒闭,如化妆品领域的米粒商城和妆点网。

3) 物流、支付环境有待完善

物流依然是制约电子商务发展的最大问题。虽然一些网站自建物流体系,但目前的物流发展水平仍然不能满足网购市场快速发展的需要。淘宝商城在"双十一"促销活动中,单日成交 9.36 亿元,然而却遭遇物流爆仓,四家银行的网银系统也出现死机现象。目前物流快递存在的问题有:一是有能力覆盖全国且提供代收货款业务的快递公司奇缺;二是能覆盖乡村市场的快递公司更是凤毛麟角;三是一些物流企业的服务意识和服务水平滞后,用户满意度低。

4) 传统企业还没真正进入 B2C,网络销售冲击传统销售渠道

虽然一些传统企业正在尝试进入网络销售渠道,但是大部分传统企业仍处在观望之中,传统企业的电子商务应用水平有广阔的提升空间。在美国,前 10 名的 B2C 企业除了亚马逊,有一半都是传统零售企业;而中国排名靠前的 B2C,没有一家出身于传统零售行业。

网络销售引发传统渠道窜货投诉。很多传统企业都面向全国性大市场,各地渠道和价格也各有差异。而网络零售价格透明,并且在全国范围内统一定价,导致窜货现象出现,影响各地渠道商的利益。创维彩电的一些分公司就曾向总部投诉北京、上海等地分公司,认为它们对京东商城的供货价过低,严重扰乱了当地市场正常的价格秩序,出现窜货行为。一些品牌企业也在探索解决窜货行为,如开发专门针对网购市场的细分品牌,或者只在网络销售过季的库存商品。

5) 出现垄断和不正当竞争行为

B2C 领域的平台服务企业的市场占有率还都没有达到垄断规模。但是,在某些细分领域,一些市场份额较高的企业为了排挤竞争对手,不惜使用不当竞争手段。例如,当当为了阻碍京东商城进入图书网购市场,不惜大打价格战;当当还向出版社发函,要求出版社在当当与京东之间进行"二选一",显示出明显的垄断行为。

要彻底解决 B2C 发展中的问题,应从以下几方面着手:宏观层面,继续加强网络基础设施建设,积极扶持网络购物产业,维护市场的健康发展,重拳打击欺诈、假冒伪劣等违法行为,营造良好的网购环境;企业层面,鼓励电子商务服务企业创新服务模式,完善客户服务

制度,加强企业内部管理,推动传统品牌企业的电子商务转型;消费者层面,鼓励消费者应用多种渠道的购物模式,引导理性消费,提高消费者网络购物的安全意识。

9.2 中国网上零售传奇——天猫

天猫原名"淘宝商城",是阿里巴巴旗下的一个综合性购物网站,整合数万家品牌商、生产商,为商家和消费者提供一站式解决方案,如图9.5所示。

图 9.5 天猫网上商城首页

2021年天猫"双十一"成交额达5403亿元。本案例介绍天猫的发展历程,阐述其发展现状,重点分析其创新的商业模式及核心竞争力,为我国网上零售业的发展提供案例参考。

9.2.1 从淘宝商城到天猫

1. 天猫的发展历程

2003年5月,阿里巴巴旗下淘宝网诞生,20天内,淘宝就积聚了1万名注册用户,可见其发展之迅速。从2003—2005年,淘宝网在不断实践中学习,探索出了一条独特的C2C运营模式。2011年6月16日,原淘宝正式分拆为淘宝集市、淘宝商城与一淘搜索。2012年1月11日,淘宝商城正式更名为天猫商城,2013年3月29日,天猫发布全新Logo形象。

自2008年4月建立淘宝商城以来,众多品牌包括Kappa、Levi's、Esprit、JackJones、乐扣乐扣、苏泊尔、联想、惠普、迪士尼、优衣库等在天猫开设的官方旗舰店,受到了消费者的热烈欢迎。截至2012年,天猫已经有4亿多买家,5万多家商户,7万多个品牌,其中官方的知名品牌就达上万个,包括索尼、松下、夏普等数百个大牌也在2011年进驻天猫平台。此外,新蛋、1号会员店、库巴网、走秀网、西街网、麦考林、中粮我买网等各行业独立B2C也加入天猫,截至2011年年底,已加入天猫的B2C近百个。

2. 更名天猫的由来

实际上,淘宝商城改名可以说是"早有预谋"。2010年11月,淘宝商城tmall.com独立域名上线;2011年6月,淘宝一拆为三,淘宝网、淘宝商城、一淘网分别独立运营;9月,淘宝商城开放引入数十家独立B2C网站；10月，淘宝商城发布新规，提高了进入门槛，尽管遭遇波折，但最终仍坚持住了新规核心的原则底线。

由于大家对淘宝商城更名的争论和质疑，天猫总裁张勇在接受采访时表示，取这个名字一方面是因为"天猫"与tmall发音接近，更重要的原因是随着B2C的发展，消费者需要全新的、与阿里巴巴大平台挂钩的代名词，"天猫"将提供一个定位和风格更加清晰的消费平台。

3. 天猫大事记

2009年4月，日本优衣库进驻淘宝商城，半年后的11月优衣库官方旗舰店月销售额突破1000万元。优衣库这个日本休闲服装品牌在中国苦苦经营9年后，终于一举在淘宝商城打开中国市场。

2009年7月，联想官方旗舰店单月交易额突破1000万元。

2010年8月13日，淘宝商城名鞋馆正式上线，这是又一个产生于淘宝的垂直商城。

2010年11月11日，单日淘宝商城交易额9.36亿元，成为中国电商史上一个标志性的日子，此后"双十一"成为电商市场一年一度固定的购物节。

2011年11月11日，淘宝商城创造了单日33.6亿元的交易额。

2012年6月1日，"淘品牌"正式更名为"天猫原创"，同时天猫官方公布的"天猫原创"品牌共有121家。

2012年6月14日，天猫书城正式上线，在线图书超过6000万本。

2012年6月18日，天猫狂欢节开始后几小时内，天猫每小时卖出11吨粽子，截至6月18日15:00，不到一天时间，天猫已经卖出超过150吨粽子，相当于50只成年大象的重量。其中粽子头牌商家五芳斋线上几乎全面断货。

2012年11月11日，天猫创造了单日191亿元交易额的奇迹。

2013年，天猫"双十一"购物狂欢节达成总交易额350.19亿元。

2014年2月19日，阿里集团宣布，天猫国际正式上线，为国内用户直供海外原装进口商品。

2015年12月24日，阿里巴巴集团与国家认证认可监督管理委员会信息中心正式签署合作框架协议。阿里巴巴旗下天猫、淘宝、1688等电商平台将导入CCC认证信息数据库实现自动校验和标注，从而避免无证以及假冒认证产品。

2016年1月27日，为减少不法分子通过成交记录进行的诈骗情形，"成交记录"模块被正式隐藏，但原先销量、评价等信息不会消失，仍正常累积。

2017年，天猫"双十一"全球狂欢节成交额超1000亿元，无线交易额占比91%。

2017年12月，天猫成为小米在俄罗斯的官方合作伙伴。

2017年12月25日，欧莱雅集团旗下品牌Giorgio Armani宣布登录天猫开启试运营，并于2018年1月16日在天猫正式开业。

2018年11月26日，天猫升级为"大天猫"，形成天猫事业群、天猫超市事业群、天猫进出口事业部三大板块。2019年3月6日，蒋凡接替靖捷，任天猫总裁。

2019年9月7日，中国商业联合会、中华全国商业信息中心发布2018年度中国零售百强名单，天猫排名第1，2019年12月12日，《汇桔网·2019胡润品牌榜》发布，天猫以3200亿元品牌价值排名第3，上榜2019最具价值中国民营品牌十强，排名第1。

2020年天猫"双十一"全球狂欢季11月1日—11日间总成交额共4982亿人民币,约合741亿美元,实时物流订单总量23.21亿单。

2021年天猫"双十一"成交额达5403亿元,再次创下新高。

4. 天猫文化

天猫的目标是成为网购世界的第五大街、香榭丽舍大道,成为全球B2C的地标,为消费者提供最时尚的商品。天猫坚持对品质的追求、对消费体验的追求,围绕客户需求进行不断的创新。天猫坚持开放合作,追求构建和谐商业生态环境,实现自身健康成长,最终成为全球最大的B2C平台。

5. 天猫定位与战略

天猫定位已经比较清晰。对内,是阿里巴巴集团在实物消费领域的主战场,承担着B2C电子商务发展的重担。对外,天猫将打造成一个多元化的、品质和服务都非常好的时尚虚拟商圈。特别强调的是,它不是一个Shoppingmall(购物中心)的翻版,更像是商圈,如上海的徐家汇、北京的CBD。

9.2.2 天猫商业模式创新

1. 天猫B2C经营模式

天猫、京东和凡客诚品是最受人关注的三大B2C电商品牌。其三者的商业模式有所不同,不同于京东和凡客诚品,天猫只做平台,让商家入驻。

天猫商城的模式是做网络销售平台,卖家可以通过这个平台卖各种商品,这种模式类似于现实生活中的百货大楼,每个商家在这个网络"百货大楼"里面交一定的租金就可以开始卖东西,主要是提供商家卖东西的平台。天猫商城不直接参与卖任何商品,但是商家在做生意时要按照天猫商城的规定,不能违规,违规会被处罚。这个网络"百货大楼"会提高租金以赚更多的钱,商家如不交就会被赶到(淘宝)"集市"上"摆摊"。而一些不服管制的业主也会拉大旗、耍大刀地跟这个商城的负责人理论。这就是天猫商城,与现实生活中的百货大楼相似。

2. 盈利模式

天猫建立的是一种全新的B2C模式。传统的B2C盈利模式主要是压低生产商的价格,进而在采购价与销售价之间赚取差价。新的B2C模式则让生产商直接充当卖方的角色,直接让生产商获取更大的利益,天猫作为一个平台只收取一定的技术服务费。这种模式中间省去了分销环节,使电子商务直接介入商品从生产到价值变现的流程中。

3. 菜鸟网络10亿元启动菜鸟联盟:天猫物流大升级

2016年3月28日,菜鸟网络宣布将联合物流合作伙伴组成菜鸟联盟,提升中国电商物流体验。据悉,菜鸟联盟首期推出当日达、次日达等优质产品,并承诺"说到就到,不到就赔"。菜鸟联盟5~8年的愿景是:服务1000万企业,每年配送1000亿个包裹。

据介绍,菜鸟联盟的产品包括当日达、次日达、承诺达、定日配送、夜间配送、送货入户、开箱验货、上门取退等,这些都已经陆续推出。

据悉,联盟首期已经在12个城市推出当日达服务,在90个城市推出次日达服务。这些优质物流产品将首先在天猫上架。

今后消费者在天猫网购时,如果看到带有"当日达菜鸟联盟"和"次日达菜鸟联盟"特殊标识的商品,这意味着如果是当日 11 点前下单,商品当天就可以送达,如果是 16 点前下单,则第二天可以送达。

9.2.3 天猫核心竞争力

1. 特有功能,提升服务品质

天猫具有普通店铺和旺铺都不具有的功能。

(1) 信用评价无负值,从 0 开始,最高为 5,全面评价交易行为。

(2) 店铺页面自定义装修,部分页面装修功能领先于普通店铺和旺铺。

(3) 产品展示功能采用 Flash 技术,全方位展示产品。

(4) 全部采用商城认证,保证交易的信用。

2. 特有服务,保证买家安全

天猫比普通店更有吸引力的是服务。天猫不光是大卖家和大品牌的集合,同时也提供比普通店铺更加周到的服务。

(1) 七天无理由退换货。天猫卖家接受买家七天内无理由退换货,无需担心买到的不合适,或者买到的东西和实际相差太大。

(2) 正品保证。天猫卖家所卖物品都是正品行货,接受买家的监督和商城的监督。

3. 严格申请条件,保证商家质量

(1) 详细的招商资质细则。除此之外,还附加更加详细的分经营种类的招商标准及行业标准,对入驻商家充分约束,如图 9.6 所示。

店铺类型	旗舰店	专卖店	专营店
店铺资质	1. 企业营业执照副本复印件(需完成有效年检且所售商品属于经营范围内) 2. 企业税务登记证复印件(国税、地税均可) 3. 组织机构代码证复印件 4. 银行开户许可证复印件 5. 法定代表人身份证正反面复印件 6. 联系人身份证正反面复印件 7. 由国家商标总局颁发的商标注册证或商标注册申请受理通知书复印件 8. 商家向支付宝公司出具的授权书 * 若经营出售多个自有品牌的旗舰店,需提供品牌属于同一实际控制人的证明材料,此类店铺邀请人	1. 企业营业执照副本复印件(需完成有效年检且所售商品属于经营范围内) 2. 企业税务登记证复印件(国税、地税均可) 3. 组织机构代码证复印件 4. 银行开户许可证复印件 5. 法定代表人身份证正反面复印件 6. 联系人身份证正反面复印件 7. 由国家商标总局颁发的商标注册证或商标注册申请受理通知书复印件 8. 商标权人出具的授权书(若商标权人为自然人,则需同时提供其亲笔签名的身份证复印件) 9. 商家向支付宝公司出具的授权书 * 品牌属于同一实际控制人的证明材料(出售多品牌的专卖店)	1. 企业营业执照副本复印件(需完成有效年检且所售商品属于经营范围内) 2. 企业税务登记证复印件(国税、地税均可) 3. 组织机构代码证复印件 4. 银行开户许可证复印件 5. 法定代表人身份证正反面复印件 6. 联系人身份证正反面复印件 7. 自有品牌,商标注册证或商标注册申请受理通知书复印件代理品牌: (1) 商标注册证或商标注册申请受理通知书复印件; (2) 上一级的正规品牌授权文件或正规采购合同及进货发票,若上一级的授权方或供货商为自然人,则需同时提供其

图 9.6 天猫招商资质细则

(2) 技术服务费用返还标准。天猫向商家收取一定比例的技术服务费,一方面作为自己经营的来源,另一方面也是筛选商家的方法之一。同时,天猫还规定达到一定的销售额给予相应比率的返还,返还比率分别是50%和100%,不同类别的经营品种对应的销售额也不同。

(3) 严格的违规处罚制度。根据违规行为的严重程度分为严重违规和一般违规,采用扣分制,列有不同行为的详细扣分说明,根据扣分累加进行相应的处罚,严重的则强制退出,如表9.1所示。

表 9.1 天猫商家违规处罚表

违规类型	扣分节点	限制发布商品、限制创建店铺	限制发送站内信息、限制社区功能及公示、警示	店铺屏蔽	关闭店铺	下架所有商品	限制参加天猫营销活动	支付违约金
一般违规	12分	/	/	/	/	/	7天	1万元
严重违规	12分	7天	7天	7天	/	/	30天	2万元
	24分	14天	14天	14天	/	√	60天	3万元
	36分	/	21天	/	21天	/	90天	4万元
	48分	清退						全部

4. 用户优势

1) 用户源有保证

以天猫会员为指数,观察其在天猫、淘宝网购买情况。发现随着时间范围拉长,会员占比不断增大。近一年89%的天猫会员在天猫有购买行为,91%的天猫会员在淘宝网有购买行为,其中83%的天猫会员在天猫、淘宝网均有购买行为。

2) 用户属性

与淘宝网相比,天猫更偏女性化,即女性消费者占比更高。天猫消费者男女比例为49∶51,淘宝网消费者男女比例为52∶48。

年龄分布上,天猫和淘宝网表现一致,会员均集中在18~35岁。细分下去,淘宝网会员低年龄段的占比微高于天猫。淘宝网25~30岁的会员占比35%,而天猫25~30岁会员占比37%,说明天猫用户的购买力与购买潜力都高于淘宝用户。

按照买家收货地址将买家分为家庭、白领、学生、公务员几类。解析出的这几类会员中,天猫的家庭、白领、学生、公务员占比高于淘宝网,其他几类占比相当。

5. 技术支撑,提升客户体验

天猫采用AR(增强现实)技术将网络商品通过试、听、触、动虚拟环境和现实的传感设备,让用户感觉置身其中。

2012年2月16日,天猫在一个线上互动活动中采用了语音识别技术,网友通过学猫"喵"叫一声赚网购红包活动,发出了语音检索购物的信号。2月27日,天猫内测视频购物,用户单击视频中模特身穿衣物可检索同款产品的商品链接进行购买。

9.3 商品垂直到用户——京东商城

自2004年年初正式涉足电子商务领域以来,京东商城一直保持高速成长,连续6年增长率均超过200%。京东商城始终坚持以纯电子商务模式运营,缩减中间环节,为消费者在第一时间提供优质的产品及满意的服务。截至2012年,京东商城拥有遍及全国各地的2000万注册用户,1200家供应商,在线销售家电、数码通信、计算机、家居百货、服饰、母婴、图书等11大类数万个品牌70余万种优质商品,日订单处理量超过15万单,网站日均页面浏览量超过3500万。截至2020年上半年,京东商城已占据中国网络零售市场25.8%,仅次于天猫。京东商城首页如图9.7所示。

图9.7 京东商城首页

本案例通过京东商城业务模式、盈利模式、核心能力、经营模式、管理模式、技术模式等方面的分析,以及京东商城的发展历程、成功经验,为现阶段电子商务企业发展提供借鉴。

9.3.1 京东商城发展概况

1998年6月18日,刘强东在中关村创立"京东公司"代理光磁产品。

2001—2003年,最多时北京、上海、沈阳有12家连锁店,营业额为6000万元/年。

2007年7月,京东建成北京、上海、广州三大物流体系,总物流面积超过5万平方米。

2007年8月,京东赢得国际著名风险投资基金——今日资本的青睐,首批融资千万美元。

2007年10月,京东商城在北京、上海、广州启动移动POS上门刷卡服务,开创了中国电子商务的先河。

2008年6月,京东商城初涉足销售平板电视,并于6月将空调、冰箱、电视等大家电产品线逐一扩充完毕。这标志着京东公司在建成十周年之际完成了3C产品的全线搭建,成为名副其实的3C网购平台。

2009年1月,京东商城获得来自今日资本、雄牛资本以及亚洲投资银行家、"红筹之父"梁伯韬私人公司共计2100万美元的联合注资。

2009年3月,京东商城斥资2000万元自行成立了上海圆迈快递公司。

2009年第一季度,易观国际发布的《2009年第一季度中国B2C网上零售市场季度监测》数据显示,3C产品B2C网上零售市场销售规模已占B2C整体市场的38.19%,排名商品品类销售规模市场榜首,其中,京东商城以5.7亿元销售额位列B2C市场第一。

2010年5月,京东公司宣布将在北京新建一个占地30万平方米的物流中心,成为亚洲最大的电子商务物流中心,可满足日处理10万订单、年销售额200亿元的需要。

2010年年底,京东商城第三方销售平台"品牌直销"频道正式上线,目前约有500个品牌,近10万种商品入驻京东商城。平台商户可以分享京东的仓储、配送、客服、售后、货到付款、退换货和自提货等服务,进一步减少自建服务体系的成本。

2010年年底,以20万元收购了域名TopLife.com,作为京东的奢侈品垂直B2C网站。

2010年,京东商城营业额为102亿元,亏损率为8%。京东商城预计2011年公司的销售额将翻倍增长,但收入构成将呈现多元化。预计营业额将达到240亿元~260亿元,其中IT产品85亿元,手机和数码类产品60亿元,大家电50亿元,小家电25亿元,日用百货35亿元~40亿元。

2011年4月1日,刘强东宣布完成C2轮融资,投资方俄罗斯的DST、老虎基金等六家基金和一些社会知名人士融资金额总计15亿美元。

2012年第一季度,京东商城以50.1%的市场占有率在中国自主经营式B2C网站中排名第一。

2012年10月,京东商城开通英文网站,开拓西方市场。

2013年2月16日,京东商城获得新一轮约7亿美元的融资。

2013年5月,京东推出"夜间配""极速达"等配送服务,树立电商物流配送的新标杆。

京东超市业务上线。

2014年2月,京东推出首个互联网金融信用支付产品:京东白条。

2014年4月,京东集团架构调整,设立京东商城、京东金融、拍拍网和海外事业部。

2014年5月,在美国纳斯达克上市。

2014年6月,开通微信"购物"一级入口,推出"智能云"平台。

2015年4月,"京东整车频道"全新上线,全球购跨界电商平台上线。

2016年7月,入榜2016年《财富》全球500强,位列366位,成为中国首家、唯一入选的互联网企业。

2017年4月,京东物流子集团正式成立。

2019年7月10日,《财富》中国500强排行榜发布,京东商城位列第17。

2020年7月27日,京东商城电子商务有限公司名列2020年的《财富》中国500强排行榜第13位。

2021年7月,京东logo设计更新,更具3D立体效果。

9.3.2 商业模式

1. 业务模式

1) 商品

京东商城在线销售商品包括家用电器、汽车用品;手机数码;计算机、软件、办公;家居、厨具、家装;服饰鞋帽;个人化妆;钟表首饰、礼品箱包;运动健康;母婴、玩具、乐器;食品饮料、保健品十大类逾十万种。其中家用电器、手机数码、计算机商品及日用百货四大类超过3.6万种商品。

2) 主要服务

京东商城提供了灵活多样的商品展示空间,消费者查询、购物都将不受时间和地域的限制。依托多年打造的强大物流体系,消费者充分享受"足不出户,坐享其成"的便捷。目前,分布在华北、华东、华南、西南的四大物流中心覆盖了全国各大城市。2009年3月,京东商城成立了自有快递公司,物流配送速度、服务质量得以全面提升。京东商城为消费者提供正品行货、机打发票、售后服务的同时,还推出了"价格保护""延保服务"等举措,最大限度地解决了消费者的后顾之忧,保护了消费者的利益。京东商城用自身的诚信理念为中国电子商务企业树立了诚信经营的榜样。

2. 盈利模式

1) 直接销售收入

直接销售收入赚取采购价和销售价之间的差价。在线销售的产品品类超过3万种,产品价格比线下零售店便宜10%~20%;库存周转率为12天,与供应商现货现结,费用率比国美、苏宁低7%,毛利率维持在5%左右,向产业链上的供应商、终端客户提供更多价值,实现了京东的"低盈利大规模"的商业模式。

2) 虚拟店铺出租费

虚拟店铺出租费包括店铺租金、产品登录费、交易手续费。

3) 资金沉淀收入

资金沉淀收入利用收到顾客货款和支付供应商的时间差产生的资金沉淀进行再投资从而获得盈利。京东商城第三方支付平台有财付通、快钱和支付宝。

4) 广告费

目前,网络广告逐步被人们接受,对于一些大型的媒体网站而言,网络广告已经成为其重要的经营收入来源之一。

3. 目标客户

(1) 从需求上分析,京东商城的主要客户是计算机、通信、消费类电子产品的主流消费人群。

(2) 从年龄上分析,京东主要顾客是20~35岁的人群。

(3) 从职业上分析,京东的主要顾客是公司白领、公务员、在校大学生和其他网络爱好者。而其中每年走出校门的600万大学生群体则又是京东的一个重点市场。尽管35岁以上的消费群体有更强的购买力,但是高素质的大学生却是"潜力股"。京东网上商城目前拥有超过1500万的注册用户,而在每年的大学生毕业群体中就有600万的潜在客户群。京东的目标不是跟国美、苏宁争抢客户,而是把大学毕业生培养成京东的客户。

4. 核心能力

1) 产品价格低廉

京东的产品价格低,通常比别人要便宜一些。

2) 物流服务快捷

2009年3月,京东商城成立了自有快递公司,物流配送速度、服务质量得以全面提升。2009年至今,京东商城陆续在天津、苏州、杭州、南京、深圳、宁波、无锡、济南、武汉、厦门等50余座重点城市建立了城市配送站,为用户提供货物配送、货到付款、移动POS刷卡、上门取件等服务。财报显示,京东继续保持在物流基础设施上的领先能力,截至2020年12月31日,京东物流运营超过900个仓库,包含京东物流管理的云仓面积在内,仓储总面积约2100万平方米;2021年2月,京东物流已通过其联席保荐人,向香港联交所提交上市申请表格。京东专业的配送队伍能够为消费者提供一系列专业服务,如211限时达、次日达、夜间配和 2 小时极速达,GIS 包裹实时追踪、售后 100 分、快速退换货以及家电上门安装等服务,保障用户享受到卓越、全面的物流配送和完整的"端对端"购物体验。京东智能物流持续创新,"亚洲一号"现代化物流中心是当今中国最大、最先进的电商物流中心之一,目前已有 6 座"亚洲一号"投入使用;京东物流实验室开始测试无人机送货,为农村电商配送提速。

3) 在线服务周全

京东商城在为消费者提供正品行货、机打发票、售后服务的同时,还推出了"价格保护""延保服务"等举措,最大限度解决消费者的后顾之忧,保护了消费者的利益。

4) 售后服务全面

除了传统的售后服务外,京东拥有自己的特色服务:商品拍卖、家电以旧换新、京东礼品卡、积分兑换、上门服务、延保服务、DIY 装机等,满足了客户的不同需求。

5. 京东商城的支付与物流配送方式

支付方式包括公司转账、货到付款、邮局汇款、在线支付、分期付款等。物流配送方式包括上门自提、快递运输、E 邮宝等。

6. 京东商城的管理模式

1) 组织结构管理

电子商务的管理模式是从组织上提供的为保证系统正常运行和发生意外时能保护系统、恢复系统的法律、标准、规模、制度、机构、人员、信息系统等结构体系,它能对系统的运行进行跟踪监测、反馈控制、预测和决策。

2) 供应链管理

在京东,厂商不需要缴纳进场费、装修费、促销费、过节费。免去各种费用之后,京东销售利润率比通过传统渠道销售的要高很多。此外,国美给厂商的返款周期是 3 个月,京东只需要 20 天。

3) 库存管理

全球连锁业霸主沃尔玛,在全球拥有自己的卫星系统,把库存周转率控制在 30 天左右,国美、苏宁做到 47～60 天,亚马逊是 7～10 天。京东的库存周转率是 12 天,与供应商现货现结。

4) 配送管理

目前,京东商城已经建立华北、华东、华南、西南、华中、东北六大物流中心,同时在全国超过 300 座城市建立核心城市配送站。

7. 客户关系管理

(1) 京东承诺在运输"保价费"上永久免费,在配送环节上承担保险费用,运输过程中的风险一律由京东承担。客户收到货物如果有损坏、遗失等情形,只要当场提出声明,京东立即发送全新商品予以更换,体现京东"以人为本"的服务理念,使顾客购买商品时更加放心。

(2) "211 限时达"服务让顾客在较短的时间内收到货物。

(3) "售后 100 分"激励服务。"自京东售后服务部收到返修品并确认属于质量故障开始计时,在 100 分钟内处理完您的一切售后问题!"这解除了顾客的后顾之忧。

9.3.3 技术模式

(1) 京东运营中枢——ERP 系统。通过这个 ERP 系统可以掌握每一款产品的详细信息：什么时间入库、采购员是谁、供应商是谁、进价多少、质保期多长、在哪个货架、什么时候收到订单、由谁扫描、谁打包、谁发货、发到哪个分库、哪个快递员发出、客户的详细信息等。

(2) 客户在购物时可以随时查询到所订商品的具体状态，这为京东客服部门省去了很大一部分工作。

(3) 网页信息更新技术，采用中间件的方式，从而避免了缓存。很多网站采用缓存技术，但会由于时间差的问题使客户不能及时得到新的信息。

(4) 完备的信息系统可以预测未来15天之内每天的销量。

9.3.4 资本模式

京东商城近年来有五次融资。2007年，京东商城获得了来自今日资本千万美元的融资。2008年年底，今日资本、雄牛资本以及亚洲著名投资银行家梁伯韬先生私人公司共计2100万美元的联合注资，为京东商城的高速发展提供了资金保障。2010年年初，京东商城获得老虎环球基金领投的总金额超过1.5亿美元的第三轮融资。这是金融危机发生以来中国互联网市场金额最大的一笔融资。

2012年10月，京东商城完成第四轮融资，融资金额为3亿美元，并非外界传说的4亿美元。该笔融资由加拿大安大略省教师退休基金领投，京东商城的第三轮投资方老虎基金跟投，两者分别投资2.5亿美元和5000万美元。

2013年2月16日，京东商城宣布获得一轮约7亿美元融资。投资方来自加拿大安大略省教师退休基金以及沙特投资公司王国控股公司。其中，加拿大安大略省教师退休基金投资约3亿美元，持股4.1%；沙特投资公司王国控股公司投资约4亿美元，持股5.6%。此轮融资，京东商城整体估值72.5亿美元。

从2007年至2013年年初，京东进行的五轮融资总金额接近23亿美元，计人民币约为144亿元。

9.3.5 发展前景

在刘强东看来，未来京东的高增长点将主要集中在三方面。

第一方面是三到六线城市的渠道开拓。2017年京东的服务已经覆盖了中国30万个村庄。

第二方面是跨境电商。海淘从前是灰色地带，但现在国家明确支持跨境贸易政策，所以未来京东也要迅速进入整个市场。

第三方面是京东到家。模式是跟传统商超进行合作，找到离消费者最近的货物和最近的快递员，这样以最经济的方式把货送过去，又能保证产品的鲜度，给合作伙伴带来了价值。

9.4 B2C网站的盈利模式总结

B2C电子商务的经营模式决定了B2C电子商务企业的盈利模式，不同类型的B2C电子商务企业其盈利模式是不同的，一般来说，B2C电子商务企业主要通过以下几方面获得盈利。

1) 销售本行业产品

通过网络平台销售自己生产的产品或加盟厂商的产品。商品制造企业主要通过这种模式扩大销售,从而获取更大的利润,如海尔电子商务网站。

2) 销售衍生产品

销售与本行业相关的产品。例如,中国饭网出售食品相关报告、就餐完全手册;莎啦啦除销售鲜花外,还销售健康美食和数字产品。

3) 产品租赁

提供租赁服务,如太阳玩具开展玩具租赁业务。

4) 拍卖

拍卖产品收取中间费用,如汉唐收藏网为收藏者提供拍卖服务。

5) 销售平台

接收客户在线订单,收取交易中介费,如九州通医药网、书生之家。

6) 特许加盟

运用该模式,一方面可以迅速扩大规模;另一方面可以收取一定加盟费,如当当等。

7) 会员

收取注册会员的会费。大多数电子商务企业都把收取会员费作为一种主要的盈利模式。

8) 上网服务

为行业内企业提供相关服务,如中国服装网、中华服装信息网。

9) 信息发布

发布供求信息、企业咨询等,如中国药网、中国服装网、亚商在线、中国玩具网等。

10) 广告

为企业发布广告,目前广告收益几乎是所有电子商务企业的主要盈利来源。这种模式成功与否的关键是其网页能否吸引大量的广告或者广告能否吸引广大消费者的注意。

11) 咨询服务

为业内厂商提供咨询服务,收取服务费,如中国药网、中药通网站等。

9.5 思考与实践

1. 简答题

(1) 天猫商城的更名作用有哪些?

(2) 分析第三方物流与自建物流的利与弊。

(3) 什么是 3C?

2. 实践题

(1) 在 B2C 平台上选取商品,并体验采用网上支付的方式在网上商店购买商品的过程,记录购买和支付的步骤。在购买商品提交订单、支付的过程中从使用者的角度看有哪些可以进行改进的?

(2) 使用百度搜索,检索鲜花连锁网店的信息。应用 Google 搜索两篇关于适合在 B2C 平台上销售商品种类的文章。

(3) 规划电子商务解决方案实践：某公司是一个电子商务企业，拟从事网上玩具、音像制品、各种礼品花卉或其他消费品的批发和零售，请对该电子商务企业的电子商务解决方案进行规划。

(4) 对连锁经营的鲜花店进行初步的经营战略分析，确定电子商务战略的总目标和子目标，确定具体的规划体系。具体要求如下。

① 收集连锁经营的相关资料，了解连锁经营的模式、特点。

② 收集鲜花服务行业的基本资料，掌握鲜花服务的基本内容及其特点。

③ 为鲜花店连锁经营设置经营战略。

④ 设定连锁鲜花店的电子商务战略目标。

⑤ 进行详细的电子商务战略规划，包括地位、作用、模式、流程、技术标准、架构等。

⑥ 撰写《连锁鲜花店电子商务战略规划报告》。

第 10 章 企业间的电子商务——B2B 模式

本章学习目标
- 熟练掌握 B2B 电子商务的模式；
- 了解我国 B2B 电子商务的发展；
- 了解我国 B2B 电子商务的发展瓶颈。

本章先向读者介绍我国 B2B 电子商务的发展情况，再介绍 B2B 电子商务涉及的环节、模式和利润来源，最后介绍两个典型的 B2B 网站——阿里巴巴和网盛生意宝。

10.1 B2B 电子商务概述

视频讲解

企业间的电子商务(Business to Business，B2B)是指商家(泛指企业)对商家的电子商务，即企业与企业之间通过互联网进行产品、服务及信息的交换；通俗的说法是指进行电子商务交易的供需双方都是商家(或企业、公司)，使用 Internet 技术或利用各种商务网络平台，完成商务交易的过程。这些过程包括发布供求信息，订货及确认订货，支付过程及票据的签发、传送和接收，确定配送方案并监控配送过程等。B2B 的典型代表是阿里巴巴、网盛生意宝和中国制造网(见图 10.1)等。

图 10.1 中国制造网首页

10.1.1 我国 B2B 电子商务发展现状

据中国电子商务研究中心监测数据显示，2016—2019 年我国 B2B 电商交易服务营收额呈现逐年增长趋势，2019 年中国 B2B 交易服务营收额 1084 亿元，同比增长 32.36%。并出现如图 10.2 所示的特点。

图 10.2 2016—2019 年中国 B2B 电商营收规模

(1) 2019 年上半年,核心 B2B 电商平台营收都出现了不同程度的增长。当前主要的盈利模式是将上游 B 端产品和下游企业进行对接,收取佣金或自营赚取价差、提供供应链金融服务、提供物流服务等盈利模式。

(2) 目前 B2B 平台盈利模式同质化明显,主要的竞争差异体现在如何降低成本方面,获客成本高低直接决定了盈利空间的大小。

(3) 当前在 B2B 领域以收取会员费及广告费为主的模式没有发挥出 B2B 的最大优势,交易环节线上进行以及效率提高后,B2B 才更有意义。会员数量无法无限开发,这也是之前 B2B 平台营收及利润增速难以维持的原因。

根据智研咨询统计的数据,2018 年中国 B2B 电商平台市场份额中,前三名分别为:阿里巴巴 28.4%、慧聪集团 17.6%、科通芯城 9.2%,接下去的排名分别为:上海钢联 6.5%、国联股份 6.1%、焦点科技 1.4%、生意宝 0.7%,其他为 30.1%,如图 10.3 所示。

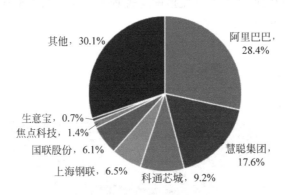

图 10.3 2018 年中国 B2B 电商平台市场份额占比

在国家供给侧改革以及"互联网+"的背景下,国家出台的相关政策成为 B2B 电商发展的契机,推动其渗透率逐年攀升,从 2012 年的 10.4% 升至 2019 年的 16%。老牌 B2B 平台继续发力,凭借品牌、用户数等沉淀,通过提供更多有价值的产品及服务,提高平台服务能力及用户黏性。

其他 B2B 平台市场份额正逐步提高,抢占更多市场份额需提高对接效率,行业平台在具备广度的同时也需有深度。

10.1.2 B2B 电子商务涉及的环节

B2B 电子商务主要涉及以下八个环节。

1) 销售商

销售商是指电子商务模式下(在线)进行营销行为的企业。

2) 采购商

从采购管理的角度看,买方向潜在的供应商发出报价单请求以获取竞争优势。

3) 电子商务平台(电子中介)

这是指发布产品信息并接收订单的站点。电子商务平台既要保证用户的私人信息不会泄露、用户的订单信息在传输时不被窃取,还要验证用户身份以及提供可靠的支付方式等。

4) 网上银行

在电子商务中网上银行应发挥以下作用:第一,在 Internet 上实现一些传统的银行业务;第二,与信用卡公司合作,发放电子钱包,提供网上支付手段,为电子商务交易中的用户和商家服务;第三,确保内部网络和数据的安全。

5) 认证中心

认证中心是经法律承认的权威机构,不直接从电子商务交易中获利,而是负责发放和管理数字证书,完成网上交易的身份确认。

6) 物流配送中心

物流配送中心主要任务是负责接收商家的送货请求,完成商品的运送,并跟踪商品流向。

7) 电子证书

电子证书是一个数字文件,由证书持有人个人信息、证书持有人公开密钥、证书序号及有效期、发证单位电子签名四部分组成。这种证书由特定的授权机构——CA 认证中心发放,具有法律效力,是电子商务交易中个人或单位身份的有效证明。

8) 与后端信息系统的集成

后端信息系统可以运行在局域网工作流、数据库管理系统、应用包和 ERP 上。

10.1.3 B2B 电子商务的模式

企业要开展电子商务可以单独建立网站(如 DELL、SONY 等)或加入一个联盟(如网络花店、汽车服务等),或加入行业 B2B(如阿里巴巴、中国化工网、中国五金网等)。

1. 根据企业采用分类

目前,企业采用的行业 B2B 电子商务可分为以下两种模式。

1) 行业垂直类 B2B

行业垂直类 B2B 一般专注于某一个行业,如 IT、化工、钢铁或农业,并将其做深做透,专业水平非常高。行业垂直类 B2B 可以分为两个方向,即上游和下游。生产商或商业零售商可以与上游的供应商之间形成供货关系,例如 DELL 公司与上游的芯片和主板制造商就是通过这种方式进行合作。生产商与下游的经销商可以形成销货关系,例如 Cisco 与其分销商之间进行的交易。

垂直类 B2B 模式追求的是"专",其网站吸引的是针对性较强的客户,他们是网站最具价值的财富,是真正的潜在商家,这种市场一旦形成,就具有极大的竞争优势。因此,垂直网站更有聚集性、定向性，易于建立起忠实的用户群体，吸引固定的回头客。但是，由于运作垂直网站需要较深的专业技能，专业化程度越高的网站越需要投入昂贵的人力资本来处理很狭窄的、专门性的业务，才能发挥该虚拟市场的商业潜能。

垂直行业网站的代表有中国化工网、中国服装辅料网（见图10.4）、中国食品产业网、金蚕网等。

图10.4　中国服装辅料网首页

2) 行业水平类 B2B

行业水平类 B2B 是将各个行业中相近的交易过程集中到一个场所，为商品的采购方和供应方提供交易机会，双方可以在此分享信息、发布广告、竞拍投标，如慧聪网、环球资源网等。

行业水平类 B2B 模式追求的是"全"，这种类型的网站涵盖了不同的行业和领域，服务于不同行业的从业者。这一模式能够使企业获得更多的受益机会，其潜在用户数量也比较多，因此，它能够迅速获得盈利。这类网站的风险主要体现在用户群不稳定，被模仿的风险也很大。

根据电子商务的发展态势，无论是哪一种类型的 B2B 电子商务，都将集合信息流、资金流和物流，以"三流"协同为目标的供应链动作必将成为 B2B 电子商务服务的首要对象。三流在供应链上的流动如图10.5所示。

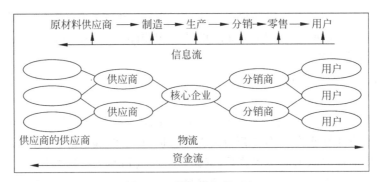

图10.5　供应链上的三流

2. 根据业务服务目标分类

从业务服务目标来看，新一代 B2B 电子商务模式可分为以下三类。

1) 交易平台服务模式

企业搭建的 B2B 网站最基本的功能是提供商务平台。目前,B2B 电子商务正从单纯的信息平台逐步演变成真正的交易平台,平台的会员企业会被卖家和买家认为是优先交易的标准,具有 B2B 平台参与的交易过程被认为是风险较低的选择。B2B 电子商务交易平台的代表公司是阿里巴巴。

2) 信息资讯服务模式

信息服务是互联网最重要的功能。网络使信息交流变得更加便捷,更多企业与个人上网是想获得更完备的信息资讯。通过信息资讯来聚集人气,以资讯平台来带动商务平台,这种模式即为信息资讯服务模式。国内信息资讯服务模式的代表公司是慧聪网,如图 10.6 所示。慧聪网利用其资讯采集优势,按照企业交易行为的要求,打破了原有的工商业目录,将行业进行重组,形成了慧聪网资讯频道。用户通过该平台,可以直接发布及搜集信息,极大地节省了搜集成本。

图 10.6 慧聪网首页

3) 行业专业服务模式

除上述两种模式外,目前国内还有很大一部分 B2B 网站是从事行业专业的网站,如中国化工网、全球五金网等。

行业专业 B2B 更关注服务的整合,如"中国五金商城"是五金类 B2B 网站的代表,它关注于向五金企业提供网上咨询服务,从而带动商务平台的形成。

例如,中国化工网资讯中心,网盛生意宝依托研究团队和丰富的行业信息资源,向客户提供专业、准确的数据调研及咨询服务平台,旨在服务化工行业用户,以石化、化工企业、产品、市场的资讯、行情、数据为主导内容,并为客户量身定做、深度提供个性化服务的专业权威资讯。

10.1.4 B2B 电子商务的利润来源

B2B 电子商务网站主要有以下七种盈利模式。

1) 会员费

企业通过第三方电子商务平台参与电子商务交易,必须注册为 B2B 网站的会员,每年要缴纳一定的会员费,才能享受网站提供的各种服务。目前,会员费已经成为我国 B2B 网站主要的收入来源。例如,阿里巴巴网站收取中国供应商、诚信通两种会员费;中国化工网、中国五金商城等网站也会根据不同的会员类型收取金额不等的会员费。

2) 广告费

网络广告是门户网站的主要盈利来源,同时也是 B2B 电子商务网站的主要收入来源。阿里巴巴网站的广告根据其在首页的位置及广告类型收费。中国化工网有弹出广告、漂浮广告、通栏广告、文字广告等多种表现形式可供用户选择。

3) 竞价排名

企业为了促进产品的销售,都希望在 B2B 网站的信息搜索中将自己的排名靠前,而网站在确保信息准确的基础上,根据会员交费的不同对排名顺序做相应的调整。阿里巴巴的竞价排名是诚信通会员专享的搜索排名服务;中国化工网的化工搜索是建立在全球最大的化工网站上的化工专业搜索平台,同样采用竞价排名的方式,确定企业排名顺序。

4) 增值服务

B2B 网站除了为企业提供贸易供求信息外,还会提供一些独特的增值服务,包括企业认证、独立域名、提供行业数据分析报告、搜索引擎优化等。像现货认证就是针对电子产品这个行业提供的一个特殊的增值服务,因为通常电子采购商比较重视库存这一块。

5) 商务合作

商务合作包括广告联盟,政府、行业协会合作,传统媒体的合作等。广告联盟通常是网络广告联盟,亚马逊通过这种方式已经取得了不错的成效。但在我国,联盟营销还处于萌芽阶段,大部分网站对联盟营销还比较陌生。国内做得比较成熟的几家广告联盟有百度联盟、谷歌联盟、淘宝联盟等。

6) 线下服务

线下服务主要包括展会(英文为 Exhibition、Trade Fair)、期刊、研讨会等。通过展会,供应商和采购商面对面地交流,一般的中小企业还是比较青睐这种方式。期刊主要是关于行业资讯等信息,期刊里也可以植入广告。环球资源的展会现已成为重要的盈利模式,占其收入的 1/3 左右。而 ECVV 组织的各种展会和采购会也已取得不错的效果。

7) 按询盘付费

区别于传统的会员包年付费模式,按询盘付费模式是指从事国际贸易的企业不是按照时间来付费,而是按照海外推广带来的实际效果,也就是海外买家实际的有效询盘来付费。其中询盘是否有效,主动权在消费者手中,由消费者自行来决定是否消费。尽管 B2B 市场发展势头良好,但 B2B 市场还是存在发育不成熟的一面。这种不成熟表现在 B2B 交易的许多先天性交易优势上,如在线价格协商和在线协作等还没有充分发挥出来。因此,传统的按年收费模式越来越受到以 ECVV 为代表的按询盘付费平台的冲击。按询盘付费有四大特点:零首付、零风险;主动权、消费权;免费推、针对广;及时付、便利大。广大企业不用冒着"投入几万元、十几万,一年都收不回成本"的风险,零投入就可享受免费全球推广,成功获得有效询盘后,辨认询盘的真实性和有效性后,只需在线支付单条询盘价格,就可以获得与海外买家直接谈判成单的机会,主动权完全掌握在供应商手里。

2015 年国内 B2B 电子商务网站盈利模式的调查结果如图 10.7 所示。

B2B 电子商务平台的盈利模式主要来源于会员费制度,占 B2B 电子商务网站盈利的 76%;其次是广告收费,占比为 11%;IT 服务收费占比为 7%;其他营收占比 6%。从 B2B

整体盈利模式来看,各大商务网站盈利模式过于单一,对会员收费依赖较大。目前,我国国内经济处于转型期,B2B 企业增长乏力,电子商务网站如何突破盈利模式过于单一的瓶颈,是各大网站在当下需要规划和解决的问题。不过,从历史数据来看,会员服务费的营收正在逐年下降,而广告和 IT 服务的营收却在逐年增长。主要原因在于入驻 B2B 平台的商家逐年增多,很多企业靠广告投放得到更多的曝光度,从而扩大自己的销售额度。IT 服务增长主要来自于更多的传统企业向线上靠齐,由于技术和某些特定需求而定制 IT 服务。

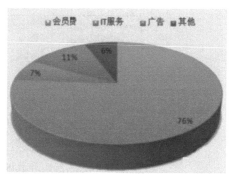

图 10.7　2015 年国内 B2B 电子商务网站盈利模式的调查结果

总体来看,会员服务收费占主要营收来源的这一趋势不会改变,但是比重会略有下降。

10.1.5　我国 B2B 电子商务的发展瓶颈

阻碍我国 B2B 电子商务的发展主要有以下四个因素。

1. 基础设施落后

我国发展电子商务的各项基础设施如信息技术、网上支付、通信、信息沟通等都较落后,虽然目前状况有所改善,但仍有一些小企业没有接入互联网,更谈不上实施 ERP。

2. 网上支付体系不完善

我国目前缺乏统一的在线支付体系,虽然各家银行都推出了自己的网上支付方案,但相互之间难以互联互通。此外,由于传统的支付习惯及网络安全性的影响,很多企业拒绝网上支付,仍然采用传统的线下支付。

3. 信息匮乏

在我国,信息匮乏是一个普遍存在的问题。目前,缺少能为企业提供第三方信用等级信息的结构。由于相互之间缺乏了解,增加了买卖双方以匿名方式进行 B2B 交易的风险。

4. 各行业发展不平衡

(1) 我国的大多数公司属于制造业,产品多为某个业务过程的中间产物,这些产品通过网络进行交易难度较大。

(2) 我国的第三产业不发达,就意味着第三产业的企业,如航空公司、银行等建立的以卖方为主导的 B2B 电子商务网站发展潜力不大,难以单个地从电子商务中获益。

对于电子商务网站来说,由于商家和商家之间没有进行实地考察和谈判,在商品以及售后等服务上存在偏差,很容易产生投诉等情况。速途研究院也整理了 2013 年中国 B2B 服务网站的投诉和受理情况,如图 10.8 所示。

阿里巴巴的投诉热度最高,5 颗星,投诉比例为 8.25%,网站反馈比例为 49.3%。阿里巴巴由于会员众多且鱼龙混杂,在企业监管方面仍然有很多漏洞,最主要的投诉案件发生在质量问题上。慧聪网投诉热度 4 星半,投诉比例为 5.35%,网站反馈比例为 63.4%,投诉问题主要发生在商品质量上。投诉占比最低的是中国网库,投诉占比仅为 0.95%,网站反馈比例为 96.5%,投诉问题在于货到迟缓。速途研究院走访了中国网库,据了解中国网库花费非常大的精力打造单品网,在人员和资金投入上是空前的,同时在用户体验和企业监管上

网站名称	主要投诉问题	投诉热度	投诉占比	网站反馈比例
阿里巴巴	质量问题	★★★★★	8.25%	49.3%
慧聪网	商品质量	★★★★☆	5.35%	63.4%
敦煌网	货到迟缓	★★★★	4.51%	73.5%
环球市场	虚假促销	★★★☆	3.58%	79.5%
环球资源	质量问题	★★★	3.52%	85.4%
网盛生意宝	质量问题	★★☆	3.23%	87.4%
中国网库	货到迟缓	★★	0.95%	96.5%

图 10.8 2013 年我国 B2B 服务网站的投诉和受理情况

都做了严格把关,有投诉问题及时处理,做到了很低的投诉比例和很快的反馈速度。目前,用户越来越重视平台的服务和监管力度,对服务的评价和挑剔程度也越来越强烈。只有良好的服务和氛围才能够在市场中占据重要的位置,得到用户认可。

10.2 培育开放、协同的电子商务生态系统——阿里巴巴

电子商务已经是一个涉及多方面的生态系统,如何从阿里巴巴的发展中体验其对电子商务生态系统构建的思路,探讨健康、开放、协调发展的电子商务模式,将是分析阿里巴巴成长的重要内容。

1999 年,阿里巴巴网站为中小型制造商提供了一个销售产品的贸易平台。其后,阿里巴巴茁壮成长,成为主要的网上交易市场,让全球的中小企业通过互联网寻找潜在的贸易伙伴,并彼此沟通和达成交易。

2002 年年末,公司宣布首次实现盈利 600 万元,并于 2003 年 5 月推出了个人网上交易平台"淘宝网",进入 C2C 电子商务市场;随后又推出第三方支付平台"支付宝",用于解决电子商务交易的支付问题。2005 年 8 月,阿里巴巴宣布全面收购雅虎中国全部资产,与雅虎公司达成战略联盟关系;雅虎出资 10 亿美元成为公司的股东之一。2007 年 11 月,阿里巴巴成功于港交所主板上市。2008 年 3 月,阿里巴巴成为恒生综合指数及恒生流通指数成分股。阿里巴巴成为全球领先的电子商务企业,是中国最大的电子商务公司。

2016 年 2 月,易观智库发布了《中国移动互联网用户分析 2016》,数据显示,阿里巴巴的用户覆盖率是 48.6%。

2016 年 3 月 17 日,阿里巴巴宣布成立 VR(虚拟现实)实验室,并首次对外透露集团 VR 战略。

2017 年 8 月 3 日,阿里巴巴集团宣布向国内全品类生鲜运营平台易果集团投资 3 亿美元,主要用于其冷链物流基础设施建设和扩充。

2018 年 1 月 16 日,阿里巴巴集团丝路总部在西安正式揭牌,未来阿里巴巴丝路总部将设立金融西部中心、阿里云西部数据中心、新零售研发中心等八大板块,助推"一带一路"建设。

2018 年 1 月 23 日,阿里巴巴集团向社会公布:2017 年,阿里巴巴纳税 366 亿元,平均每天纳税超 1 亿元,带动生态上下游纳税超过 2900 亿元;带动产业链上下游直接间接创造 3300 万就业岗位;带动 1/4 中国人参与公益。

2019 年 3 月,NBA 中国与阿里巴巴共同宣布,双方将升级战略合作伙伴关系,在 NBA

视频内容和节目传播、电商和大数据等方面展开全面合作;3月11日,阿里巴巴46.6亿元入股申通快递再扩物流版图;9月29日,绿地与阿里巴巴达成全面战略合作,共创"科技＋生态＋地产"合作新模式。

2020年1月3日,上榜2019年上市公司市值500强,排名第一。4月7日,阿里时隔11年重启"春雷计划"扶助中小企业。4月29日,阿里入股韵达股份,持股比例为2%,位列第八大股东。

2021年7月20日,2021年《财富》中国500强排行榜发布,阿里巴巴集团控股有限公司排名第十八位。

2022年5月26日,阿里巴巴披露第四财季及2022财年业绩。第四财季营收为2040.5亿元,同比增长9%;净利润(非美国通用会计准则)为198.0亿元,同比下降24%。

本案例介绍阿里巴巴由单纯的B2B网商交易平台发展为世界领先的电子商务集团的历程,重点分析阿里巴巴商业生态系统的核心——阿里巴巴B2B公司的业务模式、经济和社会效益和信用体系,为如何在我国现有条件下更好地开展电子商务提供了参考。

10.2.1 阿里巴巴发展概况

阿里巴巴B2B公司是阿里巴巴集团的旗舰子公司,是全球领先的B2B电子商务公司。公司的电子商务业务主要集中于B2B的信息流,是电子商务信息服务的平台服务提供商。公司总部设在杭州,并在中国超过40个城市设有销售中心,另外在中国台湾、中国香港、欧洲及美国均设有办事处。阿里巴巴每天通过旗下三个网上交易市场连接世界各地的买家和卖家。国际交易市场集中服务全球的进出口商,为中国出口型生产企业提供"中国供应商"服务,开展在全球市场的业务推广。中国交易市场集中服务于中国本土的贸易商,是阿里巴巴主要的信息服务平台及主要业务来源。而日本交易市场通过合资企业经营,主要促进日本外销及内销,也主推"中国供应商"服务,面向产品质量符合出口日本行业标准的中国进出口贸易企业。三个交易市场形成了一个拥有来自240多个国家和地区的4000万名注册用户的网上社区。阿里巴巴的首页如图10.9所示。

图10.9 阿里巴巴首页

随着企业的快速发展和不断成熟,阿里巴巴逐步将自己定位为以服务为主。在2010年,阿里巴巴在继续扩大会员基础的同时,更脚踏实地地回到根本,供客户之所需,急客户之所想。阿里巴巴投资发展其服务业务,提升供应商的质量,搭建诚信的买家卖家网络,并提供安全及方便易用的网上交易平台。在继续保持"会员费+增值服务"的战略作为长期业务发展方向的同时,继续提升业务模式,不停增强"相会在阿里巴巴"的价值,同时开始为中小企业客户创造更多"工作在阿里巴巴"的价值。阿里巴巴业务模式的提升为客户带来了价值,另外,也对阿里巴巴的收入结构及收费模式产生了影响。今天的阿里巴巴,与多年前刚上市时的阿里巴巴已大不相同。

2020年第三季度,中国零售市场年度活跃消费者达7.11亿,较截至2019年9月30日止的12个月期间增长1800万,其中超过60%的新增年度活跃消费者来自欠发达地区,在满足更多消费需求的同时,也带来新消费人群的重要增量。本季度,天猫"双十一"当日经支付宝结算的成交总额达到创纪录的人民币2684亿元,299个品牌迈入"亿元俱乐部"(成交额单位为人民币:元),15个品牌迈入"十亿元俱乐部"。淘宝直播为商家开辟新增长点,2019年12月,淘宝直播产生的商品交易额及月活跃用户数量,同比增长均超过一倍。阿里云将阿里巴巴集团电商业务的核心系统迁移至公共云上,扛住了"双十一"每秒54.4万笔的订单创建峰值,高延展性、可靠性及安全性的公共云基础设施,成为数字经济时代企业降本增效的重要路径。

张勇说:"新冠肺炎疫情发生后,我们发挥阿里生态强大的商业力量和技术力量,全力支持抗击疫情和保障生活所需,并推出了切实的商家扶助措施。"

2020年1月21日,阿里巴巴向平台商家发出公告,要求口罩、消毒液等防护用品绝不涨价,是国内首家主动公开呼吁商家不涨价的平台。1月22日起,与民生供给密切相关的盒马鲜生、饿了么、天猫超市等纷纷行动,各尽所能保障武汉医护人员和市民生活所需。1月25日,阿里巴巴宣布设立人民币10亿元医疗物资供给专项基金。同日,菜鸟网络联合全球物流业开通驰援武汉"绿色通道"。1月27日,钉钉发起"在家上课"计划,并于1月29日宣布向1000万家企业免费开放全套"在家办公"系统。1月29日,阿里云宣布向全球公共科研机构免费开放一切AI算力,加速针对本次疫情的新药和疫苗研发。

2021年6月,阿里巴巴推出绿色GMV——数据显示,2021年618每笔订单的碳排放同比减少了17.6%,相当于打8折。这主要得益于低碳物流、算法优化和能源优化。

2022年6月,阿里旗下15款App已经完成信息无障碍改造,未来将持续投入、升级标准,既要"能用",更要"好用",更好地服务老年人和残障人士等数字化弱势群体。

10.2.2 阿里巴巴业务板块

阿里巴巴是国内最大的电商平台,位列中国互联网巨头BAT之一。财报显示,中国零售市场移动月活跃用户数量达8.24亿,较2019年9月底净增3900万。阿里巴巴集团收入同比增长38%至人民币1614.56亿元。云计算业务单季收入首次超过人民币100亿元。本季度阿里巴巴集团在香港联交所主板挂牌上市,成为首个同时在美国和中国香港上市的中国互联网公司。

从2017财年起,阿里巴巴将其业务分为如下四大板块。

(1)核心电商业务(由国内外的零售、批发电商平台以及营销平台构成)。

(2)云计算业务(阿里云)。

(3)数字媒体和娱乐业务(优酷土豆、UCWeb等)。

(4) 创新业务及其他(包括 YunOS、高德地图、钉钉等)。

阿里巴巴以电子商务以及围绕零售业形成的生态为核心商业,阿里云、数字媒体娱乐、创新业务为拓展的业务。阿里核心商业从最早的 B2B 业务,到淘宝 C2C 再到天猫商城 B2C,到菜鸟物流提供一站式解决方案形成电商生态,再到本地生活服务饿了么平台,这一系列以中小企业数字化线上交易为核心的业务,这部分营业收入占到阿里收入的 88%。阿里云是阿里巴巴自主研发的云计算平台,阿里也是中国最早重视和进入云计算领域的企业,现在亚太地区排名第一,全球第三,是增长速度最快的云计算平台之一,并在 2020 年实现盈利,占阿里营收的 7%。数字媒体娱乐主要是以优酷为核心的大文娱业务,营收占 5%。创新业务主要以钉钉、高德地图以及天猫精灵等以聚焦用户价值的创新产品,这些业务还处于孵化阶段。

阿里核心商业主要围绕着消费者和商家这两个角色,即吸引商家入驻平台和吸引消费者到平台消费,阿里巴巴通过收取商家在平台上的推广费、会员费来收益。阿里 2020 年零售市场年度活跃消费者达到 7.79 亿,12 月移动端活跃用户达到 9.02 亿,新推出的淘宝特价版年活跃用户超过 1 亿。

阿里核心商业又分为:中国零售商业、中国批发商业、跨境及全球零售商业、跨境及全球批发商业、菜鸟物流服务和本地生活服务六部分。中国零售商业的营收分为平台营收和自营收入,平台营收以淘宝、天猫以及淘宝特价版为主,阿里对入住的商家收取信息流和搜索引擎的推广费用,这部分收入占总收入的 46%;自营收入来自天猫超市和盒马在内的直营业务,以及 2020 年收购的高鑫零售的收入,这部分收入占到 23%。中国批发商业收入来自于 1688 网站的会员费,占营收 2%;跨境及全球零售商业主要是东南亚零售平台 Lazada 和 Trendyol,占营收 5%;跨境及全球批发商业收入来自 Alibaba 网站付费会员,占 2%;菜鸟网络物流收入来自国内及国际一站式物流服务与供应链解决方案,营收占比 5%;本地生活平台收入即时配送和饿了么平台佣金,提供配送服务收取服务费及其他服务费,营收占比 2%。

阿里巴巴四大业务板块如图 10.10 所示。

图 10.10 阿里巴巴四大业务板块

10.2.3 阿里巴巴商业生态系统

阿里巴巴集团及其下属的各家公司以服务为核心,其服务能力延伸至电子商务的多个环节。利用其在电子商务服务上的经验和对网商群体的理解,以及数量庞大的会员吸引了大量相关机构的参与,如银行、物流、保险、IT企业、营销机构等,共同为网商提供了完善的服务。这些机构以各种形式聚集在阿里巴巴平台之上,逐渐形成以阿里巴巴集团为领导种群、阿里巴巴平台上的交易双方为关键种群、网络交易服务提供商为支持种群、增值服务提供机构为寄生种群的电子商务生态系统。这种以阿里巴巴平台为核心的电子商务商业生态系统的构成如图10.11所示。

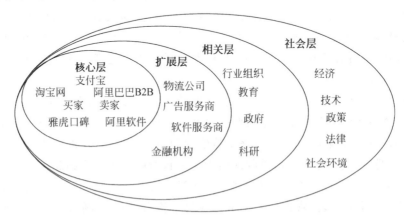

图10.11 阿里巴巴电子商务商业生态系统构成

从1999年阿里巴巴集团创建以来,以阿里巴巴为核心的电子商务生态系统经过二十多年的发展,系统内物种越来越丰富、物种结构越来越合理、自我繁殖与进化的机理越来越完善。该电子商务生态系统中的"物种"成员,按其定位可以划分为以下几类。

领导种群即核心电子商务企业,是整个生态系统资源的领导者,通过提供平台及监督服务,扮演电子商务生态系统中资源整合和协调的角色。

关键种群即电子商务交易主体,包括消费者、零售商、生产商、专业供应商等,是电子商务生态系统其他物种所共同服务的"客户"。

支持种群即网络交易必须依附的组织,包括物流公司、金融机构、电信服务商以及相关政府机构等,该种群并非依赖电子商务生态系统而生存,但可以从优化的电子商务生态系统中获取远远超过依靠自己竞争力能得到的利益。

寄生种群即为网络交易提供增值服务的提供商等,包括网络营销服务商、技术外包商、电子商务咨询服务商等。寄生于电子商务生态系统之上,与电子商务生态系统共存亡。

阿里巴巴作为中国电子商务生态系统的核心企业,遵循了核心型企业战略,在有效创造价值的同时,与自己的生态系统成员分享价值。

1. 阿里巴巴B2B平台带来的收益

阿里巴巴B2B公司推出了包括诚信通、中国供应商、出口商等诸多服务,不断满足中小企业在内外贸交易方面的需求,已经成为中小企业寻求供需信息、获得产品和服务信息、宣传企业和品牌、扩大内外贸易的重要平台。随着全球经济进一步变暖的趋势,中小企业面临的成本压力越来越大,中小企业电子商务化程度将得到进一步提高。阿里巴巴B2B平台极大地推动了中国中小企业内外贸交易,中小企业在阿里巴巴B2B平台上的投入带来了巨大回报。25.04%的中小企业在阿里巴巴B2B平台上获得平均234倍的交易额回报,53.84%的中小企业获得平均163倍的交易额回报。相比于传统营销方式,阿里巴巴B2B平台的效果明显较高。而随着阿里巴巴平台中小企业数量的不断增加,海量中小企业和海量供求信息可以带来更显著的网络效应,将使中小企业的投入回报进一步提高。

2. 政企协作:降低社会运行成本

2017年,马云带着阿里巴巴、蚂蚁金服等众多高管现身成都和重庆,分别与川渝签下战略合作协议。据不完全统计,目前全国已有20多个省区市与阿里系企业建立了战略合作关系。

事实上,地方政府携手互联网巨头进行战略合作,推进新型智慧城市建设,正在成为一种趋势。在某种程度上,这标志着新型政企合作模式的诞生。

"阿里式"政企合作模式的真正意义并不在于简单的商业价值。一方面,它不同于市场领域内的"新经济实体",即通过互联网技术与传统经济结合,依托技术和模式创新,降低传统经济模式交易成本;而是要让互联网技术向地方政府的公共服务领域进行拓展,完成市场与政府的有效对接。另一方面,它又不同于传统意义上的政企合作,即简单地参与公共服务的市场化提供或者参与城市的市场化建设,而是要运用云计算与大数据等有效技术手段,在互联网+政务服务、新型智慧城市建设等领域,用技术改造社会运行模式,有效降低整个社会的运行成本。

降低社会运行成本,需要政府、社会和企业共同努力。"阿里式"政企合作的意义就在这里。例如,支付宝城市服务已经涵盖政务、医疗、交通等9大类380多项服务,各级政府可以和蚂蚁金服一起,为当地老百姓提供更多政务和便民服务。另外,还有普惠金融对创业创新、扶贫脱困的支持,大数据、云计算在政府管理中的运用等。这不是简单的商业嫁接,而可能意味着对传统行政功能和结构的再造。

3. 创造大量就业机会

据中国人民大学劳动人事学院测算,截止到2017年,阿里巴巴零售平台带动产业链上下游,直接间接创造3300万个就业岗位。2019年9月10日,马云正式宣布"卸任"阿里巴巴集团董事长职位,集团CEO张勇(逍遥子)接任。2020年7月10日,张勇发表了上任后首封致股东信。张勇表示,阿里巴巴的下一个目标,是服务中国10亿消费者,到2036年,希望能够服务全球20亿消费者,创造1亿就业机会,帮助超过1000万中小企业盈利。

阿里巴巴的生态系统中不断诞生新的物种,从而创造出全新的岗位。据统计,目前在阿里巴巴新零售平台内,仅内容电商从业者已经超过百万人,另外,机器人饲养员、电商主播、"淘女郎"、数据标签工等新型就业岗位被创造出来。依靠互联网科技平台创新产生就业机会,已成为商业大趋势。

二十年后,阿里巴巴希望能够服务全世界20亿消费者,赋能1000万家赢利的企业,创造1亿就业机会。

4. 公益:"亲"已经成为最大的公益群体

在阿里巴巴,每名员工每年至少完成3小时公益服务,并于2017年启动"95公益周",将公益3小时平台和理念推向社会。在2018财年(2017年4月1日—2018年1月17日),阿里人已申报公益时超过 10 万小时。阿里巴巴 12 位女性合伙人身体力行,在 2017 年成立湖畔魔豆公益基金会,致力于帮助困境中的儿童和妇女。

公益不仅融入阿里巴巴人的基因,更通过平台融入商业模式,让"人人参与"成为常态。截至 2019 年年底,阿里巴巴公益、支付宝公益、3 小时公益平台共产生公益捐赠超过 100 亿笔、公益捐款超过 22 亿元,献爱心带动近 5 亿人。阿里公益基金会在环保领域投入超过 3 亿元,资助环保类项目近 300 个,蚂蚁森林带动公众种树超过 2 亿棵。疫情期间,阿里经济体累计投入超过 33 亿元,向 150 多个国家和地区捐赠了超过 2 亿件物资。也就是说,阿里巴巴平台上每 6 个卖家里,就有 1 个是公益人,并带动 1/4 中国人做公益,"亲"已经成为互联网时代最大的公益群体。

从 2010 年起,为更好地履行企业社会责任,建立长期稳定的公益资金投入机制,阿里巴巴集团承诺每年将年收入的 0.3% 作为公益基金,2017 年是连续第 8 年。

10.2.4 阿里巴巴信用体系

阿里巴巴围绕电子商务交易双方的实际需求,建立了一个多层次的诚信体系,包括阿里巴巴 B2B 公司的信用体系、淘宝网上的信用评价体系以及提供第三方托管的支付宝信用体系。阿里巴巴集团建立的这种新型的、多层次的互联网信用体系,有效解决了目前电子商务交易中的诚信问题。本节仅对阿里巴巴 B2B 公司的信用体系进行分析。

2002 年 3 月,阿里巴巴启动了"诚信通"计划。该计划主要通过第三方认证、证书及荣誉、阿里巴巴活动记录、资信参考人、会员评价五方面,来审核申请"诚信通"服务的商家的诚信。同时,通过诚信通指数把上述值量化,供浏览者参考。另外,诸如 ISO 体系等行业认证也成为诚信通会员重要的参考要素,并且阿里巴巴会用优先排名、向其他客户推荐等方式,来奖励那些诚信记录良好的用户。阿里巴巴不直接介入会员之间的贸易纠纷或者法律事务,通过提供评价体系以及社区的一套投诉和监管系统来约束所有诚信通会员的行为。

2012 年 2 月 21 日,阿里巴巴自爆"欺诈门"。公告显示,阿里巴巴 B2B 公司有近 100 名销售人员及部分高管和销售经理需要对其"故意或疏忽地允许骗子规避认证措施"及"在国际交易市场上有组织地进行诈骗的商户店铺"负直接责任。数据显示,2009 年有 1219 个欺诈账户被冻结,占 B2B 外贸客户的 1.1%;2010 年有 1107 个欺诈账户被冻结,占 B2B 外贸客户的 0.8%。目前,上述账户已经全部被关闭,并已提交司法机关参与调查。为此,公司 CEO 卫哲、COO 李旭晖引咎辞职。诚信是阿里巴巴最重要的价值观之一,这包括员工的诚信,以及为小企业客户提供一个诚信和安全的网上交易平台。任何违背企业文化和价值观的行为都不能被接受。

10.2.5 打造新商业文明——网商、网货、网规

随着电子商务向生产、流通、消费等环节加速扩散和渗透,电子商务在提高效率、降低成本、创造就业等方面的社会经济价值越来越突出,社会经济影响力也越来越广泛和深刻。

2011 年 7 月 15 日,由中国电子商务协会、阿里巴巴集团主办的"2011 年全国十佳网商评选"活动揭晓了 30 佳名单。30 佳网商将对本次评选的顶级桂冠——"全球十佳网商"发出最后的冲击。从网商评选名单上可以看出,零售类网商崛起已经成为一个不可忽视的亮点,传统零售业在电子商务的重压下,也开始寻求新的模式。本次 30 佳网商名单中,共有

10家淘宝品牌入围,它们不同于传统品牌,它们更注重创新、关注用户体验和消费者间的互动。

阿里巴巴将倡导和推进网货的力量,再用五年推进网规,因为没有网络上的诚信和做事的规则,互联网就不可能完善。网货让所有的消费者得到个性化的产品,网规会让这些企业更加透明,更加诚信,更加受消费者的尊重。

在当前金融危机的大环境下,电子商务的赋能效应更是尤为显著。在此情形下,一个以"网商、网货、网规"为支柱,以"诚信、透明化、责任和全球化"为前提的新商业文明已经呼之欲出。

10.2.6 阿里巴巴的收入来源及构成

从收费模式上看,阿里巴巴的收入来源主要有广告费用、交易佣金、会员费、增值服务费等,其中广告费用和交易佣金占了总营收的80%;从收入构成上看,电商平台的收入绝大多数来自国内(国内收入占比近5年维持在90%左右),而国内收入中,零售平台的收入又占了大头。阿里巴巴的收费模式如图10.12所示。

平台	收费项目	收费模式
国内零售	广告收入 P4P直通车	在淘宝搜索页的竞价排名,按照CPC计费
	广告展示费	按照固定价格或竞价CPM收取广告展示费用
	淘宝客项目	按照交易额的一定比例向淘宝和天猫的卖家收取佣金
	聚划算位置费	卖家购买聚划算的促销页面费用
	交易佣金	天猫和聚划算的卖家,对于通过支付宝的每一笔交易,需要支付交易额的0.4%~5%的佣金
	淘宝旺铺使用费	每月收取固定费用,同时店铺软件业提供收费工具以帮助店铺升级
国内批发	会员费和增值服务费	阿里巴巴诚信通会员年费6688元/年,可以给会员提供品牌建设、引流、引用认证等服务
	广告费用	P4P广告费用
国际零售	交易佣金	佣金率为5%~8%
	广告费用	第三方联盟营销广告费和P4P广告费
	商品销售收入	主要来自LAZADA平台的自营商品销售
国际批发	会员费和广告费用	Gold Supplier会员年费
	广告费用	P4P广告费
	增值服务费	提供出口/进口相关服务,包括清关、退税

图10.12 阿里巴巴的收费模式

核心电商业务的收入70%来自广告费用,30%来自交易佣金。阿里巴巴国内零售平台主要有淘宝和天猫(包括天猫国际和聚划算),主要的商业模式是商户在阿里巴巴的平台上开设店铺,使用阿里巴巴的广告服务,阿里巴巴收取广告费用,广告收入约占国内零售收入的65%~70%;另外针对天猫商户及聚划算平台上销售的卖家,淘宝还会根据交易额提取一定比例的佣金,佣金率大约为0.4%~5%,佣金收入的占比电商业务约为30%;此外,还有一些其他费用,例如淘宝旺铺的使用费等,但占比很小(2%左右)。

目前,企业发展中也暴露出一些主要问题。伴随着阿里巴巴的发展,会员的急剧增多,阿里巴巴的收入成倍增长,这说明各个中小企业都愿意加入阿里巴巴,通过电子商务平台和全世界的人做生意。慢慢地,中小企业发现同样的产品提供的厂商越来越多,相互之间大打价格战,价格越来越低,利润越来越少,生意越来越难做。说得极端一点,阿里巴巴赚得越多,中小企业竞争得越激烈。原来那种世外桃源式的日子已经一去不复返了,坚持不下去的中小企业纷纷关闭。

对一部分企业来说,阿里巴巴"让天下没有难做的生意"变成了"天下生意越来越难做"。阿里巴巴越成长,中小企业的日子越难过(当然还有其他因素的影响)。这不是阿里巴巴想要的,阿里巴巴不仅仅要让天下没有难做的生意,还要担负起培训这些企业如何发展的重担,真可谓任重而道远。

因此,这种以 B2B 为代表的电子商务模式迫切需要创新和发展,需要新经济理论的应用和拓展。

10.3 微创新培育竞争优势——网盛生意宝

浙江网盛生意宝股份有限公司(以下简称网盛生意宝)是一家专业从事互联网信息服务、电子商务和企业应用软件开发的高科技企业,是国内最早的垂直专业网站开发运营商之一,是国内专业 B2B 电子商务标志性企业。2006 年 12 月网盛生意宝在深交所正式挂牌上市,成为"国内互联网第一股",创造了"A 股神话"。上市之后,网盛生意宝积极拓展电子商务新领域,独创了"小门户+联盟"的电子商务新发展模式。公司在发展中进行持续的微创新,包括商业模式创新、平台创新和品牌创新。在此基础上,多维拓展业务,涉及线下会展、无线应用,并不断开发附加产品。

10.3.1 发展概况

网盛生意宝创建并运营中国化工网和全球化工网,并通过收购、参股的方式还运营包括中国服装网、中华服装网、中国纺织网、中国医药网、机械专家网、中国农业网等多个国内外知名的高成长性的垂直网站,推出了"基于行业网站联盟的电子商务门户及生意搜索平台——生意宝",开创了"小门户+联盟"的新一代 B2B 电子商务模式。网盛生意宝的首页如图 10.13 所示。

图 10.13 网盛生意宝首页

中国化工网是国内较早的专业化工网站之一,也是目前国内化工客户集中、数据丰富、访问量高的化工网站。中国化工网建有国内庞大的化工专业数据库,内含 40 多个国家和地区的 2 万多个化工站点,含 25 000 多家化工企业,20 多万条产品记录;建有包含行业内上百位权威专家的专家数据库,每天新闻更新资讯量上千条,日访问量突破 780 000 人次,是行业人士进行网络贸易、技术研发的首选平台。旗下全球化工网集一流的信息提供、超强专业引擎、新一代 B2B 交易系统于一体,享有很高的国际声誉。

中国纺织网是中国专业纺织行业网站之一,是数据丰富、访问量高的纺织专业人士的首选平台。网站拥有专业的纺织搜索引擎和纺织产品数据库,内含全球 80 000 多个纺织站点和 110 000 余条产品信息,内容涵盖商业机会、国际求购、纺织配额、新闻中心、政策法规等纺织行业的方方面面,日访问量达 350 000 人次,在同行业内享有 50% 以上的市场份额。

中国医药网创建于 1999 年,是国内最早的医药类综合网站。中国医药网依托诚信的作风和强大的技术优势,凭借丰富的用户资源,已经成为医药媒体领域中传播力和影响力最强的网络专业媒体平台,同时,占医药行业内 50% 以上的市场份额,具有很高的知名度和影响力。

生意宝是由网盛生意宝携手国内近千家行业网站共建的"行业网站联盟",以生意宝中心站为核心,以 3000 家联盟网站为圆周,辐射 1000 万会员的立体服务平台。内容涵盖企业、产品、资讯、行情、人才、会议等企业经营的各个层面需求,日均内容数据更新量 40 多万条,接受来自全球 200 多个国家和地区的 1200 多万客户访问,是基于行业网站联盟的电子商务门户及生意搜索平台。

网盛生意宝拥有一支由博士、硕士、学士组成的层次合理的技术开发队伍、市场开拓及服务队伍,现有员工 700 余人,平均年龄 26 岁,98% 为大学本科以上学历。网盛生意宝先后在北京、上海、广州、南京、济南、成都、沈阳、武汉、郑州、韩国首尔、美国西雅图等地设立分支机构,形成遍布全国、辐射全球的市场及服务体系。

2019 年第三季度公司实现营业收入 1.27 亿元,同比增长 6.46%。网盛生意宝客户数量继续保持稳步的增长,新增化工网客户 1456 家,新增纺织网客户 590 家,新增医药网客户 271 家,新增生意宝网站客户 3595 家,网盛生意宝旗下网站的综合竞争力持续增强。

网盛生意宝 2012 年深化了"B2B 电子商务战略""数据营销服务战略"及"大宗品交易战略"三大战略发展项目。为了适应企业电子商务需求的发展变化、带给用户更好地使用体验,网盛生意宝从 2011 年年末开始对原有的网站架构进行重构,加快了网站的访问速度,并增添了检测、认证、通信管理等多项增值应用,以此加强网盛生意宝在信息营销服务市场的竞争力。网盛生意宝旗下数据服务商——生意社,对包含能源、化工、塑料、有色、钢铁、纺织、建材、农副八大行业在内的 500 余个大宗商品进行长期的追踪分析。网盛生意宝提出"数据营销服务"战略,致力于开发、转变、提升生意社的商业价值,进行市场化运作。网盛生意宝投资 4000 万元人民币设立宁波网盛大宗商品交易有限公司,用于运营"大宗品交易网",主要致力于交易平台及上游渠道的开发建设。

10.3.2 微创新构建竞争优势

生意宝的成功,与其创新策略密不可分。自建立伊始,网盛生意宝就把创新作为发展的灵魂,将创新贯彻到商业模式、技术平台、品牌运作等多方面。

1. 商业模式创新:小门户+联盟

B2B平台一般有两种模式:一种是综合类B2B平台;另一种是专业化B2B平台。综合类B2B网站的特征表现为品牌知名度广、行业覆盖面广,但也存在"大而全,泛而不精"的缺陷。网站的编辑、运营与服务人员缺乏对各行业深入了解,导致无法提供专业化的B2B产品与服务,带来"信息爆炸"现象。以中国化工网为代表的专业化B2B平台,模式是专业性强,相比于综合B2B网站,专注深耕于所在某一行业,无论在网站内容与提供的服务上都很专业化;但该模式的缺点是产业规模相对较小,提供的服务难以打通上下游产业链。

"互联网就是一个信息场,我的目标是把这些信息进行分类,建立一个个的小门户。当然小门户多了,没有相互之间的整合,那将成为一个信息孤岛,这就需要联盟。"孙德良表示,"生意宝"就是他的联盟,是中央控制中心,而以中国化工网为代表的各个行业网站就是从属于"生意宝"的小门户,如图10.14所示。

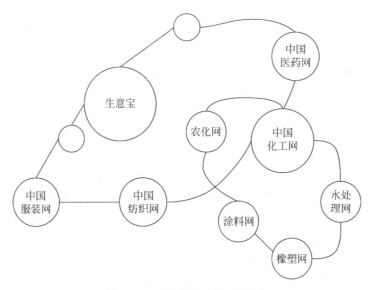

图10.14 "小门户+联盟"模式

网盛生意宝提出了"小门户+联盟"的新型模式。这是B2B领域的第三模式,其特点就是以垂直搜索平台"生意宝"贯穿海量提供专业信息服务的近千家行业门户网站,形成信息、流量、服务的共享联盟。参与结盟的各门户网站将各自客户发布的供需信息共享给生意宝,而生意宝作为公共的查询入口为用户提供查询结果。查询结果来自于联盟网站中任何一条符合查询要求的信息,并按照发布时间先后进行排序。通过这种模式,行业信息资源得以进行海量聚集和高效搜索。

"小门户+联盟"通过提供专业信息增值服务来吸纳入网会员,同时经营互联网广告业务,充分体现了互联网的信息提供和网络媒体两大功能。这个模式从理论上和实践上都得到了完全的证实,引起学术界和商界的关注与研究,并在近几年内得到极大认同。2007年,互联网知名研究分析机构易观国际指出:"小门户+联盟"是行业网站发展的必然趋势;2007年长江商学院和《商界》将"小门户+联盟"评为当年度中国最佳商业模式;2010年7月,浙商研究会将"小门户+联盟"评为浙商模式创新十大经典案例。

2. 平台的创新

网盛生意宝提出比"网商"更广泛的"生意人"概念,为"生意人"群体提供相应电子商务服务,挖掘并引导生意人潜藏的巨大内在需求和商业价值,并不断满足用户需求。这成为网盛生意宝自诞生以来,一直保持独特竞争力的一大法宝。为满足生意人的需求,平台进行五方面的创新。

1) 名词创新

网盛生意宝提出了生意系列的创新名词,如生意宝、生意搜、生意圈、小生意、生意社、生意吧、生意场、生意通、生意旺铺、生意快讯、生意网址等。

2) 版面创新

网盛生意宝打造生意宝平台时,一直在问一个问题:一个特定的生意人进入首页后到底需要什么?最后的答案是:生意人的共性需求,看看新闻、炒炒股票(财经)、上上搜索门户、上上B2B平台等;个性需求,特定行业、特殊爱好等。而生意宝的版面就是集合了生意人的"90%的共性需求+10%的个性需求"的最佳平衡点,造就了平台的口号:生意人的第一站!

3) 技术创新

"小门户+联盟"就是由多个行业网站相结合,由生意宝联盟网站进行打通,是一种源于"垂直搜索"的信息资源聚集和搜索的方式。

4) 栏目与内容创新

如生意社,是大宗商品资讯行情信息社,由涉及国民经济底层的大宗商品、基础原料的专业细分资讯平台即资讯通组成。生意场,以人物为中心,专注改革开放30年来生意人的成功与失败的故事,是生意人的沉浮录。

5) 运营机制创新

网盛生意宝内部的运行机制都是围绕着"小门户+联盟"来运作的。目前,国内直营办事处基本覆盖了我国大部分的省份,还在稳健地推动国内、国际办事机构的发展,运营上已打下了扎实的基础。

3. 品牌运作创新

在生意宝平台的宣传上,网盛生意宝巧借资本市场,通过变更证券简称,以几乎零成本的代价来达到宣传目的。由于中国证券市场关注人群广泛、媒体聚焦度高,已经成为上市企业的重要宣传载体。在开创"生意宝"平台时,将股票简称由"网盛科技"改为"生意宝"。这无疑对全国两亿股民做了不可估量的免费广告。据了解,非因资产注入、公司实际控制人、主营业务变更等事项来变更公司证券简称在我国尚属首次。网盛生意宝因而成为了第一个把资本市场作为了一个宣传工具平台的开拓者。中国的资本市场除了融资功能和完善企业治理结构外,还挖掘出了巨大的广告宣传功能。这种品牌运作创新使网盛生意宝在短短两年时间从零开始的"小门户+联盟"生意宝网站,做成具备每日100多万条的商机发布量与100多万人的同时在线人数的大企业。

10.3.3 多维扩展业务

凭借创新策略,在打造生意宝商务模式、技术平台,并进行品牌推广的基础上,网盛生意宝采取了多维扩展策略,不断拓展服务领域,丰富服务内容,扩大业务规模。

1. 线下服务延伸

近年来,原本"扎根"网上的电子商务服务企业纷纷开始涉水线下会展,借助"线上为主,线下为辅"的模式帮助传统企业拓展新的发展空间。其中,线上"虚拟展会"加线下"面对面交易会"的虚实互补结合方式,俨然成了电子商务企业觊觎的一大热点。从某种角度来讲,会展业与电子商务是一种"竞合关系",双方都是通过搭建一个平台供企业在上面交流、交易。电子商务主要是在网络平台上完成,有着人脉的广泛和不受场地限制、不限人数和商品数量、不受时间约束的优点;会展则是通过在特定的时间,提供实际场地,让买家看到实物商品,使企业可以进行面对面的细谈,增加成功率,达到了线上线下优势互补。

网盛生意宝在提供更多网上增值服务的同时,也开始转向线下为客户提供更多全面的增值服务,为中小企业提供一揽子B2B解决方案。首次涉足线下展览业务是在2008年年底,当时与中国贸促会化工行业分会共同主办了"2008中国国际精细化工展"。这是网盛生意宝11年来首次突破线上B2B,涉足线下专业会展业务。当时由于美国次贷危机引发的经济减速触发了全球金融海啸,各大中小企业深受影响。为了助企业"过冬",网盛生意宝通过线上、线下相结合的方式,在帮助企业顺利"过冬"的同时,也进一步提高了自身抗经济风险能力。

涉足线下展览,是网盛生意宝为注册网商提供的一种线下增值业务。初涉实体展会不仅是网盛生意宝在电子商务产业链战略布局的重大举措,也是近年来继"小门户+联盟"B2B商业模式创新后,在服务创新、产品业务线创新上的重大突破。通过突破线上服务,涉足线下专业B2B会展领域,深挖行业"纵深化"服务,为企业提供除线上B2B服务外的线下专业贸易增值服务与全面的、深入的一揽子B2B解决方案。

2. 发展无线应用

2009年网盛生意宝对外宣布了"3G战略","3G战略"不仅限于电子商务搜索搬上3G手机屏幕。作为国内领先的电子商务公司,网盛生意宝今后会进一步密切关注3G的发展与应用动态,未来不排除在融合新媒体与电子商务的3G业务上进行战略布局。

2012年4月,网盛生意宝宣布发布首款移动互联网产品"期货通",该产品是为国内期货投资者专门开发的一款无线电子商务客户端软件。这不仅是长期专注B2B领域的网盛生意宝15年来首款面向个人的移动互联网产品,而且标志着网盛生意宝首度正式进军当前热火朝天的移动电子商务领域。

3. 开发比购宝

2011年5月23日,网盛生意宝宣布启动公司"B2C战略",推出专业网络购物导航网站"比购宝"(测试版)。2011年6月29日,比购宝推出了"打折促销"频道,该频道收录了近期各网购平台的各种打折促销信息。网盛生意宝涉足B2C市场,具备了与其他B2C网站不冲突的第三方优势,且日均PV流量达到4000万,比购宝将致力于打造成"网络购物第一站"。

4. 打造大宗商品数据服务商

除在B2B电子商务流域继续深耕外,网盛生意宝于2011年正式对外推出了大宗商品数据服务平台——"生意社",该平台目前已成为跟踪、分析和研究大宗商品的权威机构。

2011年2月,网盛生意宝成功收购某顶级域名,并已跳转用于生意社的统一域名。生产者价格指数(Producer Price Index,PPI)是反映全部工业产品出厂价格总水平的变化趋势和程度的相对数,它将直接影响下游的CPI(Consumer Price Index),即消费者物价指数。

2012年1月初,生意社在上海推出了大宗商品供需指数(Bulk Commodity Index,BCI),作为国内首个大宗商品指数,该指数一经推出就成为制造业的重要评价指标和宏观经济变化的"晴雨表"。

10.4　思考与实践

1. 简答题

(1) 什么是"相会在阿里巴巴"?这项服务有什么特色和优势?

(2) 阿里巴巴目前有哪些业务?

(3) "小门户＋联盟"模式的创新点是什么?

(4) 请分析比购宝的商业模式。

2. 实践题

(1) 在中国制造网上为某企业发布商品信息。

(2) 门户网站电子商务解决方案实践:对于某公司已建立自己的网站和财务、设备、进销存等信息系统,现在想构建一个信息门户网站,那么应该从哪些方面进行方案设计?请通过案例分析的方式对此公司的门户网站方案进行设计。通过有关的案例调查,撰写一份相应的门户网站电子商务解决方案。

(3) 电子商务方案选取实践:某企业要建网站,打算采用 ASP＋SQL Server 的技术平台,并打算选择一个 500MB 的虚拟主机空间,初步筛选出中国万网、中国 V 网、网众时代和商务互联(或者选取其他服务提供商也可以)四个方案,请以小组为单位(组成评价小组)分别运用评分法、加权平均法进行电子商务方案选取的实验,选择出一个较好的方案。

(4) 通过查阅相关资料,分析阿里巴巴是如何解决物流问题的。

第 11 章 消费者间的电子商务——C2C 模式

本章学习目标
- 熟练掌握 C2C 电子商务的盈利模式;
- 了解 C2C 电子商务的发展瓶颈。

本章先向读者介绍 C2C 电子商务的盈利模式,再介绍 C2C 电子商务的发展瓶颈,最后介绍典型的 C2C 电子商务网站闲鱼。

视频讲解

11.1 C2C 电子商务概述

消费者间的电子商务(Consumer to Consumer,C2C)是指消费者与消费者之间通过 Internet 开展的电子商务。C2C 交易是电子商务中最活跃的交易行为,其特点类似于现实商务世界中的跳蚤市场。C2C 电子商务网站就是为个人商品交易提供的网络平台,C2C 电子商务的国内代表企业有淘宝网、易趣网、拍拍网(见图 11.1)。

图 11.1 拍拍网首页

11.1.1 中国 C2C 电子商务的发展

1. C2C 电子商务的现状

2019—2020 年,相对于 C2C,B2C 占网络零售额的比重较大,绝大多数保持在 75% 以上,C2C 占网络零售额的比重整体在 23% 上下波动。2020 年第一季度,B2C 网络零售额达 1.7 万亿元,同比增长 4.5%,占网络零售额的比重为 76.8%,较上年同期提升 2.7 个百分点,B2C 市场优势明显。2019—2020 年第一季度中国网络购物市场交易规模结构如图 11.2 所示。

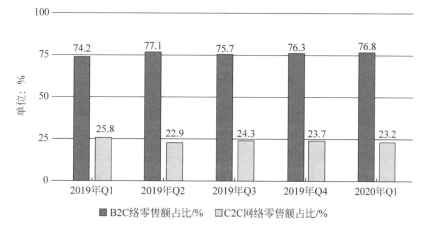

图 11.2　2019—2020 年第一季度中国网络购物市场交易规模结构

受疫情影响,网络用户规模呈现较大幅度的增长。网络零售成为消费增长重要动力。未来,随着"云经济"时代来临,在大数据、技术的推动下,网络零售业态呈多元化发展、直播电商、无人零售等新业态、新模式层出不穷,消费潜能进一步释放,推动网络零售发展。

2. C2C 电子商务的特点

C2C 电子商务即网络世界中的跳蚤市场,主要有以下四个特点。

1) C2C 电子商务的参与者多,覆盖面广

从理论上来说,C2C 电子商务是最能体现互联网精神和优势的,数量巨大、地域不同、时间不一的买方和同样规模的卖方通过一个平台找到合适的对家进行交易。在传统领域要实现这样大的工程几乎是不可想象的。同传统的市场相比,它不再受到时间和空间的限制,节约了大量的市场沟通成本,其价值是显而易见的。

2) 商品信息多,质量参差不齐

C2C 网站有着数量众多的待出售的物品,不仅有人们日常生活中的常用物品,如衣服、鞋帽、化妆品、家电、书籍等,也有各种各样的新鲜物品,如游戏点卡、个人收藏、顶级奢侈品等。此外,商品的质量也是参差不齐的,既有全新的,也有二手的;既有正品的,也有仿造的;既有大工厂统一生产的,也有小作坊个人制作的。总之,C2C 电子商务网站把传统的大商场、特色小店、地摊和跳蚤市场统统融合在了一起,商品信息相当庞杂。

3) C2C 电子商务的交易方式相当灵活

C2C 电子商务不同于传统的消费交易方式。过去卖方通常具有决定商品价格的优势,而消费者的议价空间十分有限。C2C 电子商务网站的出现,使得消费者也有决定商品价格的权力,并且通过消费者相互之间的议价结果,让价格更有弹性。因此,通过这种网上竞拍的方式,消费者在掌握了议价的主动权后,可以获得更多的实惠。

4) C2C 电子商务能够广泛地吸引用户

打折永远是吸引消费者的制胜良方。由于拍卖网站上经常有商品打折,对于注重实惠的中国消费者来说,这种网站无疑能引起他们的关注。对于有明确目标的消费者,他们会受

到利益的驱动频繁光顾 C2C；而那些没有明确目标的消费者，他们会为了享受购物过程中的乐趣而流连于 C2C。如今 C2C 网站已经存在不少这样的用户，他们并没有什么明确的消费目标，他们花大量时间在 C2C 网站上游荡只是为了看看有什么新奇的商品，有什么商品特别便宜，对于他们而言，这是一种很特别的休闲方式。因此，从吸引"注意力"的能力来说，C2C 的确是一种能吸引"眼球"的商务模式。

11.1.2　C2C 电子商务的盈利模式

近年来，虽然 C2C 模式的交易量很大，但现阶段国内的 C2C 电子商务网站还没有清晰而明确的盈利模式。从 C2C 电子商务网站发展的长远角度出发，没有盈利，再大的交易量也无法保持 C2C 电子商务健康持续的发展。这是因为买家、卖家和电子交易平台提供商三者相互依存，密不可分，共同构成了 C2C 电子商务模式的基本要素。对于 C2C 电子商务而言，买卖双方只要能够进行交易，就有盈利的可能，该模式就可以继续存在和发展。但是，这个前提是必须保证 C2C 电子商务平台提供商实现盈利，否则，这个模式就会失去存在和发展的基础。

从目前看，美国 eBay 公司、TOM 易趣、中国台湾的雅虎奇摩等公司在 C2C 网络拍卖市场中已经形成比较健康而成熟的盈利模式，即"广告收入＋会员服务收入＋增值服务收入"，其中广告收入是针对品牌或企业广告主，会员服务收入主要是针对买卖双方，增值服务收入面向的是用户中的高级细分用户群，如表 11.1 所示。

表 11.1　C2C 电子商务的盈利模式

盈利模式	收费内容	收费的具体形式
广告收入	广告费用	推荐位费用、站内电子报
	搜索费用	关键字搜索、竞价排名
会员服务收入	店铺费用	年租费/月租费
	交易服务费	按交易金额提取一定比例
	商品登录费	产品图片发布费、橱窗展示费
增值服务收入	特别服务费	产品的特色展示费用、信息的增值服务
	服务收费	物流服务收费、支付交易费用

目前，就我国 C2C 电子商务模式发展现状而言，虽然仍以免费为主流，但收费是必然趋势。因为收费至少可以产生两方面效应：一方面，能提高网上交易的诚信度，由于门槛提高，像随意开店、靠虚假交易骗取诚信积分等现象将有所好转；另一方面，网站一旦拥有费用来源，便可以很好地加强和稳定网站各方面建设，包括企业文化、顾客关系管理、知识产品权保护等，壮大网络成长的力量。

物流问题、诚信问题和支付问题成为制约 C2C 电子商务发展的三大瓶颈。

1) 物流问题

C2C 电子商务发展不起来的一个很重要的原因就是存在严重的物流问题。《2010 年中国 C2C 网上购物调查报告》显示，C2C 网站不直接负责物流配送，网上购物的物流配送方面也存在较大的问题，容易导致买卖纠纷。因此，如何将准确数量的准确产品在准确的时间内，以最低的费用送到用户手中，仍然是发展现代 C2C 电子商务物流的必然要求。它直接影响到C2C电子商务交易在价格、交货期、服务、质量等方面的诸多问题。可以说,C2C电子商务的物流问题是制约其发展的瓶颈。

2) 诚信问题

根据《2010年中国C2C网上购物调查报告》显示,包括买家(卖家)信誉、信用评估机制与赔付担保承诺在内的诚信与交易安全体系已经基本成型。然而网上交易对于绝大多数中国人来说,是一种非面对面的交易方式。互联网跨越了地域的局限,把全球变成一个巨大的"地摊",而互联网的虚拟性决定了C2C的交易风险更加难以控制。以eBay为例,据统计,在每25 000件交易中就会发生一起诈骗案件,网络诈骗在C2C模式下已经到了比较严重的地步。而且,我国的诚信建设还处在一个相对较低的水平,网民的诚信意识普遍不高。如何使诈骗成为一种高风险、高机会成本的事情,是我国电子商务相关法律部门需要解决的问题。

3) 支付问题

在我国C2C发展的前期,支付问题曾经是制约C2C电子商务发展的瓶颈问题。但随着网站和银行的合作,以及网上银行延伸的区域越来越广,C2C网上购物的支付体系已经广为C2C消费者接受。不过,部分网上购物者对网上银行的顾虑仍然存在。

11.2 闲鱼:让闲置游动起来

11.2.1 我国二手交易市场概况

在电子商务的快速发展下,许多人慢慢了解并习惯通过网络进行购物,甚至沉溺于此,成了名副其实的"剁手党"。大强度的"买买买"造成了闲置物品的大量堆积,而勤俭持家的传统文化又让消费者迫切想要通过"卖卖卖"的形式来弥补冲动消费带来的后果。然而内敛、爱面子、需耗费较高的时间成本等众多因素使消费者望而却步,但C2C二手交易平台的出现恰好解决了这些矛盾,它利用圈子聚集人群,以闲置物品售卖的形式形成一种独特的分享经济。所谓的分享经济可分为两种:一种是转让部分使用权的经济活动,如拼车、租车等;另一种是转让所有权的经济活动,如转让二手物品、二手房等交易。本书要说的就是第二种。

二手交易市场份额巨大,据《中国分享经济发展报告2016》显示,2016年中国分享经济市场规模高达4000亿元,分享经济市场中存在超过5亿的潜在消费者,随着人们消费水平的提高和消费意识的转变,二手交易市场规模也会越来越大。但由于二手闲置市场目前存在着相关法律法规不完善,质量、交易等标准难以确定,线上交易纠纷多,信用体系难以建立等一系列问题,导致这块大蛋糕变成了难啃的硬骨头。在国内,较为出名的二手交易网站有阿里巴巴的闲鱼、58赶集的转转和猎趣网,还有一些靠细分市场另立门户的网站,如主打二手奢侈品和数码3C的"旧爱",主攻时尚商品的"空空狐"等。图11.3是2021年中国二手交易平台的排名情况。

二手交易网站的盈利方式包括广告营收、中介佣金、增值服务营收等,但目前线上二手交易市场还在发展阶段,二手交易网站还不敢谈盈利,多数以免费的形式吸引、绑定用户。

目前,主要的线上二手市场支付方式还是支付宝、微信支付、网上银行等形式。

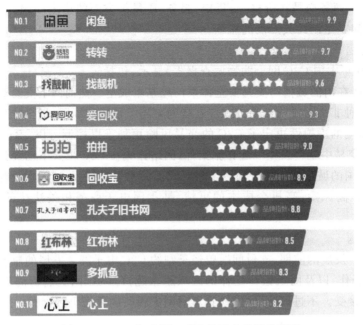

图 11.3 2021 年中国二手交易平台的排名情况

11.2.2 闲鱼与转转的对比分析

2014 年,淘宝二手改名为"闲鱼",以全新的面貌重新进入 C2C 二手交易市场。而此前说到线上二手平台,大家所熟知的 58 同城和赶集网在 2015 年合并成为 58 赶集,并推出了与微信深度整合的转转。表 11.2 为闲鱼与转转的对比分析表。

表 11.2 闲鱼与转转的对比分析表

方　　面	闲　　鱼	转　　转
背景	阿里巴巴旗下	58 赶集集团
生态优势	淘宝、支付宝	微信、微信支付
特色模式	鱼塘、社区化	微信、社交链
物流	菜鸟裹裹	58 速运、大件二手物品货运
发布功能	淘宝一键转卖	照片美图
特色专区	租房专区、拍卖专区	海淘专区、转转优品(手机)
信用认证	芝麻信用、淘宝会员等级、支付宝实名认证、新浪微博认证	身份认证、名企认证、名校认证、芝麻信用
操作便利性	淘宝一键转卖,发布快捷方便	界面简洁,查看分类方便
信息展示方式	文字、图片、视频	文字、图片

1. 背景

2014 年之前,58 同城和赶集网占据了 C2C 二手交易市场的大部分份额。而后,淘宝二手改名为"闲鱼",以阿里巴巴集团为后盾,以全新的运营模式进入市场,渐渐占领了一部分市场份额。为了与闲鱼抗衡,58 同城和赶集网进行了合并,同时也是为了降低恶性竞争的成本,实现"1+1>2"的效果。闲鱼首页如图 11.4 所示,转转首页如图 11.5 所示。

图 11.4 闲鱼首页

图 11.5 转转首页

2. 生态优势

闲鱼拥有淘宝巨大的用户基数、支付宝的担保交易和阿里巴巴的大数据,使其在发展过程中省了不少工夫。而微信在近几年也成了主流社交工具,微信支付在国内手机支付市场与支付宝并驾齐驱,可以说转转与微信的合作是转转发展过程中的重要转折点。

3. 特色模式

闲鱼重新改版上线以后能迅速在 C2C 二手交易市场火爆,很大部分原因是得益于鱼塘这种新式的社区交易方式。闲鱼的鱼塘有两种:一种是以地理位置划分;另一种则是以兴趣爱好划分,将线上的陌生人通过地理位置相近或者兴趣爱好相同来联系起来,让他们可以通过鱼塘保持半熟关系,以此建立相对信任环境,提高交易的成功率。同时,在闲鱼,宝贝曝光率与售出概率息息相关,而花费鱼贝购买相应服务可以快速提高宝贝曝光率,鱼贝目前可通过每日的签到和分享来获得,因此,这保证了鱼塘的活跃度,促使着用户多多沟通交流,打造一个不仅仅是只为了二手交易服务的网上社区。

反观转转,需要以微信账号登录,这大大提高了潜在用户想要在转转上发布二手物品信息的准入门槛,其交易模式与这几年很火的微商有点相似,也是通过朋友圈中的熟人关系营造信任环境,以此来加大交易的成功率。但是目前,根据用户反映,这种方式存在着不合理的地方,用户能互相查看微信好友在转转上发布的二手物品的信息,可是大多数二手物品价值较低,因此在较为熟悉的关系中,碍于面子问题,双方都很难进行杀价还价,同时也不希望隐私被泄露,因此,降低了交易的成功率和用户满意度。

4. 物流

闲鱼与菜鸟裹裹进行战略合作,在闲鱼上交易可以直接在 App 上在线叫快递,线下的步骤直接在线上完成,而转转在物流这方面也结合了 58 速运,接入大件二手物品快递服务,用户可通过 App 直接对大件物品进行实时检测。由于 C2C 二手交易平台有一大部分卖家都是普通消费者,闲鱼和转转在物流方面提供了特殊便捷的服务,降低了用户进行线上二手交易的成本,提高了交易便利性,因此大大增加了用户在平台销售二手物品的积极性,从而提高交易成功率。

5. 发布功能

闲鱼的发布商品中提供一键转卖的功能,阿里巴巴中也有一键转卖到淘宝的相似功能。如果用户的二手物品是从淘宝上购买回来的,可以使用此功能,将淘宝中该宝贝的宝贝详情页的信息一次性发布在闲鱼上,30 秒内即可完成发布。淘宝中宝贝信息是交易成功率重要的影响因素,商家编辑宝贝的成本会均摊一定数量甚至大量的同款商品上,而闲鱼不同,用户出售的商品数量一般只为 1~2 件,同时,由于对商品了解有限,文字表达能力有限等多方面原因,要想写出较为具体详细、吸引买家的宝贝信息是需要花费较大的时间成本的。

在转转发布商品、上传照片时,可以直接在 App 里对照片进行简单编辑,如裁剪、打马赛克甚至一键美图,实用易操作。

11.2.3 闲鱼为何能快速发展

闲鱼前身为"淘宝二手",因此有着一定的用户积累。淘宝拍卖频道纳入闲鱼后,也为闲鱼带来了一定的流量。同时,闲鱼又背靠阿里巴巴集团,通过云数据技术,利用并整合阿里巴巴集团旗下的其他平台资源,包括支付宝、淘宝、菜鸟网络等,实现了支付订单、快速发布、信息认证等多项功能,大大提升了闲鱼的操作便利性和交易安全性。鱼塘这种新型社区是打开线下二手交易市场的驱动点,也为闲鱼上的二手交易营造了一个半熟的相对信任环境,大大提高了闲鱼的用户黏度和使用体验。

11.2.4 闲鱼目前存在的问题与不足

1. 交易纠纷问题

交易纠纷一直是线上交易存在的主要问题,不管是交易全新商品还是二手商品,主要原因有以下四点。

(1) 线上二手交易的性质导致了二手物品在交易过程中对于出现的使用痕迹和缺陷,难以明确是哪一方的责任。

(2) 闲鱼对用户的监管力度不够。用户大多数为个体消费者,无须登记营业执照等,其他认证也没有强制要求。

(3) 产品质量也是导致交易纠纷的重要因素。以手机为例,一直以来,闲鱼上的二手手机质量良莠不齐,大量残次品、翻新机使闲鱼在二手手机方面口碑变差。

(4) 部分黑心卖家通过盗图、"选择性"描述物品、提供虚假信息等方式对二手物品进行美化,造成买卖方之间信息严重不对称,同时,部分类目产品很难以外表判定质量,导致买方用户在收到产品时,心理落差较大,感觉受骗,从而产生交易纠纷。

2. 安全问题

安全问题包括人身安全问题和财产安全问题。

（1）同城交易在线上二手交易中是比较常见的交易方式，而一些不法分子往往会利用同城交易为借口进行威胁、性骚扰、勒索甚至绑架等电子商务违法行为。

（2）闲鱼上大多数采用支付宝或银行转账进行支付，不法分子利用用户对闲鱼平台交易规则不熟悉进行欺诈，如引导用户在非官方渠道进行聊天和支付，导致难以取证或难以查明资金去向。还有一种较为常见的欺诈手法就是调包物品，以退货为借口，将正品换成次品，甚至将物品换成废纸退回给卖家。

3. 用户出售禁售物品

用户发布禁售物品信息一直都是平台运营无可避免却不得不防的严重问题，甚至有不少网站因存在违禁信息被依法关闭。闲鱼近日就被用户反映在平台出售色情低俗产品和服务，影响极其恶劣。

11.2.5 解决对策和建议

1. 加大信息透明度

闲鱼公开买卖双方的留言互动、交易记录、信用等级等信息。买家在交易前，可在首页、鱼塘中浏览闲置商品，若是看到感兴趣的物品，可使用留言功能向卖家留言咨询。买家和卖家的留言互动均为公开，即所有的闲鱼用户均可看到留言互动。当买家进入感兴趣商品的主页时，可看到卖家的闲鱼历史交易记录、是否通过实名认证和芝麻授权认证等基本信用资料。

通过加大信息的透明度，减少二手闲置市场信息不对称、卖家谎报信息或价格的情况，同时督促卖家提供与商品描述质量相符合的闲置商品。

2. 充分利用大数据资源

闲鱼可以依靠淘宝、支付宝等大数据资源，让卖家无须开店，即可享受支付宝的担保服务。闲鱼上涉及的商品类型也可以直接和淘宝类目对接，包括服饰、母婴、家电、数码等多种品类。当买家浏览闲置商品时，闲鱼的"猜你喜欢"功能可结合淘宝、支付宝的大数据资源，针对性地向用户推送其可能感兴趣的物品，以增加交易的成功率。通过引入大数据，提高市场准入门槛。通过淘宝、支付宝已有信用基础，保证买卖双方的交易成功率。

3. 增加安全中心功能

建立安全中心，提供交易欺诈赔付保障服务，弥补买卖双方由于二手闲置市场信息不对称所带来的交易过程中的地位差距，为维护买家权益提供了途径与平台。

如果买家在交易过程中因卖家的欺诈行为而造成了损失，那么可以在交易完成的60天内，通过欺诈保障服务申请赔付。闲鱼会在三个工作日内受理申请，并确认赔付金额，及时退款至买家的支付宝账户中。

闲鱼平台针对卖家权利也提供了相应的保障。只有交易行为符合淘宝与闲鱼双方平台等一系列相关协议或法律法规的买家才能成功递交申请；同时，买家的交易行为也会经过平台判定，避免买家异常行为和非正常交易情况。闲鱼对买家赔付申请条件的限定，也避免了买家和卖家串通诈骗、牟利等行为，在一定程度上起到了维护平台运营秩序的作用。

4. 开启实名认证

卖家可通过淘宝、支付宝的账号密码登录闲鱼。若是第一次登录的卖家,需要完成认证步骤,通过人脸识别技术实名认证后,才可发布闲置物品。实名认证是由阿里巴巴集团提供的一项身份认证服务。该服务运用全球领先的人脸识别技术保障个人身份的真实性,保证闲鱼用户身份的真实性。较之前相比,实名认证能够有效地提高卖家可信度和交易信用体系的完善性。

11.2.6 借鉴与启示

1. 闲鱼对其他C2C二手交易平台发展的启示

(1) 物流是线上交易中重要的一部分,如果C2C二手交易平台没有自营物流,可以与物流公司合作,建立完善的物流配送模式,为用户提供更便捷的一站式服务,降低用户交易的成本。

(2) 建立网上社区,让陌生人通过一种特殊关系连接起来,消除用户间的不信任,营造半熟环境。甚至对想要在小社区里发布信息的用户也要有相应的严格要求,如闲鱼上一些按照地理位置划分的鱼塘,用户的定位是相距几千米内才能在该社区发布,这保证了该社区的信息的质量,防止恶意用户刷屏等。

(3) 与社交网络、支付工具合作,利用网络大数据,对用户进行身份认证,从而形成信息网,降低人与人之间建立信任链接的成本,也提高违规行为的成本。

2. 闲鱼对整个二手交易市场规范发展启示

(1) 对部分产品类目,建立科学规范的鉴定评估体系,无论是线上还是线下的二手交易市场都可以以该鉴定评估体系作为标准。第三方评估机构可按照规范后的鉴定标准对产品各方面进行评估时,甚至做到评等级或分数,方便普通消费者对产品进行了解和筛选,同时也保证评估鉴定工作的公正性和准确性。

(2) 政府应加强对C2C二手交易市场的监管,细化监管要求,建立新的市场秩序。可设立与之相关的监管机构,并加快相关法律法规的制定,构建新的监管框架对C2C二手交易市场进行正确引导,让各C2C二手交易平台在良性的市场环境中发展。

11.3 思考与实践

1. 简答题

(1) 讨论信息系统的稳定性与安全性对网上交易的影响。

(2) 如何进行网上交易的诚信度评价?

2. 实践题

(1) 选择一个C2C平台,在其上进行注册,以竞价的方式卖出或买入一件商品,体验网上拍卖的过程;记录和描述在该C2C网站上竞拍或拍卖的过程,完成竞拍方式及竞拍流程报告。

(2) 网店实践:选取一个主题进行网上开店实践,请根据开店主题列表进行选择,也可以不限于以下列表,自己选择主题。

开店主题为:个性鲜花店、婴儿用品店、宠物店、枕头专卖店、个性娃娃店、网上数码店。

实践中需要完成以下工作。

① 制订开店规划。要求在规划中进行同行相关产品商业价格特征分析。其中对网上同行产品进行分析,可以从价格水平、价格弹性、标价成本、价格差异进行分析,可以对网上同类商品价格差异原因进行分析,如产品的不可比较性、购物的便利程度及购物经验、商家的知名度、品牌和公众对商家的信任度、锁定顾客、价格歧视等方面,完成网上相关商业价格特征分析报告。在实践规划中重点体现出网店品牌形象策划的内容。

② 实施网上开店。组织网上开店的基础资料,在网上建立网店,进行基本店面的管理。

(3) 网店推广实践:考察淘宝为平台上的网店提供了哪些推广方法,C2C 电子商务平台的信用机制包括哪些内容,完成淘宝电子商务平台推广及信用机制调研报告。

第 12 章   其他业务模式

本章学习目标
- 了解其他模式的电子商务；
- 比较各种模式电子商务的异同点。

本章通过七个典型案例详细介绍了除 B2C、B2B、C2C 以外的电子商务模式。

12.1 C2B 平台服务类：品质团购每一天——聚划算

C2B(Consumer to Business)即消费者对企业的电子商务模式，近几年开始流行起来。C2B 模式的核心，是通过聚合分散分布但数量庞大的用户形成一个强大的采购集团，以此来改变 B2C 模式中用户一对一出价的弱势地位，使之享受到以大批发商的价格买单件商品的利益。在这种模式中，由客户发布自己要些什么东西，要求的价格是什么，然后由商家来决定是否接受客户的要约。比较典型的 C2B 模式是大家经常使用的团购。

本节精选了聚划算来向大家展示 C2B 模式是如何兴起、发展壮大以及如何运营的，为今后的 C2B 发展创新提供一定的借鉴。

12.1.1 发展轨迹

淘宝聚划算是阿里巴巴旗下的团购网站，淘宝聚划算是淘宝网的二级域名，该二级域名的正式启用时间是在 2010 年 9 月，同时在官方站点上也设置了招商入口，邀请正规商家加盟团购计划。

聚划算首页如图 12.1 所示，除了页面设计样式与其他的团购站点不一样外，淘宝聚划算的团购时间也较长，使用 SNS 社交网络进行推销。而且淘宝聚划算的团购内容也并非单一的一日一团，而是一日三款团购，每天十点开始。

2010 年 3 月 22 日，淘宝聚划算平台上线开团。
2010 年 9 月 9 日，奔驰 smart 团购成国内最大宗团购，205 辆 smart 3.5 小时团空。
2010 年 10 月 18 日，聚划算推出本地化服务，首个地方站上海站试运行。
2010 年 10 月 28 日，世博会英国馆圣殿种子团购，2 分 5 秒团空 1 万颗圣殿种子。
2011 年 2 月 23 日，聚划算本地化服务发布全国合作计划。
2011 年 5 月 27 日，聚划算夜场开团。
2011 年 6 月 2 日，万人定制奥克斯空调团购。

图 12.1　聚划算首页

2011 年 6 月 11 日,新疆哈密市哈密瓜开团,拉开原产地农副产品团购序幕。

2011 年 7 月 7 日,聚"蕉"行动,9 大城市 14.5 万名网民爱心接力解"蕉急",成草根公益新模式。

2011 年 7 月 14 日,澳门豆捞,国内首个本地化团购 1000 万元大单诞生。

2011 年 8 月 4 日,设计师频道(D2C)上线。

2011 年 9 月 5 日,聚名品频道上线。

2011 年 9 月 8 日,卖家团频道上线。

2011 年 10 月 20 日,阿里巴巴集团宣布旗下团购平台聚划算分拆,聚划算正式独立运营。

2011 年 11 月 18 日,聚菜行动,2 个城市 4.2 万名网友团购 15 万公斤蔬菜,缓解菜农卖菜难。

2011 年 11 月 19 日,聚唱会 2 万人申城开唱。

2011 年 12 月 12 日,千团大战单日成交额达 2.82 亿元。

2011 年 12 月 19 日,年货大团购一周成交 4.64 亿元,帮助聚友节省 6 亿元。

2011 年 12 月 28 日,发布 2012 开放战略,2011 年交易额破 100 亿元,帮助 1083 万人省了 110.5 亿元。

2012 年 5 月 31 日,聚爱心,六一关爱孤儿,支持"孤儿保障大行动"。

2012 年 7 月 24 日,阿里巴巴集团发布新的组织架构调整,聚划算为"七剑"之一。新的七大事业群为:淘宝、一淘、天猫、聚划算、阿里云、淘云盘、阿里国际业务以及阿里小企业业务。阿里巴巴集团称,"七大事业群"在集团协调下统一管理。

2012 年 11 月 1 日,聚划算"双十一"活动于凌晨 1 点震撼开团。

2012 年 12 月 3 日,聚划算"12·3"活动。

2013 年 5 月,阿里巴巴集团创始人马云先生辞去总裁一职。

2016 年 12 月 2 日,阿里巴巴集团 CEO 张勇在一封发给员工的公开信中宣布,天猫团队和聚划算团队将全面一体化,天猫将成立三大事业组、营销平台事业部和运营中心,变阵为以"三纵两横"的网状协同体系若干独立事业部的全新架构。

12.1.2 聚划算运营模式

1. 合作运营模式运营商资质

1) 团购网站

网购网站的运营商为全国大小团购网站以及地方性团购业务运营商。

2) TP 服务商

TP 服务商熟悉淘宝业务流程和规则,提供电子商务服务。

3) 本地生活服务商

与本地生活属性关联的本地服务商,主要包括报业、物流、行业协会、品牌厂商、大型连锁店、卡券票证服务商、互联网公司、传统传媒等。

2. 合作流程

(1) 聚划算招商流程如图 12.2 所示。

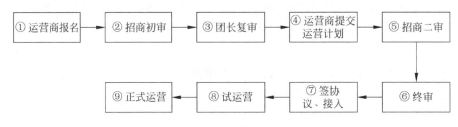

图 12.2 聚划算招商流程

(2) 聚划算接入流程如图 12.3 所示。

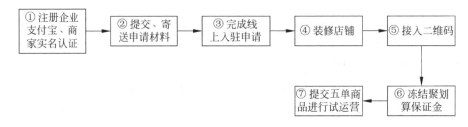

图 12.3 聚划算接入流程

(3) 聚划算消费流程如图 12.4 所示。

图 12.4 聚划算消费流程

3. 盈利模式

(1) 创造稳定收益。运营商以城市为单位,在天猫或淘宝集市开设店铺,开发本地生活服务优质商家推送至聚划算平台参加活动,通过网上交易赚取稳定利润。

(2) 轻松实现常态经营。运营商开发的商品除推送至聚划算外,同时在淘宝本地服务进行常态化经营,打造本地生活线上专业供应商。

(3) 打造品牌服务商。稳定的聚划算流量、专业的生活服务 TP 培育体系,依托大淘宝打造专业的生活服务 TP 服务商。

12.1.3 聚划算策略分析

1. 各种业务组合

2013 年开始,聚划算针对商家和消费者的需求推出多个新型业务模式,这当中包括定位于互联网山姆会员店的"量贩团",以销定产的 C2B 聚定制,定位于奢侈品特卖的聚名品以及聚家装、生活汇、旅游团等。

2. C2B 模式

一般意义上的团购服务是 O2O 模式的应用,即将线上本地服务延伸到线下。从团购的鼻祖 groupon 到拉手、美团,均为此模式主导。

在国外,本地服务商将自己在 groupon 上投放的团购打折信息视为新货品广告推广的一种方式,消费者和商家在首次消费后达成良性循环,商家寄希望于"回头客";而国内,很多商户将团购视为积压商品或者消费不景气时的一种提振措施,导致与消费者的"一锤子买卖"。

聚划算在成立时,并不是沿用 O2O 模式,而是优先将 B2C、C2C 的打折促销搬到团购中,消费者在团购后与在线商户会达成良性互动,很容易去收藏淘宝和天猫中的在线商户,进行后续相关商品的购买。即使在后来发展的 O2O 本地服务,聚划算也积极推动线下商户到线上开店,以增加用户黏性。

通过上面的分析,可以看出聚划算在上线时正是在线商户 B2C 打折促销和本地服务 O2O 的结合体,并以前者为主。

3. 用户模式

聚划算从淘宝的一个部门到一家独立公司,其中它的先天优势给予其很大的助力。从淘宝部门开始的聚划算,在淘宝的醒目位置有自己的入口,等于拥有了淘宝优质的用户资源和强大的流量带来的营销机会。这不仅使得消费者和活动商家的信息获取成本很低,吸引流量并提高了交易成功量,更是降低了聚划算进入团购环境中的门槛,与各类团购平台相比有着不可比拟的优势。

4. 阿里巴巴电商资源

阿里巴巴作为国内电子商务中的领先者之一,拥有着强大的电子商务技术和运营团队,基础设施中尤为突出的是成熟健康的支付宝,与生俱有阿里巴巴的电子商务基础设施和成熟的支付平台都有效降低了聚划算的运营成本,使其可以更加聚集于团购模式的创新和团购环境的改进。

5. 商品优势

聚划算依托淘宝以及阿里巴巴,用户、产品、资金、规模都具有独一无二的强大实力。淘宝商户拥有几乎全部的线上交易商品种类,只要消费者的需求大,这些资源都足以支持聚划算的品类。

聚划算在初期基础建设的一年中,始终把重心放在团购平台的基础建设上,包括合适的信用评价体系、严格的商品审核制度和消费者权益与服务保障等,为聚划算的运营环境提供了一个非常良好的氛围,赢得了消费者的信任。

6. 核心能力

聚划算依托淘宝以及阿里巴巴,在团购业独领风骚,占据国内半壁江山,也是水到渠成的必然结果。

聚划算的核心价值在于：千万活跃用户、1200万日独立访问流量、阿里金融的6亿元贷款和风投联盟的6亿元资金。聚划算的这些核心价值全面开放之后,将给入驻商家带来更大的价值,并将有力推动团购行业稳步发展。

12.2 网聚效应：开创消费者点评新模式——大众点评网

电子商务的本质是基于互联网的大众参与。Web 1.0时代的电子商务,供应商及其媒体是信息的唯一发布者,用户是网站内容的浏览者和被动参与者。从Web 1.0到Web 2.0的跨越,使得长期以来大众被动接受网络信息的单线传播方式转变为大众可以参与其中的互动共享传播方式,用户成为既可以浏览网站资讯又能生产和提供网站内容的两面手。以互动共享为特点的Web 2.0网络环境正在成为自下而上的由广大用户集体智慧和力量主导的互联网体系。博客、微博、威客、SNS社交网络等一系列具有草根媒体和自媒体性质的网站的产生和快速发展就是明显的例证。

电子商务评论模式的兴起开创了新的商机。基于第三方点评网站正是顺应了Web 2.0的网络环境,独辟蹊径地汇聚、整合了草根阶层的消费体验进行传播,并从电子商务的兴起中发现了商机,同时借鉴了众多电子商务网站常设的评论区,以点评模式构建了消费者和商家间的桥梁。

我国现有的第三方点评网站主要以提供生活消费类资讯为主,如大众点评网、口碑网、爱帮网、团点团等网站；也有一些是提供文化消费资讯的第三方点评网站,如豆瓣网。

12.2.1 草根模式的崛起与发展

2003年4月,张涛联合其他创始人李璟、张波、叶树蕻和龙伟在上海创立了大众点评网。从一开始,网站就定位于以互动共享为特征的Web 2.0模式。网站的全部信息都来自于消费者的评论,除了对评论信息进行分类整合,网站本身不参与内容的编辑策划。这在迷信"唯快不破"的互联网世界里,显然是一位叛逆者,在美国也从没有如此能"熬"的可参考的样本。它在相当长一段时间内游离在市场热点之外,却在时间的不断推移中逐步筑起了竞争壁垒,一举成了本地服务电子商务领域的"百度"。2005年,网站凭借会员卡业务终于获得红杉资本领投的200万美元融资,2007年再获Google领投的400万美元融资。

张涛是一个LinkedIn创始人雷德·霍夫曼式的创业者。他战略清晰,身处每一两年都有吸金热点的互联网业,大众点评网创立10多年从来没有根本方向上的改变；他擅长"长跑",专注于核心价值的提供,相较于单纯的用户量增长,他更重视对用户口碑的累积；他对融资时间点和产业机会都有着精准的把握。大众点评网正是按照这个目标经过多年的精耕细作成为了中国领先的城市生活消费指南网站,也成为全球最早建立的独立第三方消费点评网站之一。

大众点评网站致力于为网友提供餐饮、购物、休闲娱乐及生活服务等领域的商户信息、消费优惠以及发布消费评价的互动平台；同时,网站也为中小商户提供一站式精准营销解决方案,包括电子优惠券、关键词搜索、团购及会员卡服务等。继网站之后,大众点评网已经成功在移动互联网布局这一模式,成为中国最典型的本地化和移动化的 Web 2.0 网站之一。

截至 2015 年,大众点评网月综合浏览量(网站及移动设备)超过 200 亿次,移动客户端累计独立用户数超过 2 亿人,覆盖海外 800 个城市,成为全球最大本地生活服务平台。

2013 年 10 月,大众点评网客户端中正式上线微信支付。2014 年 2 月 19 日,腾讯收购大众点评网 20% 股权,双方联手共同打造中国最大的 O2O 生态圈;2014 年 5 月 6 日,大众点评网以 8000 万美元入股餐饮外卖网站——饿了么。2015 年 1 月 27 日,中信产业基金、腾讯、京东、大众点评网、红杉资本向饿了么联合投资 3.5 亿美元。2015 年 6 月,大众点评网与海昌控股及美团签署战略合作协议。2015 年 10 月 8 日,美团网和大众点评网联合发布声明,宣布达成战略合作,双方已共同成立一家新公司。2015 年 11 月 10 日,大众点评网 CEO 张涛担任新公司董事长,不再担任联席 CEO。2015 年 12 月 22 日,大众点评网电影频道与猫眼电影整合。2016 年 2 月,美团-大众点评网已正式成立家装事业部。

2018 年 7 月,大众点评新增"一键停用第三方全部社交关系"功能,用户选择该功能后,即可一键停止关注微信好友,并取消微信好友对自己的关注。

12.2.2 主要功能与合作运营模式

这里以大众点评网的核心业务餐馆点评为例进行介绍。

在网站功能架构方面,整个网站的基础信息主要由以下两部分组成。

1) 餐馆基本信息

餐馆基本信息包括餐馆名字、地址、电话、简介、推荐菜式和适合氛围。

2) 会员点评信息

会员点评信息包括口味、环境、服务(这三项是打分的)、人均消费额、喜欢的菜名、适合的氛围判断、喜欢程度、停车信息和 600 字以内的简短评论。

上述两部分信息组成了一个完整的餐馆信息。在这些无序和海量的信息环境下,大众点评网提供了餐馆搜索引擎和增值服务(主要以排行榜的形式出现)这两种产品,前者解决了信息的海量问题,后者提供了信息的增值和有序化。另外,网站还提供了一个 BBS 论坛和会员活跃度排行榜(食神榜),以社区化的方式提高网站的黏度,并吸引人气。上述的基础餐馆信息、餐馆搜索引擎、各种餐馆排行榜等增值信息和会员活跃度排行、BBS 论坛等要素,就组成了大众点评网。从网站设计上来看,非常简单实用,网友们能一目了然地进行美食搜索和点评,一点不会觉得累赘和烦琐。大众点评网首页如图 12.5 所示。

大众点评网的核心运营能力既包括网站合作,也包括出版纸质手册,以及与传统媒体合作等方面。

1. 网站合作

与网站合作主要有以下三种不同的形式。

1) 餐馆搜索引擎合作

这是目前最主要的网站合作方式。一般形式如下:大众点评网免费提供搜索引擎的界面及程序,包括日常维护和更新、升级;合作方应在网站相关页面放置搜索引擎界面,并注明大众点评网是餐馆信息的提供方;大众点评网制作搜索结果页面及其他相关页面;页面

图 12.5　大众点评网首页

按合作方网页风格设计,包括合作方网页的页头和页尾;双方在各自网站上注明对方的合作伙伴关系。目前,采用这种合作形式的合作网站有浙江在线的"吃在杭州"频道、上海热线Ⅱ的青年频道、搜狐上海站的美食频道等。

2) 作为内容提供商合作

这主要面向那些大的门户网站,成为其 CP。由大众点评网与门户合作互建餐饮频道,其内容基本由大众点评网提供,页面按合作方网页风格设计,里面的会员注册信息归大众点评网所有。目前,采用这种合作形式的有 21CN 上海站、新浪生活频道等。

3) 餐馆信息库合作

这主要面向一些特殊的合作伙伴,这种形式主要向合作伙伴提供大众点评网的特色信息(如向携程旅行网提供其网站餐馆信息、点评信息),或者向其后台提供大众点评网的餐馆信息库访问(如城市通网站)。

2. 出版"餐馆指南"系列手册

据称这种模式是效仿法国的 *Michelin Red Guide* 和美国的 *Zagat Survey*。从现在已经出版的《上海餐馆指南 2003/2004 版》来看,手册里面的信息相当丰富,主要按照各种排行榜列出的餐馆进行一个个指南,还提供索引。这其实是一个大众点评网的线下精华版。目前此手册主要由汉涛公司跟上海各书店合作发行,并非免费赠阅。

3. 与传统媒体合作

这种形式目前还比较简单,主要就是向报刊等传统媒体提供一些简要的餐馆排行榜等增值信息。目前,其主要的合作伙伴是《上海侨报》。

12.2.3　盈利模式

大众点评网的运营收入包括佣金收入、电子商务收入、线下服务收入、无线增值、网络广告收入等。

1. 佣金收入

一方面,大众点评网为餐馆提供了有效的口碑宣传载体。随着餐饮业的竞争日趋激烈,商家对于宣传的重视度日益提升,然而受地域、规模等限制,往往缺乏有效的宣传载体,网络餐饮业便应运而生。大众点评网汇聚的点评信息,对于众多"好则褒之"的餐馆来说,是一个低成本、辐射广的口碑载体。另一方面,口碑带来消费力。大众点评网的社区化,能够将分散的用户汇集起来,变成有消费力的团队。基于此,大众点评网在与相对分散的餐饮企业博弈中,形成了影响力。

具备影响力后,大众点评网在用户与餐馆之间搭建起消费平台,佣金模式得以实现。大众点评网通过积分卡(会员卡)实现佣金的收取。第一步,签约餐馆,达成合作意向。第二步,持卡消费。用户注册后,可以免费申请积分卡,用户凭积分卡到签约餐馆用餐可享优惠并获积分,积分可折算现金、礼品或折扣。第三步,收取佣金。大众点评网按照持卡用户实际消费额的一定比例,向餐馆收取佣金,以积分形式返还给会员一部分后,剩下部分就是网站收入。大众点评网收取的佣金率约为实际消费额的 2%~5%,并据媒体报道,2007 年人气最高的前五家餐馆中,其中一家给大众点评网的佣金超过 100 万元。

2. 电子商务收入

整合电子商务模式,进行网上订餐,也是其营收来源之一。大众点评网凭借为会员提供订餐服务向餐馆收取费用。目前这部分收入占总收入的 80% 以上。

3. 线下服务收入

把网友评论结果出版为餐饮指南,目前分为北京、上海、杭州、南京四个版本。

数据库营销业务是无心插柳之获。随着餐馆信息的不断填充和更新,大众点评网的数据库愈发庞大。目前,已有食品类企业如李锦记,找到大众点评网,要求分享各地餐馆名、地址、电话、菜系、人均消费、简介等信息,从而将这些信息应用在其内部的销售系统,提高销售效率。

大众点评网的下游用户付费模式尚处于起步阶段,对盈利贡献非常有限,但是,由于该服务基于现成的信息库(数据库),提供服务的成本几乎为零,因此,随着服务规模的扩大,其对利润贡献的力度也可能随之上升。

4. 无线增值

大众点评网的无线增值业务有两方面。一是作为内容提供商,与中国移动、中国联通、中国电信、空中网、掌上通等渠道服务商(SP)合作,推出基于短信、WAP 等无线技术平台的信息服务,为中国近 5 亿手机用户提供随时、随地、随身的餐馆等商户资讯。例如,用户发送短信"小肥羊、徐家汇",就可以获得餐馆地图、订餐电话、网友点评等信息。二是在 GPS 领域与新科电子展开合作,为汽车导航系统用户精确定位自己的美食目的地。

5. 网络广告收入

使用 AdWords 广告平台,利用 Google 的定向投放技术,大众点评网开始根据不同地区的用户喜好,在不同城市投放有针对性的广告,甚至定位精确到用户上网的不同时间段。

目前,网络广告正由第一代的 Banner 广告向第二代的关键字广告和第三代的精准广告过渡。大众点评网的平衡之法是引入关键字广告和精准广告模式,为商户开展关键字搜索、电子优惠券、客户关系管理等多种营销推广。

大众点评网的关键字搜索类似于 Google 和百度,输入"菜系""商区""人均消费"等关键字后,会列出一长串符合条件的餐馆以及网友的评论,显示的顺序依据餐馆是否投放广告及投放规模而定。这一隐形的广告模式,并没有给用户的体验效果带来直接的负面影响,却拓宽了广告的营收渠道。

电子优惠券是大众点评网的另一种隐形广告。餐馆为了广告宣传,在大众点评网上发布电子优惠券,由用户打印该券,实地消费时凭券享受优惠。电子优惠券是网站、餐馆、用户三方共赢的方式。据张涛透露,电子优惠券模式推进情况良好,"上海一家规模很大的餐馆开新店,结果优惠券的打印量一个月多达到5000多张"。现在很多餐馆已经成为大众点评网精准广告的客户,估计每家为大众点评网贡献万元到几十万元不等的收入。在张涛看来,精准广告投放是大众点评网今后利润的主要来源。

大众点评的会员只要具备20个有效点评或学分六年级以上,便可以通过报名参加试吃活动,每周2~4次的频率,每个月还有生日会,当月生日的会员可以报名参加。同时还有很多美发美体类活动。

12.3 比较购物搜索引擎——一淘网

2011年6月16日,阿里巴巴集团宣布,决定从2011年6月16日起把淘宝分拆为三家公司:一淘网、淘宝网和天猫商城。同时阿里巴巴公布了三家公司的管理架构,采用总裁加董事长的机制运营。这是一次主动性的战略调整。

2012年7月24日,阿里巴巴集团发布新的组织架构调整,一淘为"七剑"之一。新的七大事业群为:淘宝、一淘、天猫、聚划算、阿里云、淘云盘、阿里国际业务及阿里小企业业务。阿里巴巴集团称,"七大事业群"在集团协调下统一管理。

12.3.1 一淘网的前世今生

1. 一淘网缘起"大阿里"战略

2003年诞生的淘宝网目前已成长为中国最大的网购平台,占据国内网购市场超过75%的份额。

2008年,阿里巴巴集团提出"大淘宝"战略,希望做电子商务企业的服务提供商,为所有电子商务参与者提供如同"水、电、煤"等基础设施服务。经过几年的发展,"大淘宝"战略取得了阶段性进展,初步建立了一个强大的以消费者为中心的网购生态系统。

这样的一站式服务能够令企业的价值最大化。阿里巴巴平台正在不断扩展,不断延伸,不断下沉,在不同产业链上细分更多的应用和服务。

2. 一淘网简介

一淘网是阿里巴巴旗下的一个购物搜索网站,由淘宝网在2010年10月推出,主营为网络购物搜索引擎,为阿里巴巴集团全资所有。2011年6月,一淘网从淘宝网析出,成为独立发展业务的品牌。一淘网的首页如图12.6所示。

官方称一淘网搜索引擎收录超过5000家电商商家,而数据调查显示,2011年11月,一淘网的流量超越竞争对手网易旗下的有道购物搜索,成为中国最大的购物搜索引擎。不过一淘网的模式及其发展也备受争议,京东商城等淘宝的竞争对手指责一淘网比价结果并不公正,结果排序会倾向于将用户指引至淘宝网与淘宝商城,因此拒绝一淘网对自己商品内容及评价等信息的抓取。

一淘网的目标是成为用户的互联网购物入口,通过提供用户购物所需的决策信息(促销打折、评价、排行、论坛、问答、新闻等)和数量最全的全网商品,为用户打造全新的一站式购物体验。

图 12.6　一淘网首页

12.3.2　购物搜索引擎的商业模式

当 2004 年美国最大的比较购物搜索引擎 Shopping 成功在纳斯达克上市时,比较购物搜索这个模式才高调进入了人们的视野。由于很多中文比较购物网站起步较晚,技术开发和市场建设都在摸索之中,再加上用户认知度低,比较购物市场一直未见有出色表现。然而,随着电子商务的飞速发展,网购用户越来越意识到比较购物所带来的便利和时效,因而比较购物模式也逐渐适应了中国电子商务的市场环境,开始呈现无限远景。

1. 比较购物的概念

比较购物也就是购物时的货比三家,延伸至传统的市场主题,比较购物是搜索引擎在商品购买领域的一次专业化应用,即在网上购物领域的垂直搜索。它应用搜索引擎的抓取、提取、智能归类、聚类、智能语义处理等技术,为网上购物者专门构筑了一个商品搜索比较的平台,将分散在不同网站的各种商品都抓取到一起。消费者可以用搜索工具查找自己想购买的产品,通过比较各商家商品的价格高低、质量优劣以及售后服务态度等信息,从而做出理性判断选取自己满意的商品。比较购物不仅为消费者提供完整的购物信息,还为消费者的消费心理和购买行为提供参考依据,使消费者的网上购物实现最高性价比。比较购物网站能在最短的时间内提供给消费者最有效的商品对比信息,极大地提高了网购人群的生活效率,省事省力又省钱。比较购物模式满足了消费者货比三家放心购买的需求,也给消费者网上购物时提供了更多的便利和更优越的购物空间。

2. 比较购物搜索引擎模式

在网络商城如火如荼相继壮大的同时,作为网购搜索入口的比较购物网站也如雨后春笋般悄然兴起。比较购物得以快速发展的原因主要有以下三点。

1) 比较购物模式为商家节约了营销成本

商家可以利用比较购物搜索引擎发布企业信息并利用比较购物搜索引擎的竞价排名来提高企业知名度和荣誉度,从而扩大影响范围。比较购物还可以为商家争取具备高消费能力的目标客户群。从消费者的角度来看,比较购物模式打造了购物网站与实体商店完美统一的购物环境,集中整合了所有商品信息让消费者在众多同类商品中比性能、比款式、比价位、比服务、比配送,在最大程度上自由筛选和比较,从而得到自己最满意的商品,同时也提高了网上购物的愉悦感,对电子商务的发展也是一种促进。

2)比较购物模式为消费者提供便利

比较购物模式是商家对自己的电子商务网站进行形象树立和宣传以及发布产品服务等信息的重要渠道,同时也可以提高目标客户的效率。站在消费者的角度,只需要浏览一个比较购物网站就可以获得众多电子商务网站的核心信息。消费者完全可以按照自己的喜好,对海量的商品进行筛选,进行理性消费。同时,有些比较购物网站还提供了包括支付和配送服务的一站式服务,这样消费者只需在比较购物网站就能实现自己的购物需求。

3)比较购物模式为中小商家提供了更多机会

比较购物搜索引擎能促进中小企业经营业绩的提升,避免行业垄断,促成自由竞争的市场。整体商品全方位的比较和其他网上消费者的评价以及线上线下专家评测等丰富信息的提供,打破了商家和消费者之间信息不对称的局面,有利于形成更和谐、更公开透明的交易市场。同时,比较购物对于商家的竞争方向也有重大影响,促使网络购物竞争力的重心向质优价廉的方向发展,这将大大改善消费者作为信息劣势一方的不足,推动网络购物的快速稳定发展。

12.3.3 一淘网的特点

购物搜索在国外的发展已经相当成熟,但在国内还算是一个新兴行业。据不完全统计,国内目前的购物搜索网站已有一淘网、比一比购物搜索、有道购物等数十家之多。虽然各网站起步时间不一,实力差距较大,但在各自的发展中,购物搜索网站都有一些相同的特点和发展趋势。

1. 产品的全方位比较

购物搜索网站最初就是从比较购物网站发展起来的,"比价"是其存在的最基本,也是最核心的要素,但对于国内的购物搜索网站而言肯定是不够的。目前,国内的B2C商城纷繁众多、良莠不齐,购物搜索的责任不仅在于帮助用户比较价格,更要把关和比较各商家的信誉及产品质量。毕竟用户首先需要的还是物美,其次才是价廉的物品。因此,诸如比一比购物搜索引擎这样的网站平台都确立了一项基本原则,即只收录国内信誉高且正规的B2C商城,而价格比较也只是其中的一项基本功能,用户还可以对比各家商城的物流、售后、付款方式等,为自己挑选最合适的产品。

2. 全网精确搜索

购物搜索网站之所以能够比较,前提就是产品信息的海量抓取和搜索,帮助用户找到有关该产品的所有信息,其本质就是传统搜索引擎在网购领域的垂直延伸和细分。因此,提升购物搜索结果的广度和精度,给用户带来更好的购物体验,成为各大购物搜索网站亟待解决的一个问题。而以一淘网、比一比为代表的购物搜索引擎则通过搜索技术的合作或自我研发,不断提高整个行业的技术门槛。从2010年一淘网携微软必应低调上线,再到改版新加入团购搜索功能,可以看到一淘网正在逐步扩张,实现商品导航搜索从站内到站外的全网覆盖。

3. 购物搜索 SNS 化

互联网的本质就是一个开放性和互动性的平台,纵观互联网,可以发现一个不容忽视的事实,即各大网站无不在极力增强自身的SNS属性。

从上述几点可以大致窥见国内购物搜索引擎的现状及其发展趋势。虽然无法把握整个行业的未来,但只要确保了购物搜索网站的健康发展,相信对于促进整个电子商务领域的良性循环都有着重大意义。

12.4 威客模式:智慧外包服务提供商——猪八戒网

随着时代的不断进步,网络不仅是人类知识共享的枢纽,而且也成为人类知识创新的平台。在互联网技术发展和用户需求提高的双重作用下,需要一种平台能够使得参与这个平台工作的用户可以帮助其他用户搜索信息和解决问题。在这个过程中,知识的搜集、产生时间和经济成本,完全免费的知识共享已经不符合经济学的规律;再者,互联网支付手段的不断完善,为知识、智慧、能力、经验定价已经成为可能。由此催生了大量的新型网络应用模式,威客即是其中最具影响力和发展潜力的应用模式之一。

威客是英文 Witkey(Wit 智慧、Key 钥匙)的音译。它是指在网络时代凭借自身的知识、技能和经验,在互联网上出售自己的富余工作时间和劳动成果而获得报酬。下面即将介绍的猪八戒网就是这样一个典型的以出售智慧生存的威客服务提供商。

12.4.1 威客模式在中国

Witkey 和威客这两个词完全是由中国首创的。2005 年 7 月,在中科院读工商管理硕士的刘锋,在自己的论文中为一种新的网络模式定义的时候,写下了威客和 Witkey 这两个词,描述 2000 年以来出现的一种网络模式。简言之,在网络上出售自己无形资产(智慧和创意)而获得报酬的人就是威客。

威客模式是利用跨越时间、空间的互联网为自己发布问题或解决问题,这是一种跨时空的知识共享与资源共享的新的电子商务模式,为个人的知识买卖带来了商机。在新经济环境中从事于威客的人,覆盖各个行业、各个领域,其中不乏掌握各种创新理论的人。在这些掌握各种创新理论的人中,有经济威客、管理威客、网络威客等各个领域的威客。甚至可以夸张地说,在互联网威客这个平台上,没有所谓的经济学家、管理学家等专家学者,只有威客。

直至 2022 年,威客模式在中国发展走过了将近 17 个年头。在这 17 年里,威客模式也正在指导着许多互联网网站从事实际应用工作,产生了巨大的社会价值和经济价值。不论是用户还是媒体,对威客的关注都在不断攀升,并在此期间获得了社会的广泛认同。

12.4.2 猪八戒网的发展

朱明跃,猪八戒网创始人,中国新闻奖获得者。一个偶然的机会,他接触到威客网站,立即意识到其中蕴藏着巨大的商机。创业之前的他是重庆某纸媒的首席记者,主跑社会和时政。8 年的时政生涯让他获得了对行业宽度的理解和对人准确的判断,但是从新闻转入互联网,依然让他有隔行如隔山的无力感。虽然有了打造这样一个服务类网商平台的点子,但是由于缺乏相应的 IT 技术,朱明跃甚至没有办法把网站建立起来。对此,他的解决办法是到网络上发帖求助并表示愿意支付一定报酬。很快有人回应,一星期后朱明跃看到了自己设想中的网站,成交金额为 500 元。这是与猪八戒网有关的第一笔交易。这个网站因威客而生,为威客而建。于是,2005年年底,他与朋友创建了猪八戒网。猪八戒其实是朱明跃的绰号,他憨厚、可爱、思想朴素、至诚至拙,是企业形象的极佳代言人。猪八戒网首页如图12.7所示。

图 12.7 猪八戒网首页

级别划分的依据是威客所获得的报酬总额,其级别从"一戒"一直到"八戒"。"五戒"处于 20 000～59 999 元,而最高的"八戒"门槛则高悬在 30 万元以上。之前猪八戒网上最高的威客也只是"七戒",但是细心的网友依然可以在用户列表里找到"猪八戒"本尊——他就是猪八戒网的创始人朱明跃。目前,猪八戒网上最高的威客是"八戒"。

猪八戒网曾获中国百强商业网站、中国最具潜力的网站、2008年度最具投资价值网站等称号。在 2010 年 3 月,河南电视台联合猪八戒网推出了中国创意电视节目《创意时代》,并于 7 月,猪八戒威客网推出了创意时代的第一期节目,且不断发展壮大,在同行业内稳居第一的位置。2017年起猪八戒网分拆为"猪八戒网"和"天蓬网",后者针对大中型企业提供服务。2020 年 8 月,猪八戒网以 100 亿元人民币市值位列《苏州高新区·2020 胡润全球独角兽榜》第 256 位。

12.4.3 猪八戒网的盈利模式

威客服务商、悬赏者和威客三者组成了猪八戒威客网站的参与者。威客服务商是指提供威客服务平台的网络服务商;悬赏者是指提出问题的知识购买者,即需要服务的企业和个人;威客是按提问者或悬赏者要求提供知识或服务的人。

1. 抽取任务酬金交易额

猪八戒网最核心的盈利模式是任务交易的佣金提成,即威客的劳动成果分成,威客网收取平台的服务费,这种费用的收取是双向的,即威客模式网站与中标威客 2/8 分账:网站获得任务交易额的 20%。对于这 20% 的受益,猪八戒网拿出 4% 分别给入围者和为中标作品投票的网友,网站仅收取 16% 的服务费。

2. 酬金的归属

任务发布者在发布任务之初就将酬金全额打到网站服务账户上。酬金看似很少,可是任务一多,酬金累计的数额也会不少,且利息也是网站的收入。另外悬赏任务的酬金是不退不换的,这既保护了作品提交人的利益,也是网站稳定收入的保证。

3. 广告收入

这是传统网站最常采用的盈利方式。作为专业的威客网站,很多企业会刊登广告。其形式繁多,从 Banner(旗帜)、Logo(图标)广告,到 Flash(多媒体动画)、在线影视等有多种多样的广告形式。因为猪八戒网在当地和其他地方都是小有名气的,在媒体报道里,很多慈善活动、文化活动都是由猪八戒网的人员组织的,网站有很大影响力。

4. 其他收入

通过微信和其他增值业务支撑微信模式的运作,同时充当第三方支付的角色。

1)接受公司业务

猪八戒威客不仅仅是被动地让客户寻找自己,也在主动地联系客户。在接受大量的公司业务后,通过发布任务,由威客们完成。

2)拓展相关业务

猪八戒网还在拓展其他相关服务,如礼品定制等。用户可将图片等素材印在各类日常用品上,如 T 恤、杯子、抱枕等。制作者还能将自己设计印制的个性礼品进行公开销售,从而获得利润。

12.5 O2O 平台服务类:线上与线下的完美结合——携程网

携程网即携程旅行网,创立于 1999 年,总部设在中国上海,目前已在北京、广州、深圳、成都、杭州、厦门、青岛、南京、武汉、沈阳等 12 个城市设立分公司,员工超过 10 000 人。

作为中国领先的在线旅行服务公司,携程网成功整合了高科技产业与传统旅行业,运用了 O2O 运营模式,向会员提供酒店预订、机票预订、度假预订、商旅管理、特约商户及旅游资讯在内的全方位旅行服务,被誉为互联网和传统旅游无缝结合的典范。

2015 年 2 月 5 日,携程网宣布首个购物电商"游易购"正式上线。携程网方面表示,"游易购"是把目的地旅行和购物整合,推出"线上下单,线下取货"模式,已经覆盖到全球 20 个站点,包括韩国、日本等国家,以及上海、北京、南京、广州、深圳、杭州、台湾、香港等热门旅游目的地。

2015 年 10 月,携程网发布公告,称与去哪儿合并。此次合并以换股的方式进行。交易完成后,百度拥有 25% 的携程网总投票权,而携程网拥有 45% 的去哪儿总投票权。

2017 年 10 月 20 日,在第二届全球酒店合作伙伴峰会上,携程网与诸多酒店集团探讨了"一带一路"所带来的新机遇,一起抓住发展机会,进一步促进"国际酒店生态圈"扩容。东南亚成为"出海"下一站。

2020 年 3 月 5 日,携程网启动"旅游复兴 V 计划",投入 10 亿元复苏基金用于刺激旅游消费。

2021 年 4 月 7 日,携程网宣布正式启动我国香港上市招股工作,计划全球发售 3163.56 万股,定价上限为每股 333 港元。其股票在港交所上市,股票代码为 9961。2021 年 4 月 16 日报道,携程集团于 4 月 19 日正式于港交所挂牌上市。在 2021 中国品牌节第十五届年会上,国内知名品牌研究机构品牌联盟发布的《2021 中国品牌 500 强》榜单引发高度关注。携程网以 177.71 亿的品牌价值入选,位列榜单第 143 位。

12.5.1 携程网发展概况

携程度假提供数百条度假产品线路,包括"三亚""云南""泰国""欧洲""名山""都市""自驾游"等20余个度假"专卖店",每个"专卖店"内拥有不同产品组合的线路多条。客人可选择由北京、上海、广州、深圳、杭州、成都、南京、青岛、厦门、武汉、沈阳十一地出发。携程网拥有中国领先的酒店预订服务中心,为会员提供即时预订服务。2017年5月,2017世界级中国互联网品牌榜单发布,携程网排名第14。携程网首页如图12.8所示。

图 12.8 携程网首页

12.5.2 携程网主要业务

1. 酒店预订

携程网拥有中国领先的酒店预订服务中心,为会员提供即时预订服务。2021年,携程在会员营销与内容营销两方面都有所突破。2021年携程会员规模同比增长超过20%,其中高级会员有两位数增长。在会员营销层面,截至2021年年底,携程已与20余个酒店集团实现会员互通;通过联合会员体系的建设,携程累计为酒店输送店内服务用户3000万人次。

携程网率先在业内推出酒店低价赔付承诺,保证客人以优惠的价格入住酒店。携程网承诺:若会员通过携程网预订并入住酒店,会员价高于该酒店当日相同房型前台价,携程网将在核实后进行相应积分或差价补偿。

2. 机票预订

携程网拥有全国联网的机票预订、配送和各大机场的现场服务系统,为会员提供国际和国内机票的查询预订服务。目前,携程网的机票预订已覆盖国内和国际各大航空公司的航线和航班,实现国内54个城市市内免费送票,实现异地机票本地预订、异地取送。机票直客预订量和电子机票预订量均在同行中名列前茅,业务量连续两年保持3位数的增长率,成为中国领先的机票预订服务中心。

携程在机票预订领域首家推出1小时飞人通道,以确保客人在更短的时间内成功预订机票并登记。携程承诺:在舱位保证的前提下,航班起飞前,只需提前1小时预订电子机票,并使用信用卡付款,即可凭身份证件直接办理登机。

3. 度假预订

携程网倡导自由享受与深度体验的度假休闲方式,为会员提供自由行、海外团队游、半自助游、自驾游、签证、自由行PASS、代驾租车等多种度假产品。其中,自由行产品依托充足的行业资源,提供丰富多样的酒店、航班、轮船、火车、专线巴士等搭配完善的配套服务,现已成为业内自由行的领军者;海外团队游产品摈弃传统团队走马观花的形式,以合理的行程安排和深入的旅行体验为特色,正在逐步引领团队游行业新标准。

4. 商旅管理

商旅管理业务面向国内外各大企业与集团公司,以提升企业整体商旅管理水平与资源整合能力为服务宗旨。

依托遍及全国范围的行业资源网络,以及与酒店、航空公司、旅行社等各大供应商建立的长期良好稳定的合作关系,携程网充分利用电话呼叫中心、互联网等先进技术,通过与酒店、民航互补式合作,为公司客户全力提供商旅资源的选择、整合与优化服务。目前已与爱立信、施耐德电气、宝钢及李宁等多家国内外知名企业达成合作。

5. 特约商户

特约商户是为VIP贵宾会员打造的增值服务,旨在为VIP会员的商务旅行或周游各地提供更为完善的服务。

携程在全国15个知名旅游城市拥有3000多家特约商户,覆盖各地特色餐饮、酒吧、娱乐、健身、购物等生活各方面,VIP会员可享受低至五折消费优惠。

6. 旅游资讯

旅游资讯是为会员提供的附加服务,由线上交互式网站信息与线下旅行丛书、杂志形成立体式资讯组合。

"目的地指南"涵盖全球近500个景区、10 000多个景点的住、行、吃、乐、购等全方位旅行信息,更有出行情报、火车查询、热点推荐、域外采风、自驾线路等资讯。"社区"是目前公认的中国人气最旺的旅行社区之一,拥有大量丰富的游记与旅行图片,并设立"结伴同行""有问必答""七嘴八舌"等交互性栏目,提供沟通交流平台,分享旅行信息和心得,解决旅途问题。

12.5.3 携程网核心优势

1. 规模经营

服务规模化和资源规模化是携程网的核心优势之一。携程网拥有亚洲旅行业首屈一指的呼叫中心,其座席数已近1.2万个。携程网同全球200个国家和地区的80万余家酒店建立了长期稳定的合作关系,其机票预订网络已覆盖国际国内绝大多数航线,送票网络覆盖国内54个主要城市。规模化的运营不仅可以为会员提供更多优质的旅行选择,还保证了服务的标准化,进而确保服务质量,并降低运营成本。

2. 技术领先

携程网一直将技术视为企业的活力源泉,在提升研发能力方面不遗余力。携程网建立起一整套现代化服务系统,包括客户管理系统、房量管理系统、呼叫排队系统、订单处理系统、e-booking机票预订系统、服务质量监控系统等。依靠这些先进的服务和管理系统,携程网为会员提供更加便捷和高效的服务。

3. 体系规范

先进的管理和控制体系是携程网的又一核心优势。携程网将服务过程分割成多个环节,以细化的指标控制不同环节,并建立起一套测评体系。同时,携程网还将制造业的质量管理方法——六西格玛体系成功运用于旅行业。目前,携程网各项服务指标均已接近国际领先水平,服务质量和客户满意度也随之大幅提升。

4. 理念先进

1) 经营理念

携程网秉持"以客户为中心"的原则,以团队间紧密无缝的合作机制,以一丝不苟的敬业精神、真实诚信的合作理念,创造"多赢"伙伴式合作体系,从而共同创造最大价值。

经营理念包括以下五个。

(1) Customer——客户(以客户为中心)。

(2) Teamwork——团队(紧密无缝的合作机制)。

(3) Respect——敬业(一丝不苟的敬业精神)。

(4) Integrity——诚信(真实诚信的合作理念)。

(5) Partner——伙伴(伙伴式的"多赢"合作体系)。

2) 服务理念

服务理念包括以下六个。

(1) Convenient——便捷(不让客户做重复的事)。

(2) Through——周全(为客户做一切可能做到的事)。

(3) Reliable——可靠(不让客户担一点心)。

(4) Intimate——亲切(让客户看到我们的微笑)。

(5) Professional——专业(让客户感觉我们个个是专家)。

(6) Sincere——真诚(全心全意地为客户着想)。

12.5.4 携程网盈利模式

携程网的收入大多来自于各种中介业务的费用收取,通过收取服务费用实现盈利。携程网的收入主要来自以下三方面。

1) 酒店预订代理费

酒店预订代理费是携程网最主要的盈利来源。虽然携程网也明确了网上支付与前台支付的区别,但是大多只提供酒店前台支付房费的方法。所以,携程网的酒店预订代理费用基本上是从目的地酒店的盈利折扣返还中获取的。

2) 机票预订代理费

机票预订代理费是从顾客的订票费中获取的,等于顾客订票费与航空公司出票价格的差价。

3) 线路预订代理费

携程网通过与其他一些旅行社的合作,也经营一些组团的业务,但这不是携程网的主营业务。除了酒店预订大多采用酒店前台支付的方法,对于其他两项的交易而言,顾客既可以选择网上支付,也可以选择线上浏览、电话确认、离线交易的方法。虽然携程网也采取了积分奖励的方法来鼓励网上支付,但大部分交易还是离线完成的。

12.6 SNS 平台服务类：社交平台霸主——Facebook

SNS(Social Networking Service)即社会网络服务，旨在帮助人们(一群拥有相同兴趣与活动的人)建立社会性网络的互联网应用服务。这类服务往往是基于互联网，为用户提供各种互相联系、交流的方式，例如电子邮件、即时消息服务等。Facebook 是 SNS 的典型代表，在全世界拥有大量的用户，唯一的遗憾是至今无法进入中国市场；人人网是类似于 Facebook 的中国本土化的社交网站，在中国受到广大年轻人的喜爱；同时还有开心网、微博、微信等社交平台。

12.6.1 Facebook 发展概况

Facebook 是一个社交网络服务网站，于 2004 年 2 月 4 日上线。

据 2007 年 7 月数据，Facebook 在所有以服务于大学生为主要业务的网站中，拥有最多的用户——3400 万活跃用户，包括在非大学网络中的用户。从 2006 年 9 月到 2007 年 9 月，该网站在全美网站中的排名由第 60 名上升至第 7 名。同时，Facebook 是美国排名第一的照片分享站点，每天上传 850 万张照片。随着用户数量的增加，Facebook 的目标已经指向另外一个领域——互联网搜索。在 2010 年的全球品牌 500 强榜单中，Facebook 超微软居第一。

从外表上看，1984 年 5 月出生的美国人马克·扎克伯格(Mark Zuckerberg)和刚刚走出校园的普通年轻人没什么不同。他穿简单的 T 恤、松垮的牛仔裤、运动鞋，讲起话来甚至有点腼腆。多年前，扎克伯格还是一名默默无闻的辍学生，而现在他已经成为互联网界的风云人物——社区网站 Facebook 的掌门人。《福布斯》目前评选出十位最年轻的亿万富翁，26 岁的马克·扎克伯格以 69 亿美元的身价排在首位，他也因此成为世界上最年轻的亿万富翁。2010 年 12 月，扎克伯格被《时代杂志》评选为"2010 年年度风云人物"。

据社交媒体策略师文森佐·科森扎(Vincenzo Cosenza)2013 年 1 月发布的"全球社交网络地图"，Facebook 用户突破 10 亿，遍布 137 个国家，其中超过 6 亿是移动用户，成为名副其实的全球社交网络之王。另外还积累了在 10 亿用户基础上形成的 2400 亿张照片和 1 万亿次页面访问量的大数据。

2017 年 2 月，Brand Finance 发布 2017 年度全球 500 强品牌榜单，Facebook 排名第 9 位。2017 年《财富》美国 500 强排名中，Facebook 排在第 98 位。2017 年 6 月，《2017 年 BrandZ 最具价值全球品牌 100 强》公布，Facebook 名列第 5 位。2021 年 10 月 28 日，马克·扎克伯格宣布，Facebook 更名为 Meta。

12.6.2 Facebook 的基本功能

1. 墙

墙(The Wall)就是用户档案页上的留言板。有权浏览某一个用户完整档案页的其他用户，都可以看到该用户的墙，用户墙上的留言还会用 Feed 输出。很多用户通过他们朋友的墙留短信，更私密的交流则通过 Message(消息)进行。消息发送到用户的个人信箱，就像电子邮件，只有收信人和发信人可以看到。

2. 戳

Facebook 提供一个 Poke(戳一下)功能,让用户可以丢一个 Poke(戳)给别人。Facebook 常见问题中相关的解释为:"Poke 是你和朋友交互的一种方式。在设计这个功能时,我们认为提供这样一个没有明确目标的功能,其实挺酷的。用户们对 Poke 有各自不同的解释,我们也鼓励你提出属于你自己的解释。"实际上这个功能的目的只是让用户能引起别的用户的注意。

3. 状态

让用户向他们的朋友和 Facebook 社区显示他们现在在哪里、做什么。Facebook 让用户填入状态(Status)的提示是"(某某用户)正在……",用户填入剩下的部分,在用户好友列表的"最近更新"区,显示这些状态。

4. 礼物

Facebook 的 Gift"礼物"功能是指朋友们可以互送"礼物",一些由前苹果公司设计师 SusanKare 设计的有趣的小图标。礼物从 Facebook 的虚拟礼品店中选择,赠送时附上一条消息,收到的礼物以及所附的消息会显示在收礼中。之后,Facebook 每天推出一款新礼物,大多数都是限量版,或只是限期供应。Facebook 的用户都可以使用这个功能。

5. 活动

Facebook Events(活动)的功能是帮助用户通知朋友们将发生的活动,帮助用户组织线下的社交活动。

6. 视频

Facebook Video Sharing(Facebook 视频)与 Facebook 平台同时推出。用户可以上传视频(Video),通过"Facebook 移动"上传手机视频,以及用摄像镜头录像,用户可以给视频中的朋友加"标签"。这一功能被认为会与 MySpace 的相关功能竞争,虽然 Facebook 的视频只能在 Facebook 网络内观看,但是,一段发表在 Userscripts 上的 Greasemonkey 代码让用户可以下载 Facebook 视频或将其转帖在其他网站。

7. 市场交易

在 Facebook 的 Facebook 市场中,用户可以免费发布下列类型的广告:售卖二手货、租房、找工作等。这类广告供求双方均可发布,所有 Facebook 用户均可使用这个功能。

8. 标识语言

Facebook Markup Language 是 Facebook 标识语言,该标识语言是 HTML 的子集,Facebook 应用开发者可用这种语言定制应用程序的外观。

9. 应用程序接口

Facebook 提供了开放平台应用程序接口(Application)。利用这个接口,第三方软件开发者可以开发与 Facebook 核心功能集成的应用程序。这些应用程序包括小游戏、社会化音乐、发现和分享服务、数据统计等。

10. 团购

Facebook 在美国五座城市提供团购(Facebook Deals)服务,而且在不断快速发展,未来还将扩大到更多城市。这项服务的推出意味着 Facebook 开始与 Groupon 等大量团购网站展开直接竞争。Facebook 用户可以在自己的新闻种子中看到团购信息,如果对某团购信息感兴趣,用户可以通过信用卡、PayPal 或 Facebook Credits 支付。

12.7 人际与人力资源服务类：从非诚勿扰到百年好合——百合网

人力资源服务包括了与求职、择业、招聘、求才、咨询等与劳动力转移和管理相关的资源服务，而人际资源服务包括了与相亲、交友、聚类、寻人或寻根等建立新型人际关系的资源服务。随着我国经济的快速发展和社会的开放进步，一方面许多企业对人才和相关的服务的需求在不断增加，同时每年 700 万以上的大学生需要择业以及大批往届毕业生需要再就业；另一方面数以百万或千万计的剩男剩女们也希望跳出家门寻找另一半，所有这一切都孕育而生了以人际资源和人力资源为主的市场经济。电子商务为人际资源服务和人力资源服务提供了崭新的服务平台。

12.7.1 百合网简介

每当周六和周日，来自全球各地的观众聚焦江苏卫视大型生活服务类节目"非诚勿扰"的时候，最常听到主持人说的一句话就是：该男嘉宾由百合网推荐！一时间百合网通过电视传遍大江南北、长城内外，也传到了世界各地。

谈婚论嫁是每一个人到了一定的年龄段必须面对的现实，也是数以亿计的家长最为他们的年青儿女犯愁的大事。把寻找对象这样一个家庭和个人最为隐私的事件放到互联网上其实也是最近这些年才出现的新鲜事物。百合网百度搜索的自然排名曾一度是第一位。

百合网是中国最大的婚恋网站之一，以帮助中国人成就幸福婚姻为己任，百合网的核心业务是基于"心灵匹配"的婚恋服务，如图 12.9 所示。

百合网创始人田范江毕业于清华大学计算机系，并获得博士学位，现任百合佳缘网络集团股份有限公司董事长。2004年，在全球知名咨询公司埃森哲年薪百万时选择离职回国创业，和清华同窗钱江（清华大学计算机系毕业、美国沃顿商学院 MBA）、慕岩共同集资 100 万元创办嘿友网，这是当时国内最早的 SNS 交友网站之一。2005 年 5 月，三人在嘿友网基础上创办北京百合在线科技有限公司（百合网），在国内首次推出"心灵匹配、推荐交友"式的专业网络婚介服务。半年内，在仅剩 20 万元资金基础上先后两轮获得由美国历史悠久的著名风险投资公司 Mayfield Fund、NEA 牵头，包括 GSR Ventures 以及 NorthernLight 等四家风险投资商共同注入的 1100 万美元风险投资，创造了奇迹。

图 12.9 百合网首页

2015 年 7 月，即百合网挂牌新三板前夕，公司线上累计注册用户数就已经达到 8960 万人，经过两年的发展，目前注册用户已经突破 1 亿大关，成为国内婚恋交友市场的领头羊。目前，百合网还涉及婚礼、情感、金融、房产等方面的业务，全力打造婚恋全产业链。

2015 年 12 月 7 日，世纪佳缘宣布与百合网间接全资子公司 LoveWorld Inc. 及其全资子公司 FutureWorld Inc. 达成合并协议。北京时间 2016 年 5 月 14 日，世纪佳缘宣布已完成与百合网的合并交易。

2016 年 3 月 26 日，艾媒发布《2015 年度中国 App 排行榜》，百合网婚恋 App 排行第 5 名。

2016年12月8日,"2016搜狗IN全景·臻选礼"在北京汇源空间正式拉开了帷幕,百合网获IN势力社交信息类大奖。

2018年,百合网与世纪佳缘完成合并,将公司名更名为"百合佳缘网络集团股份有限公司"。

12.7.2 商业模式与特色服务

近年来,短视频已成为国内网民最喜欢的娱乐和放松的方式之一,作为视频领域的新来者,对整个视频行业的竞争格局带来重大影响。短视频的出现,除了影响视频行业本身,还因其对网民娱乐时长的占据,给许多软件造成了降维打击,其中也包括婚恋社交行业的软件。

面对短视频时代的到来,作为婚恋行业龙头产品之一的百合网婚恋也率先做出改变,引入了全新的视频相亲功能。从最新版本的App可以看出,视频相亲功能已经成为了百合网全新的主打功能,目前该功能上已经非常完善。据相关数据统计显示,百合网视频相亲技术上线后,在用户量整体的促进方面,具有很大的帮助,实现了用户停留时间增长的目标。

百合网也是全国妇联在互联网婚恋服务领域的独家战略合作单位。百合网下设专业的百合婚恋研究院,它由百合网与中国最知名、最权威的心理学与社会学研究机构——北京大学、中国科学院、北京师范大学合作建立,是国内第一家以爱情、婚姻、家庭为研究主题的专业研究机构。研究院拥有专职和合作研究人员30多名,80%拥有博士学位,致力于中国人的婚恋、家庭课题的深入研究。百合研究院聘请美国著名婚恋心理学家Alexander Avila博士为顾问并获得其享有盛名的恋爱类型系统的中文版独家授权。

1. 特色商业模式

百合网有几个很有特色的商业模式,例如红豆、水晶百合,以及人工服务。

1) 红豆(2元/颗)

红豆是百合网的通用虚拟货币,用户可以利用红豆便捷地开通百合网各项线上服务。使用"百合广播"服务,用户的征婚交友信息将会被推荐到所有当前在线的异性面前,每广播一次,就有机会被上万人关注;使用"排名优先"服务,用户的资料将在爱情搜索结果的优先推荐位中出现,让异性第一时间看到,不再错过任何机会;使用"爱情直呼"服务,用户可以向心仪对象发出消息,对方手机将收到短信通知,及时提醒;使用"红豆抽奖",用户可以用红豆转动大转盘,还有可能抽到红豆,也有可能抽到百合会员服务等,更有实物DV等礼品,好运爱情双收。

百合网有很多会员进行了"视频认证",在其个人资料页的诚信星级中有摄像头认证标志,查看视频认证可以大大提高用户的交友安全度;使用"查看登录时间"服务,可以更精确地获悉心仪对象的登录动态,在对方的"基本资料"里可查看上一次的登录时间,一定程度上提高了用户的交友效率。

2) 水晶百合

水晶百合是省钱高效的网上寻爱服务,用户可以与全站异性无限制沟通,可使用十二大交友特权加速寻爱。

3) 人工服务

电话红娘是省钱高效的人工服务,帮助用户成就长长久久的幸福姻缘。

2. 四大特色服务

1) 高诚意征婚对象

四重认证,为用户的征婚安全护航;3000 万高诚意征婚会员,任意牵线。

2) 极速沟通特权

与全站异性无限制沟通;专享爱情直呼特权;专业红娘帮用户加速寻爱。

3) 更好展示机会

独享尊贵会员标志;独享魅力优化方案;推送至优质会员库。

4) 安排约见

专业红娘帮助用户委婉探寻对方心意;为用户撮合并安排约见;快速反馈对方意愿并跟进恋爱进程。

3. VIP 婚恋交友顾问服务

专业爱情顾问量身定制婚恋解决方案,更优质地匹配资源。

1) 迈出第一步

经验丰富的爱情顾问将是用户寻爱路上的最好帮手,帮助用户更好地认识自己,完成择偶过程的重要一步。

2) 寻找意中人

爱情顾问会根据用户的要求,从会员库中严格筛选候选人,将完整资料推荐给用户。

3) 约会有缘人

爱情顾问在帮助用户安排约会的同时,给用户提供约会方面的建议和指导。

4) 坠入爱河之后

爱情顾问将在用户需要的时候,给用户必要的专业建议和指导。

5) 步入婚姻殿堂

伴随着爱情顾问专业的建议和衷心的祝福,用户将幸福地开始婚姻生活。

12.7.3 如何做好隐私保护

百合网在处理隐私方面采取了一些比较有效的措施。例如,对于信息的收集,当用户在百合网站进行注册登记以及进行各种活动时,在用户的同意及确认下,网站将通过注册表格等形式要求用户提供一些个人资料。这些个人资料包括以下内容。

(1) 个人识别资料,如姓名、性别、年龄、出生日期、电话、住址、电子邮件等。

(2) 个人背景,如职业、教育程度、收入状况、婚姻、家庭状况、照片、兴趣爱好等。

用户对于自己的个人资料享有随时查询及请求阅览、随时请求补充或更正、随时请求删除等权利。

1. 信息的使用

百合网将根据用户的输入和账户设置显示用户的个人信息,这些信息都可以被其他用户查看。百合网的成员可以看到其他成员公开的个人资料以了解对方及其社会网络并与社会网络中的其他成员联系。

当用户通过百合网发送消息、发表文章时,用户的部分个人信息将一起显示,百合网也提供了使用匿名或者笔名发表的功能。

百合网能根据用户的账户设置向用户个人邮箱或者手机发送各种提醒信息,这是为了改善对用户的服务,用户也可以在任何时候通过百合网修改这些设置。

2. 隐私的保护

保护用户隐私是百合网的一项基本政策。百合网保证不对外公开或向第三方提供用户注册资料及用户在使用网络服务时存储在百合网的非公开内容,但下列情况除外:

(1) 事先获得用户的明确授权。

(2) 根据有关的法律法规要求。

(3) 按照相关政府主管部门的要求。

(4) 为维护社会公众的利益。

(5) 为维护百合网的合法权益。

(6) 百合网可能与第三方合作向用户提供相关的网络服务,在此情况下,如果第三方同意承担与百合网同等的保护用户隐私的责任,则百合网可能将用户的注册资料等提供给该第三方。

(7) 在不透露单个用户隐私资料的前提下,百合网有权对整个用户数据库进行分析并对用户数据库进行商业上的利用。

3. 资料转移

百合网保留在网站所有权转移的情况下转移用户资料归属的权利,如被收购或者与其他公司合并时。

4. 免责

由于用户将自己密码告知他人或与他人共享注册账户,因此导致的任何个人资料泄露。

任何由于黑客攻击、计算机病毒侵入或发作、因政府管制而造成的暂时性关闭等影响网络正常运营之不可抗力而造成的个人资料泄露、丢失、被盗用或被篡改等。

由于与网站链接的其他网站所造成的个人资料泄露及因此而导致的任何法律争议和后果。

12.8 思考与实践

1. 简答题

(1) 请总结除了 B2C、B2B、C2C,还存在哪些其他的业务模式。

(2) B2B2C 模式中运营商和销售商之间有什么关系?注:B2B2C 模式内容见本章课件。

(3) 拍卖有哪几种方式?

2. 实践题

(1) 在百度中输入"比较购物",从搜索结果中选取几个比较购物平台进行访问,并回答如下问题。

① 比较购物的模式有哪些?

② 比较购物用到哪些技术?

③ 比较购物网站的盈利模式是什么?

(2) 请举出几个知名的团购网站的例子,并进行访问,试回答如下问题。

① C2B 模式与 B2C 模式有什么区别?

② 团购网站的组织形式有哪些?

第 13 章 网 络 营 销

本章学习目标
- 了解网络营销的特点；
- 熟练掌握网络营销策略；
- 熟练掌握网络营销的常用工具和方法。

本章先向读者介绍网络营销的特点,再介绍网络营销策略和网络营销的常用工具和方法,最后介绍典型的营销策略案例。

13.1 网络营销概述

从"飞鸽传书"到今天的互联互通,信息技术的发展经过了一个相当漫长的过程,而直到互联网时代,人们才真正做到世界范围内快速的信息共享。更为让人惊讶的是,互联网已经逐步演变为由用户创造信息的一个平台,现在网络信息绝大部分都是用户自己创造的,极大地体现了互联网这一信息平台的独特参与优势。只有通过计算机网络传递的营销信息,包括文字、数据、表格、图形、影像、声音以及内容能够被人或计算机察知的符号系统,才属于网络营销信息的范畴。由于网络信息与生俱来的优势,使得网络营销从遥不可及的"神话"演变成今天各行各业谋求发展必不可少的利器。

网络营销(Internet Marketing)又称为在线营销,是企业整体营销战略的一个组成部分,是为实现企业总体经营目标所进行的,以互联网为基本手段营造网上经营环境的各种活动。

网络营销不仅仅是商家在网站上发布产品信息,而是贯穿于厂商与厂商之间、厂商与消费者之间、消费者与消费者之间的商品买卖、产品促销、网上洽谈、广告发布、市场调查等。它使营销活动打破了时空限制,营销的空间范围大大扩大了,直到世界范围和虚拟的网络空间,营销活动的时间也延长至全天 24 小时,一年 365 天。

13.1.1 网络营销的特点

相比传统模式下的企业营销活动,网络营销具有以下特点。

1. 实现了个性化营销

网络市场是一个巨大的市场集合体,在这个市场中广泛分布着对个性化产品具有旺盛需求的网络消费群体。通过互联网,企业可以在第一时间了解消费者需求,并通过向市场提供相关个性化产品来满足其需求。

2. 真正实现了全球营销

网络的全球性使得网络营销跨越了国家和地区的限制,在巨大的全球市场中发挥作用。

网络营销给国际贸易往来带来了便利,即使处在深山的农产品通过互联网也可以走出深山,冲出国门,走向世界。

3. 具有交互性

网络营销能提高企业快速应变能力。企业市场营销的成功与否取决于其能否对市场充分研究及理解,能否迅速地把握市场行情。而网络营销使企业可以真正实现和消费者的实时双向互动,以最快的速度抓住市场机遇。

4. 改变了企业的竞争方式

传统市场环境下,企业的竞争可以分为价格竞争和非价格竞争,而占更多比例的是价格竞争,非价格竞争主要是围绕质量、品牌等价值因素的竞争。而在网络环境下,企业的竞争方式发生了变化,更加多元化。例如,随着强调个性化的定制营销的兴起,企业开始在创新和服务上不断努力。

5. 营造了相对公平的竞争环境

传统环境下,企业所处的地理位置、规模、设施设备,都会影响企业的竞争地位,而网络营销环境下,企业的竞争不再受到时空、规模、资金的限制。

13.1.2 网络营销的环境分析

网络市场是一个虚拟市场,是由亿万网民组成的,这就是网络营销的独特环境。这个市场没有时空的限制,但仍然存在文化和区域差异,可以提供全天候无休止的服务,但只是视觉和听觉的虚拟社会。在当今的买方市场下,谁能够更好地掌握消费者心理,谁就可能在竞争中获胜。对于环境的充分了解和分析能够使进行网络营销的企业做到有的放矢,从而取得更好的营销效果。

1. 网民行为分析

CNNIC 在每次的互联网发展状况统计报告中都分析了网民对互联网的使用行为习惯,包括用户使用互联网的上网时长、费用和上网目的等。了解网民的行为习惯对于进行网络营销的企业是非常重要的。

因为疫情,现在越来越多的人加入网购大军,网购已经渐渐成为很多人生活的一部分。所谓网上购物就是通过互联网检索商品信息,并通过电子订购单发出购物请求,然后填上私人支票账号或信用卡的号码,厂商通过邮购的方式发货,或是通过快递公司送货上门。中国国内的网上购物,一般付款方式是款到发货(直接银行转账或在线汇款)和担保交易则是货到付款等。

2019 年,全国快递服务企业业务量累计完成 635.2 亿件,同比增长 25.3%。其中,同城业务量累计完成 110.4 亿件,同比下降 3.3%;异地业务量累计完成 510.5 亿件,同比增长 33.7%;国际/港澳台业务量累计完成 14.4 亿件,同比增长 29.9%。2019 年快递业务收入累计完成 7497.8 亿元,同比增长 24.2%,12 月快递业务收入完成 772.2 亿元,同比增长 26.7%。

随着我国网络科技高速发展,以及我国居民可支配收入稳定增长,线上购物成为我国网民不可或缺的消费渠道之一,而网购用户对于线上购物所花费的金额也越来越多。

2013—2018 年,中国网购交易金额从 2679 亿元增长至 57 370 亿元,复合增长率为 84.6%;2019 年,网购交易金额达到 66 610 亿元。

国家统计局数据显示,2021年,全国网上零售额达13.1万亿元,同比增长14.1%,增速比上年加快3.2个百分点。其中,实物商品网上零售额达10.8万亿元,首次突破10万亿元,同比增长12.0%,占社会消费品零售总额的比重为24.5%,对社会消费品零售总额增长的贡献率为23.6%。

在我国网民网购的商品类别中,洗护用品(40.8%)的比例最高,其次美容彩妆(33.1%)、食品饮料(32.2%)和家居用品(31.7%),此外依次为数码家电、服饰箱包、水果生鲜、母婴用品和营养保健产品。

智研咨询发布的《2020—2026年中国网购产业运营现状及发展前景分析报告》数据显示,从网购用户发生网购行为的影响因素来看,中国用户进行网购的最主要原因是电商节或者电商平台带来的促销活动,其次是品牌本身的促销,再者是受到网红、明星带货,或者是社交圈的影响。2019年中国网购用户网购行业主影响因素如图13.1所示,因此,电商平台或者是品牌的促销对消费者的诱惑力是最大的。

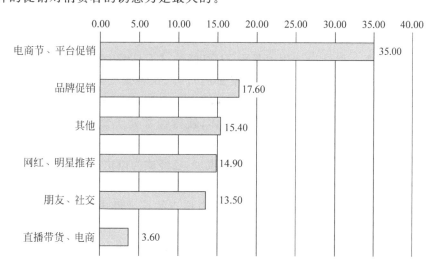

图13.1 2019年中国网购用户网购行业主影响因素

2. 网络消费者购买动机

所谓动机,就是推动人进行活动的内部原动力(内在的驱动力),即激励人行动的原因。而网络消费者的购买动机则是在网络购买活动中,能使网络消费者产生购买行为的某些内在的驱动力。

网络消费者的购买动机包括需求动机和心理动机两方面的内容。需求动机是指人们由于各种需求,包括低级的和高级的而引起的购买动机;心理动机则是由于人们的认识、感情、意志等心理过程而引起的购买动机。

对于企业营销部门来说,通过了解消费者的动机,就能有依据地说明和预测消费者的行为,采取相应的营销手段。特别对于商家和消费者互不谋面的网络营销,动机研究显得更为重要。

1) 网络消费者需求动机

按照马斯洛需求层次理论,一般消费者的购买需求从低到高可以分为生理、安全、社交、尊重、自我实现五个层次的需求,而网络消费者同样存在这五个层次的需求,同时由于网民群体的特殊性和互联网的虚拟性,使得网络消费者除了这五种传统的购买需求还包括了更多新的内容。

网络社会是一个虚拟社会,是无数文字、图像、视频、声音等信息资源的集合体,实质上,这个虚拟社会的背后是无数聚集在一起的人——网民。而这些网民主动聚集在一起的原因是什么?是基本的物质生活需要吗?显然不是。那么是追求安全的环境吗?也不是。有时候,可能仅仅因为兴趣,或者幻想,或者交流信息和交易。所以虚拟社会中,人们联系的基础实质上是人们希望满足虚拟环境下的三种基本的需要:兴趣、聚集和交流。

(1) 兴趣的需要。在现实社会中,可以发现许多人都有自己的兴趣,有的人喜欢读书,有的人热爱音乐,有的人喜欢运动,有的人热衷探险。而畅游于虚拟网络的网民,兴趣有很大的动机成分:一是探索的内在驱动力;二是成功的内在驱动力。网络世界给人们展示了一个前所未有的世界:从每日的新闻、各种各样的知识,到五花八门的娱乐活动。人们出于好奇心而探究网络,这便是探索的内在驱动力;而人们在网络上找到自己需要的资料、软件,在游戏中获得成功,这些都会给网民带来无比的成就感和满足感,这便是成功的内在驱动力。

(2) 聚集的需要。俗话说:"物以类聚,人以群分。"人是"社会人",是以聚集而生存的动物。社会提供了具有相似经历的人们聚集的机会,这种聚集不受时间和空间的限制,并形成富有意义的个人关系。这对那些在现实生活中没太多机会与人交流的人们尤为重要。同时,这又是一个极具民主性的群体,使得经常处于紧张状态的人们能够在这里寻求解脱。例如,创办于1999年3月的"天涯社区",以其开放、包容、充满人文关怀的特色受到了全球华人网民的推崇,经过十年的发展,已经成为以论坛、部落、博客为基础的交流方式,综合提供个人空间、相册、音乐盒子、分类消息、站内消息、虚拟商店、来吧、问答、企业品牌家园等一系列功能服务,并以人文情感为核心的综合性虚拟社区和大型网络社交平台。

(3) 交流的需要。聚集起来的网民产生了一种交流的需求,随着这种信息交流频率的增加,逐步形成商品信息交易的网络,如交易二手信息的网站——二手房交易网等。

从事网络营销的企业必须要照顾到网络消费者的这三种特殊的新需求,所设计的网络营销渠道首先必须调动消费者的兴趣,利用丰富的信息资源聚集消费者群体,通过完善的检索手段或通信等充分交流信息,最后达到扩大销售的目的。

2) 网络消费者的心理动机

网络消费者的心理动机主要分为理智动机、感情动机和惠顾动机。

(1) 理智动机。这种购买动机是建立在人们对于在线商场推销商品的客观认识基础上的。网络购买者大多是中青年,具有较高的分析判断能力。他们的购买动机是在反复比较各个在线商场的商品后才做出的,对于所要购买的商品的品牌、特点、性能等进行了充分的比较和研究,其购买具有客观性、周密性的特点。

(2) 感情动机。感情动机是由于人的情绪和感情所引起的购买动机。低级形态的感情购买动机是由于喜欢、满意、快乐、好奇而引起的,具有冲动性、不稳定性的特点。例如,在网络上发现一本喜欢的书、一个新款的电子产品等。高级形态的感情购买动机是由于人们的道德感、美感、群体感引起的,具有较大的稳定性、深刻性的特点。例如,通过网络商场为外地父母购买礼物等。

(3) 惠顾动机。这是基于理智经验和感情之上的,对特定的网站、图标广告、商品产生特殊的信任与偏好而重复地、习惯性地前往访问并购买的一种动机。例如,由于某品牌具有相当的权威性,具有相当可靠的质量和信誉,网络消费者在购买时认准这一品牌,并且往往是该网站的忠实浏览者,并能对其他网民有较大的宣传和影响作用,甚至在网站一时出现过失时也能予以谅解。

13.2 网络营销策略

对于进行网络营销的企业来说,营销策略的选择非常重要,这关系到企业网络营销能否取得成功。在网络环境下,传统的营销策略被赋予了新的内容,成为独特的网络营销策略。网络对营销策略的影响有以下四点。

1) 对产品策略的影响

企业可真正直接面对消费者,实施差异化营销,定制满足其个性化需求的产品。

2) 对价格策略的影响

传统的差异化定价策略,在网络营销中不再奏效。

3) 对传统营销渠道的冲击

生产商和最终用户可通过网络直接进行产品交易,中间商的作用将弱化。

4) 对促销策略的影响

除可借鉴传统营销的促销方式外,还可利用网站、网络广告、电子邮件等新的方式。

13.2.1 网络营销策略组合

互联网的商业应用,改变了传统的买卖关系,带来了企业营销方式的改变,对市场营销提出了新的要求。随着互联网信息技术与市场营销的相互结合、相互作用,形成了网络营销的产品、价格、促销和渠道的组合。

网络营销策略组合,是指企业对其内部与实现目标有关的各种可控因素的组合和运用。网络营销组合策略是网络营销理论体系中的一个重要概念,它与网络营销观念、网络市场细分化和网络营销目标市场等概念相辅相成,组成一个系统化的整体策略。在网络营销观念的指导下,企业把选定的目标市场作为一个子系统,同时也把自己各种营销策略分类,组成一个与之对应的系统。在这个系统中,各种网络营销策略可看作一个可调的子系统。这就是通常所说的产品、价格、渠道和促销四个策略子系统。虽然随着电子商务的发展,产生了网络营销等许多新的概念,营销的内容也发生了较大的变化,但影响网络营销的基本因素仍是这四个子系统,人们把这四个子系统称为4P's组合。

13.2.2 网络营销的产品策略

传统意义上的产品一般是实实在在的物理意义上的产品,如书籍、光盘、CD等。而在电子商务环境下,产品的种类得到了扩展,不仅包括有形的产品,还包括无形的数字化产品。一般来说,根据产品形态不同,网上销售的产品可分为两大类:实体产品和虚体产品。

1. 实体产品

实体产品是指具有物理形状的产品,可以看得见、摸得着。从理论上讲,网络上可以销售任何实体产品,但在实践中,由于受网络市场的成熟程度和网民消费心理、消费习惯的影响,有些产品并不适合网上销售。目前,适合网上销售的实体产品一般具有以下特征。

(1) 具有高技术性能或与计算机软硬件相关,如游戏光盘等。

(2) 传统市场不易买到,如个性创意新产品。

(3) 产品标准化程度较高,如书籍、CD等。

(4) 通过文字、图片等网上信息就可以做出购买决策,如礼品、鲜花等。

(5) 便于配送,物流成本相对较低的产品。

2. 虚拟产品

虚体产品的最大特点是无形化,在网络上销售的虚体产品主要是数字化产品和服务。数字化产品的种类很多,如计算机软件,先提供免费下载和试用,到期后付费购买。再例如音乐和视频,可以付费下载观看。数字化服务近几年的发展也特别快,如票务服务、法律咨询、远程医疗、旅游预约、金融咨询、资料检索等。这些服务由于不受时空限制、方便快捷而越来越受到人们的青睐。现在许多医院还开展网上挂号预约,给患者带来了便利,也方便了医院的管理工作。

13.2.3 网络营销的价格策略

适合网络营销的定价策略有很多,企业只有找对适合自身的定价策略,制定出合理的价格,才能在营销中取得成功。在实际营销活动中,可以采取以下相关定价策略。

1. 低价策略

企业在开展网络营销时,有时会给商品制定一个超低价格,甚至是零利润,目的是以这种低价格开拓市场,提高市场占有率,这种定价方法被称为直接低价策略,主要适用于价格需求弹性较大的日用品。有时低价策略是通过给予消费者一定的现金折扣实现的,被称为折扣低价策略。有时企业为了拓展网上市场,会采用某种临时促销定价,称为促销低价策略。

2. 定制生产定价策略

网络上的一对一营销方式使得网上的定价可以实现定制化。利用网络技术和辅助设计软件,用户在网站上自行配置和设计满足自己需求的个性化产品,同时承担自己所愿意付出的价格成本。例如,DELL公司的网站可以帮助用户在网上定制订购自己的计算机。

3. 使用定价策略

顾客通过互联网注册后可以直接使用某公司产品,只需要根据使用次数进行付费,而不需要将产品完全购买。例如,一些软件产品、音乐、电影等都可以按使用或点播次数付费。

4. 拍卖竞价策略

拍卖竞价策略分为竞价拍卖、竞价拍卖和集体议价。竞价拍卖是商家利用网络上的拍卖程序可以实现商品的在线拍卖,在一定时间和价格范围内价高者得。例如,淘宝网上发布商品,除了可以发布一口价商品,还可以发布拍卖商品,即设定底价,让买家竞价购买。竞价拍卖则是由买家发布购买意愿,由众多卖家竞标,低价者得。集体议价也是一种特殊的拍卖竞价策略,买的人越多,价格可能越低,属于用数量充当谈判筹码的一种购买方式。例如,酷必得网站就提供集体杀价的购买方式供消费者选择。

5. 免费价格策略

免费价格策略是指企业的产品或服务以零价格的形式提供给消费者。在互联网上,免费价格策略的应用处处可见,如免费软件、免费音乐、免费信息服务等,这是一种占领市场的有力手段。

13.2.4 网络营销的渠道策略

网络营销渠道是借助互联网将产品从生产者转移到消费者的中心环节。一个完善的网上销售渠道有三大功能:订货功能、结算功能和配送功能。

网络营销渠道可以分为网络直销和网络间接销售两种。网络直销是指生产厂家通过网络营销渠道直接销售产品。常见的做法是企业在互联网上建立独立站点,申请域名,制作商品销售网页。网络间接销售则是通过网络销售中介机构销售商品,如中国商品交易市场、中国商品交易中心等都是这种中介机构。对于企业来说,选择合理的营销渠道非常重要。而实践中,更多的企业是双管齐下,既拥有自己的销售站点,同时又依靠网络销售中介来增加销售量,这被称为"双道法"。

13.2.5 网络促销策略

互联网将是今后企业对外宣传、联系的窗口和营销运作的重要途径。企业开展网络促销主要有四种方式:站点推广、网络广告、销售促进和关系营销。其中,前两种是目前企业较常用的方式。

1. 站点推广

站点推广就是利用网络营销策略扩大站点的知名度,吸引用户访问网站,起到宣传和推广企业以及企业产品的效果。站点推广主要有两种方法:一种是通过改进网站内容和服务吸引用户访问,起到推广效果;另一种是通过网络广告宣传推广站点。第一种方法费用较低,而且容易稳定顾客访问流量,但推广速度比较慢;后一种方法可以在短时间内扩大站点知名度,但价格相对较高。

2. 网络广告

网络广告是常用的网络促销策略。网络广告主要指的是以数字代码为载体,采用先进的电子多媒体技术设计制作,通过互联网广泛传播,具有良好的交互功能的广告形式。网络广告按照表现形式可以分为旗帜广告、按钮广告、漂移广告、画中画广告、全屏广告、三维广告、游戏广告、视频广告、富媒体广告等多种形式。其中视频广告和富媒体广告是近几年兴起的新广告形式。视频广告主要是用户浏览网络视频时,在视频播放窗口插播的广告,类似于电视广告。富媒体广告则是使用多媒体技术所制作的具有夸张视觉效果的广告类型。

目前,网络广告市场正以惊人的速度增长,网络广告发挥的效用显得越来越重要。与传统广告相比,网络广告具有以下特点。

1) 传播范围广,无时空限制

网络广告是一种全天候、全方位的网络信息服务方式,一年365天,一天24小时,无论身处何方,消费者都可以足不出户接收到网络广告所传达的信息。

2) 定向与分类明确

网络广告的定向性非常准确,因为许许多多的网站和网络应用已经把网民分成了一个个的小群体,如新浪女性频道就是针对女性群体的,所以生产化妆品的企业可以有针对性地将网络广告投放到这类女性频道上。

3) 具有强制性和用户主导性的双重属性

一方面,网络广告用夸张的视觉手法和音效以及技术上的设置使得用户不得不注意到网络广告;另一方面,网络广告点击与否、是否达成广告主所期待的网络广告目标则由用户自己决定,而用户也可以通过广告中所提供的途径向广告主主动反馈,这反映了一定的用户主导性。随着网络广告越来越广泛,近些年网络广告出现越来越突出的强制性特点的趋势,如使用一些全屏广告、视频广告、富媒体广告来强制用户浏览。

4) 易于及时修改

在传统媒体上广告发布后很难更改,即使可以改动,往往也需要付出很大的经济代价。而网络广告使用多媒体技术设计制作,就可以按照需要及时变更广告内容。

5) 精确有效的统计

传统广告的发布者无法确切计算有多少人接触过广告信息,因此对广告效果的评估并不精确。而网络广告发布者可以通过公共权威的广告统计系统提供的庞大的用户跟踪信息库,找到各种有用的反馈信息,也可以利用服务器端的访问记录软件,如 Cookie 程序等,追踪访问者在网站的行踪,获得访问者的点击次数、浏览次数以及时间、地域分布等有用信息。

3. 销售促进

利用可以直接销售的网络营销站点,采用一些销售促进方法如价格折扣、有奖销售、拍卖销售等方式,宣传和推广产品。

4. 关系营销

借助互联网的交互功能吸引用户与企业保持密切关系,培养顾客忠诚度,提高顾客的收益率。

13.3　网络营销的常用工具和方法

在现阶段的网络营销活动中,常用的网络营销工具包括企业网站、搜索引擎、电子邮件、网络实名、通用网址、即时信息、浏览器工具条、客户端专用软件、电子书、博客、RSS 等。借助于这些手段,才可以实现营销信息的发布、传递、与用户之间的交互,以及为实现销售营造有利的环境。

这里需要说明的是,网络广告是网络营销的重要内容之一。但是,网络广告本身并不是网络营销工具,而是一种网络营销方法。网络广告信息需要一定的载体才能将信息传递给用户,这种载体可能是网站、电子邮件、搜索引擎、电子书、客户端软件等网络营销工具。

只要具备了接入互联网的基本条件,就具备了企业开展网络营销的基本条件。除了可以通过电子邮件等方式与客户交流之外,还可以开展初步的网络营销活动。例如,发布信息,可供发布信息的渠道有供求信息平台、分类广告、黄页服务、网络社区等;在线销售,包括以网上商店或网上拍卖的形式。网络营销方法常见的还有网络广告、E-mail 营销、病毒性营销、博客营销多种形式。

13.3.1　网络广告

1994 年 10 月 27 日是网络广告史上的里程碑。美国著名的 *Hotwired* 杂志推出了网络版的 Hotwired,并首次在网站上推出了网络广告,立即吸引了 AT&T、Sprint、MCI、ZIMA

视频讲解

等最初的 14 家买主,这标志着网络广告的正式诞生。最值得一提的是,当时的网络广告点击率高达 40%。国内的网络广告诞生于 1997 年 3 月,广告媒体是 IT 专业网站 ChinaByte,首批广告厂商是 Intel、IBM 等国际知名公司。

1. 网络广告在国内的发展现状

2019 年移动广告市场规模达到 5415.2 亿元,同比增长率达 47.8%,在互联网广告整体市场中占比 83.8%,依然保持高速增长。移动广告的整体市场增速远远高于网络广告市场增速。

艾瑞分析认为,短视频行业的流量快速增长及商业化进程的加速吸引了大量广告主的关注,预算向短视频平台倾斜明显,因此为移动广告行业增长带来新的活力。2020 年疫情影响,流量进一步向移动端倾斜,广告主伴随用户关注度转移,移动广告在网络广告中占比进一步提升,未来占比超 85%。由于移动广告在整体线上广告占比逐渐接近天花板,因此伴随整体互联网广告进入平稳发展期,移动广告规模增长速度也趋于平稳。2021 年各项体育赛事重启,广告投放预算预计会产生小幅回暖。2014—2023 年中国移动广告市场调研与预估规模如图 13.2 所示。

图 13.2 2014—2023 年中国移动广告市场调研与预估规模

2019H1 中国网络广告各形式中,电商广告 2019Q1 与 2019Q2 占比分别为 33.4%、36.7%,与去年同期份额仍有所增长,此外,信息流广告单季度占比超过 28%,继续保持扩张态势。其余广告形式基本均呈现份额下降的趋势,其中搜索广告与贴片广告的份额下降较为明显。

2. 网络广告的分类

提起网络广告,往往会想到网页上的各种图片广告或者弹出窗口,其实这些只是网络广告中的一部分,常用的网络广告主要有以下几种形式。

1) 网幅广告

网幅广告包括旗帜广告、按钮广告、通栏广告、竖边广告、巨幅广告和全屏广告等。网幅广告是以 GIF、JPG、Flash 等格式建立的图像文件,定位在网页中,大多用来表现广告内容。2017Q3—2019Q2 中国不同形式网络广告市场份额如图 13.3 所示。同时还可使用 Java 语言使其产生交互性,用 Shockwave 等插件工具增强表现力。网幅广告示例如图 13.4 所示。

2) 文本链接广告

文本链接广告是以一排文字作为一个广告,点击可以进入相应的广告页面。这是一种

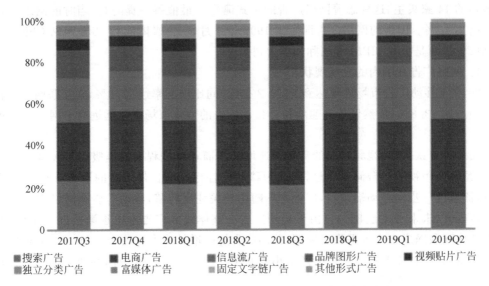

图 13.3　2017Q3—2019Q2 中国不同形式网络广告市场份额

图 13.4　网幅广告示例

对浏览者干扰最少,但却较为有效果的网络广告形式。有时候,最简单的广告形式效果却是最好的。文本链接广告示例如图 13.5 所示。

3) 电子邮件广告

电子邮件广告具有针对性强(除非肆意滥发)、费用低廉的特点,且广告内容不受限制。特别是针对性强的特点,它可以针对具体某一个人发送特定的广告,为其他网络广告方式所不及。

4) 赞助式广告

赞助式广告多种多样,比传统的网络广告给予广告主更多的选择。与内容相结合的内容式广告可以说是赞助式广告的一种,从表面上看起来它们更像网页上的内容而并非广告。在传统的印刷媒体上,这类广告都会有明显的标识,指出这是广告,而在网页上通常没有清楚的界限。

图 13.5 文本链接广告示例

5) 插播式广告(弹出式广告)

访客在请求登录网页时强制插入一个广告页面或弹出广告窗口,它们有点类似于电视广告,都是打断正常节目的播放,强迫观看。插播式广告有各种尺寸,有全屏的也有小窗口的,而且互动的程度也不同,从静态的到全部动态的都有。浏览者可以通过关闭窗口不看广告(电视广告是无法做到的),但是它们的出现没有任何征兆,而且肯定会被浏览者看到。

6) 富媒体广告

富媒体(Rich Media)广告一般指使用浏览器插件或其他脚本语言、Java 语言等编写的具有复杂视觉效果和交互功能的网络广告。这些效果的使用是否有效,一方面取决于站点的服务器端设置;另一方面取决于访问者浏览器是否能查看。一般来说,富媒体广告能表现更多、更精彩的广告内容。

7) 其他类型

其他新型广告包括视频广告、游戏广告、路演广告、巨幅连播广告、翻页广告、画中画广告、漂移广告、祝贺广告等。

3. 网络广告效果的评价方法

对于 E-mail 广告来说,除了产生直接反应之外,利用 E-mail 还可以有其他方面的作用。例如,E-mail 关系营销有助于企业与顾客保持联系,并影响其对产品或服务的印象。顾客没有点击 E-mail 并不意味着不会增加将来购买的可能性或者增加品牌忠诚度。从定性的角度考虑,较好的评价方法是关注 E-mail 营销带给人们的思考和感觉。也就是采用对比研究的方法,将那些收到 E-mail 顾客的态度和没有收到 E-mail 的顾客作对比,这是评价 E-mail 营销对顾客产生影响的典型的经验判断法。

对于标准标志广告或者按钮广告,除了增加直接点击以外,调查表明,广告的效果通常表现在品牌形象方面，这也就是为什么许多广告主不顾点击率低的现实依然选择标志广告的主要原因。

点击率是网络广告最基本的评价指标，也是反映网络广告最直接、最有说服力的量化指标。不过随着人们对网络广告了解的深入，点击它的人反而越来越少，除非特别有创意或者有吸引力的广告。造成这种状况的原因是多方面的，如网页上的广告数量太多而无暇顾及、浏览者浏览广告之后已经形成一定的印象无须点击广告。因此平均不到0.4%的点击率已经不能充分反映网络广告的真正效果。

于是，对点击率以外的效果评价显得重要起来。与点击率相关的另一个指标——转化率，被用来反映那些观看而没有点击广告所产生的效果。虽然转化率的概念对增强网络广告的信心具有一定意义，但转化率的监测在操作中还有一定的难度。因此，全面评价网络广告效果仍然是比较复杂的问题。

13.3.2 网络搜索

视频讲解

搜索引擎是互联网用户获取信息的主要方式之一，常被用作网站推广的工具。为网站带来潜在用户是搜索引擎的主要目的之一，不过搜索引擎对网络营销的价值远不止网站推广这一方面。现在大多数中小企业的网络推广主要依赖于搜索引擎营销方式，是对搜索引擎作用的充分肯定。搜索引擎在网络营销中的作用主要表现在六方面：网站推广、产品促销、网络品牌、网上市场调研、抵御性策略、网站优化的检测工具。

1. 搜索引擎营销的基本原理

搜索引擎的应用很简单，绝大多数上网用户都有使用搜索引擎检索信息的经历。例如，一个用户通过关键词"遥控玩具"在某个搜索引擎进行检索，那么可以初步判定该用户对于遥控玩具发生兴趣，他可能想要购买遥控玩具，也可能是经营遥控玩具的销售商，或者是某个生产商对这个领域做市场调研。作为遥控玩具厂商，如果自己的企业信息出现在搜索结果中，就可以利用这个机会让这个潜在的客户发现自己企业的信息。企业利用这种被用户检索的机会实现信息传递的目的，就是搜索引擎营销。

搜索引擎得以实现的基本过程是：企业将信息发布在网站上成为以网页形式存在的信息源；搜索引擎将网站/网页信息收录到索引数据库；用户利用关键词进行检索（对于分类目录则是逐级目录查询）；检索结果罗列相关的索引信息及其链接URL；用户根据对检索结果的判断选择有兴趣的信息并点击URL进入信息源所在网页，这样便完成了企业从发布信息到用户获取信息的整个过程。图13.6表达了搜索引擎营销的信息传递过程。

图13.6 搜索引擎营销的信息传递过程

2. 搜索引擎营销的主要模式

利用搜索引擎营销的常见方式有以下六种。

1) 免费登录分类目录

免费登录分类目录是最传统的网站推广手段。目前，多数重要的搜索引擎都已开始收费，只有少数搜索引擎可以免费登录。但网站访问量主要来源于少数几个重要的搜索引擎，即使登录大量低质量的搜索引擎,对网络营销的效果也没有太大意义。搜索引擎的发展趋势表明,免费搜索引擎登录的方式已经逐步退出网络营销舞台。

2) 搜索引擎优化

搜索引擎优化即通过对网站栏目结构和网站内容等基本要素的优化设计,提高网站对搜索引擎的友好性,使得网站中尽可能多的网页被搜索引擎收录,并且在搜索结果中获得好的排名效果,从而通过搜索引擎的自然检索获得尽可能多的潜在客户。利用 Google、百度等技术型搜索引擎进行推广,当新网站建成发布后,通常不需要自己登录搜索引擎,而是通过其他已经被搜索引擎收录网站的链接让搜索引擎自动发现自己的网站(这些搜索引擎也提供用户自行提交网址的入口,不过这种主动提交可能比其他网站链接被搜索引擎收录的速度更慢)。

3) 付费登录分类目录

这类似于原来的免费登录,仅仅是当网站缴纳费用之后才可以获得被收录的资格。一些搜索引擎提供的固定排名服务,一般也是在收费登录的基础上开展的。此类搜索引擎营销与网站设计本身没有太大关系,主要取决于费用。只要缴费,一般情况下就可以被收录,但如一般分类目录下的网站一样,这种付费登录搜索引擎的效果也存在日益降低的问题。

4) 付费关键词广告

关键词广告是付费搜索引擎营销的主要模式之一,也是目前搜索引擎营销方法中发展最快的模式。不同的搜索引擎有不同的关键词广告显示,有的将付费关键词检索结果出现在搜索结果列表最前面,也有的出现在搜索结果页面的专用位置。

5) 关键词竞价排名

所谓竞价排名也是搜索引擎关键词广告的一种形式,即按照付费最高者排名靠前的原则,对购买同一关键词的网站进行排名的方式。竞价排名一般采取按点击收费的方式。与关键词广告类似,竞价排名方式也可以方便地对用户的点击情况进行统计,可以随时更换关键词以增强营销效果。

6) 网页内容定位广告

基于网页内容定位的网络广告,是关键词广告搜索引擎营销模式的进一步延伸。广告载体不仅仅是搜索引擎的搜索结果网页,也延伸到这种服务的合作伙伴的网页。

13.3.3 许可 E-mail 营销

E-mail 营销听起来很简单,几乎每个使用电子邮箱的用户都能感觉到 E-mail 营销对自己的影响,其实并非所有的商业邮件都是 E-mail 营销。充斥在电子邮箱中的许多是垃圾邮件。本节介绍什么是真正的 E-mail 营销,如何有效地开展 E-mail 营销。

1. 许可 E-mail 营销的步骤与基本方法

在《许可营销》一书中,Seth Godin 认为,实现许可营销有五个基本步骤。他把吸引顾客的注意到许可形象地比喻为约会,从陌生人到朋友,再到终生用户。

(1) 要让潜在顾客有兴趣并感觉到可以获得某些价值或服务,从而加深印象和注意力,值得按照营销人员的期望,自愿加入许可的行列中(就像第一次约会,为了给对方留下良好印象,需要花大量的时间来修饰自己的形象,否则可能没有第二次约会的机会了)。

(2) 当潜在顾客投入注意力之后,应该利用潜在顾客的注意力。例如,可以为潜在顾客提供一套演示资料或者教程,让其充分了解公司的产品或服务。

(3) 继续提供激励措施,以保证潜在顾客维持在许可名单中。

(4) 为顾客提供更多的激励从而获得更大范围的许可。例如,给予会员更多的优惠,或者邀请会员参与调查,提供更加个性化的服务等。

(5) 经过一段时间后,营销人员可以利用获得的许可改变消费者的行为,也就是让潜在顾客说:"好的,我愿意购买你们的产品。"只有这样,才可以将许可转化为利润。

当然,从顾客身上赚到第一笔钱之后,并不意味着许可营销的结束;相反,仅仅是将潜在顾客变为真正顾客的开始。如何将顾客变成忠诚顾客甚至终生顾客,仍然是营销人员工作的主要内容,许可营销将继续发挥其独到的作用。

2. 邮件列表

开展 E-mail 营销的基础之一是拥有潜在客户的 E-mail 地址资源。这些资源可以是企业内部所有(内部列表),也可以是合作伙伴或者专业服务商所拥有(外部列表)。因此,E-mail 营销的重要内容之一就是客户邮件地址资源的获取和有效管理及应用。与 E-mail 营销密切相关的一个概念是"邮件列表"。

一般情况下,采用内部列表开展 E-mail 营销时,通常以电子刊物、新闻邮件等形式为主,为用户提供有价值的信息的同时附加一定的营销信息。事实上,正规的 E-mail 营销主要是通过邮件列表的方式实现的。

常见的邮件营销形式有电子刊物、新闻邮件、注册会员通信、新产品通知、顾客服务邮件、顾客关系邮件、顾客定制信息。

采用外部列表时,是利用第三方的用户 E-mail 地址资源发送产品或服务信息,并且通常是纯粹的商业邮件广告,这些广告信息是通过专业服务商所拥有的邮件列表来发送的,这个"邮件列表"是属于服务商的。服务商是邮件列表的经营者,而作为广告客户的企业是利用这个第三方的邮件列表来开展 E-mail 营销。

13.4 微信营销

微信在最初的内部名称为"微邮件",由 QQmail 团队发起,在微邮件策划过程中,Kik 横空出世,无线数字网络短信成为热点,国内创业团队开始跟进,因此微信应运而生。微信是腾讯基于 QQ 的强大客户群而新开发的一款移动社交工具。伴随着腾讯微信的发布,不仅开启了语音短信的新纪元,并且提供了一个新型的网络社交平台。微信凭借强关系的社交平台,吸引了众多用户,短短几年期间已经达到 6 亿注册量,热度还在持续。微信的出现完善了移动社交的发展,为用户提供了方便,逐渐成为人们社交生活中必不可少的一部分,语音聊天、视频、朋友圈分享等方式丰富了用户的社交生活。

微信营销成为网络经济时代另一个创新的营销模式。电商们逐渐认识到微信营销拥有广阔的发展前景,并且建立了基于微信系统的营销平台,拓展了营销渠道。腾讯借鉴了微博的营销模式,建立了微信公众平台,商家可以通过公众平台直接与终端用户实时交流,借助其强大的推送功能进行微信营销,而达到低成本宣传、提高品牌知名度的目的。

13.4.1 微信营销对电子商务的影响

微信是一款智能手机上的应用软件,并且附加很多功能,能为用户提供更轻松、更方便的交流方式,颠覆传统的社交渠道,因此利用微信开展网络营销开始受到人们的热捧和青睐。

(1) 微信发展迅速,已拥有 6 亿用户量,如此庞大的移动互联网用户基数,对电商来说是如此巨大的商机。根据数据来看,用户对微信还是有很高的认可度和接受度的。微信功能丰富,如语音、视频、图片等。对用户来说微信是一个全新的社交软件,对于微信上的一些链接、推广,用户的体验度更高,给电商企业的微信营销带来便捷。而这些人群中主要以在校大学生和白领居多,他们的受教育程度高,对电子商务有很高的认可度,属于电商企业优质的目标群体。

(2) 微信公众号是免费的,电商申请后,可直接利用公众号进行营销,只需将自己已有的新老客户使用一些方式聚集到此开展营销活动,相对于其他移动互联网营销,可省下不少营销费用。

(3) 微信公众平台的开发、开放 API 接口给第三方,是电子商务营销的关键入口,使微信不仅限于手机通信功能,转接网上操作,便于打通线上线下电子商务营销的对接,与电商本身内部所有数据业务系统相结合,从而实现售前咨询、售中促销、售后反馈与微信闭环。用户只需发送指令,系统在电商数据库自动查询与用户指令相关的产品和购买链接以及相关商品评价信息,自动返回各种商品展示和链接,用户满意就可直接打开链接在电商的网站下单。

(4) 微信营销是建立在微信最原始的朋友沟通工具上,使电商的营销产品信赖度更高,微信的一对一精准营销,使得电商在微信营销中可以如鱼得水。据有关数据得知,淘宝有 10% 以上的流量来自微信分享而导入的,这对电商的影响不可忽视。

(5) 微信营销本身是一种社会化营销模式,实现真正的 O2O 模式。在整个微信闭环系统的售前咨询、售中优惠、售后服务中,用户可通过微信公众号获得电商的一站式服务,这是其他营销无法实现的,因此微信营销是电商的最佳营销手段。

13.4.2 微信营销的特点

微信营销具有以下特点。

1. 营销成本低廉

中国电商面临不断减少的利润率,寻求一种低经营成本的决策方法无疑对决策者来说是必要的。而基于微信平台,微信营销是一个成本相对低廉甚至可以说是免费的营销平台,用户可以免费享有微信提供的一系列功能,使用过程只会产生少量的流量费用,而这些费用相对其他,如代言人、海报宣传、电视广告、报纸这些耗费大量的人力、物力、财力的营销渠道来说,更是微不足道。因此微信营销将成为现今甚至未来几年商家的首选营销方式。

2. 潜在顾客庞大

自微信 2011 年 1 月发布以来,微信发展迅猛。仅用了 14 个月,用户量突破 1 亿,微信用户规模还在不断扩大,截至 2020 年,腾讯微信及 WeChat 月活跃用户达 12.1 亿,这也意味着微信营销市场的广阔,这是历史的一个突破,更是一个营销行业的机遇。微信用户群体的愈发壮大,企业微信营销的潜在客户也愈发庞大,这对商家来说更显得有价值。

3. 营销定位精准

在微信平台中，用户的关注行为和被关注者的信息推送以一对一的方式进行，能更精准地推送产品或服务给有需求的客户，这避免了信息过多而被淹没的情况或者无关信息给用户造成的反感。微信推送模式可以让一则群消息让所有关注者都收到，使得微信信息的到达率非常高，能更精准地定位到目标顾客，不必担心传播效果，只需注重内容的质量。

4. 有效互动性

微信传播的精确性，对于消费者和商家双方都带来便利，相互的关系是对等的，用户可以利用微信与商家即时互动，这样可以及时收到反馈信息，满足顾客的需求。

5. 营销多样化

微信拥有二维码扫描、漂流瓶、公众平台、朋友圈等功能，形式多样的影像模式可以提供商家不一样的需求，商家可以针对产品的特点或营销目的来选择营销模式。微信已经不仅限于文字、图片的传达，语音的发送是微信的一大特色，商家可以利用微信与用户进行全方位的互动。

13.4.3 微信营销的局限性

微信是建立在智能手机上的移动软件，为用户提供了很多便利，逐渐成为人们的一种移动社交网络，新型的社交方式完全颠覆了传统的社交渠道。微信具有无限的潜在能力，是另一个新型的移动网络营销模式。微信是一款低门槛、高效率的营销利器，但微信营销还存在很多问题，面临不少的挑战，都必须正视。

1. 真实性难辨别

微信公众平台与 CRM 系统的对接，是电商企业与社会化媒体的完美结合，是另一种功能扩大化的表现。而 API 的开放，导致用户接收到的信息泛滥，真实性难以辨别。微信营销模式下，消费者不能了解商家的具体名称、真实注册信息，更没有官方认证，让消费者很难辨别产品的真实性。对于这种营销新手段，如果用户很难辨别出真实性，就不能得到用户的信任，更不可能达到购买意愿。

在微信平台上购买产品，若没有完善的安全支付系统，卖家会采用支付链接，在没有确切的保障下，用户往往不会轻易点击链接，他们会对此产生疑虑，最终可能放弃购买。通过微信营销的产品往往只附有简单的几张图片和文字说明，看不到过多的参数，更没有用户评价，真实性根本没有办法识别。微信没有明确的信息监管中心，造成微信营销过程存在虚假性和不确定性，导致用户不敢轻易尝试。

2. 用户参与问题

微信本身是作为一款移动社交平台，又是基于地理位置的软件，存在明显的安全隐患。越来越多的用户开始对网络信息都有警戒心，不会轻易认同与参与。商家在微信营销中，要求用户参与活动，如扫描二维码或点击链接等，这种营销方式往往得不到用户的认可。商家如果没有办法提供无间隙的用户体验，会遭到用户的拒绝。这些问题可能是：

(1) 商家提供的网址太复杂，不方便记忆，给用户的体验带来很大麻烦。

(2) 用户缺少移动网络，用户必须自行安装相应软件，降低用户参与活动的兴趣。

3. 用户黏度不够

用户黏度是用来衡量客户忠诚度的重要指标，是客户对商家产品或服务的信任与喜爱程度。而用户的黏度取决于用户对某一品牌的满意度和对品牌商家的信任度。当产品或服务达到客户的满意度,用户黏度就会提高。

微信团队在2017年公布了微信用户数据,微信日平均用户达到了7亿多人,而用户关注公众平台的目的占比最多的是"获取优惠/独家信息"。虽然微信公众平台的用户关注度较高,但是实际活跃用户数量并非特别理想。用户关注商家的目的不再仅仅是对商家产品的青睐和喜爱,在形形色色的产品中,用户希望寻求获取更多的优惠和折扣信息。而很多商家对用户信息管理和服务定制进行管理时,仅追求用户关注度的数量,并没有考虑到质量和黏度,如此下去将会重蹈覆辙微博僵尸粉的现象。导致这样的原因很可能是用户体验不佳,推送信息频繁杂乱,不具有新颖性,有用信息量不足,缺少实用性。所以商家必须注重推送内容的质量。

4. 扩散性不强

微信营销将商家与客户密切联系起来,形成一对一的互动关系,但这种私密性营销导致微信营销只能是双向性,不具有扩散性,这对商家的品牌营销是致命的。一个品牌导入市场的前期,引流是至关重要的,就是需要吸引粉丝,招揽顾客,产生更多的关注度。商家要提高品牌的关注度和粉丝量的增加,仅仅利用仅有不多的铁粉在有限的朋友圈里转发传播,如果品牌信息不够吸引力,甚至可能导致被忽视的结果,达不到商家想要品牌知名度的快速提升。

5. 转化率低

基于微信的强关系营销,颠覆站外推广高费用的局面,但电商的微信营销的转化率低成为商家的最大隐痛。商家在入驻微信时,试图将电脑端的购物体验直接转移到微信营销平台上,而没有对移动端的页面进行优化,给用户在使用过程中带来麻烦,使得每一次的浏览都会流失部分用户。

13.4.4 别出心裁的微信营销案例

案例一 维她美公司的"爱心漂流瓶"模式:活动式微信——漂流瓶

营销方式:微信官方可以对漂流瓶的参数进行更改,使得合作商家推广的活动在某一时间段内抛出的"漂流瓶"数量大增,普通用户"捞"到的频率也会增加。加上"漂流瓶"模式本身可以发送不同的文字内容甚至语音小游戏等,如果营销得当,也能产生不错的营销效果。

活动期间,微信用户用"漂流瓶"功能捡到招商银行漂流瓶,回复之后招商银行便会通过"小积分,微慈善"平台为自闭症儿童提供帮助。根据观察,在招商银行展开活动期间,每捡十次漂流瓶便基本上有一次会捡到招商银行的爱心漂流瓶。不过,界于漂流瓶内容重复,如果可提供更加多样化的灵活信息,用户的参与度会更高。

案例二 星巴克《自然醒》模式:互动式推送微信

营销方式:通过一对一的推送,品牌可以与"粉丝"开展个性化的互动活动,提供更加直接的互动体验。当用户添加"星巴克"为好友后,用微信表情表达心情,星巴克就会根据用户发送的心情,用《自然醒》专辑中的音乐回应用户。

案例三 IT茶馆模式:互动式推送微信

营销方式:通过一对一的推送,品牌可以与"粉丝"开展个性化的互动活动,提供更加直接的互动体验。

加"IT 茶馆"为好友后,根据提示即可开始答题。回答对题目进入下一题,如果是第一位全部通关者,还有手机移动电源赠送。

案例四　飘柔模式:陪聊式微信对话

营销方式:现在微信开放平台已经提供了基本的会话功能,让品牌用户之间做交互沟通,但由于陪聊式的对话更有针对性,所以品牌无疑需要大量的人力成本投入。

传说中的小飘能唱能聊天,添加"飘柔 Rejoice"为好友后,就可根据选择进入聊天模式。你会发现"小飘"能聊天又能唱歌。

案例五　英特尔中国超级星播客模式:语音信息

用户偶尔会厌倦发短信打字,发视频又过于耗费流量,既如此,用微信发送音频信息,就确实是省时省力又省钱的信息传递方式。

2012 年 7 月 27 日首播的"超级星播客"开创了国内第一档基于移动互联端的手机语音播报节目,让中国体育迷在指尖上过了一把奥运瘾。

案例六　深圳海岸城"开启微信会员卡"模式:O2O 模式——二维码

营销方式:在微信中,用户只需用手机扫描商家的独有二维码,就能获得一张存储于微信中的电子会员卡,可享受商家提供的会员折扣和服务。企业可以设定自己品牌的二维码,用折扣和优惠来吸引用户关注,开拓 O2O 营销模式。

深圳大型商场海岸城推出"开启微信会员卡"活动,微信用户只要使用微信扫描海岸城专属二维码,即可免费获得海岸城手机会员卡,凭此享受海岸城内多家商户优惠特权。

案例七　美丽说×微信模式:社交分享——第三方应用

营销方式:微信开放平台是微信 4.0 版本推出的新功能,应用开发者可通过微信开放接口接入第三方应用,还可以将应用的 Logo 放入微信附件栏中,让微信用户方便地在会话中调用第三方应用进行内容选择与分享。

用户可以将美丽说中的内容分享到微信中,由于微信用户彼此间具有某种更加亲密的关系,所以当美丽说中的商品被某个用户分享给其他好友后,相当于完成了一个有效到达的口碑营销。

案例八　K5 便利店新店推广模式:地理位置推送——LBS

营销方式:点击"查看附近的人"后,可以根据自己的地理位置查找到周围的微信用户,然后根据地理位置将相应的促销信息推送给附近用户,进行精准投放。

K5 便利店新店开张时,利用微信"查看附近的人"和"向附近的人打招呼"两个功能,成功进行基于 LBS 的推送。

案例九　凯迪拉克微信公众号运营模式:公众平台

最近开放的微信公众平台真正是无门槛。每一个人都可以用一个 QQ 号码打造自己的一个微信的公众号,并在微信平台上实现和特定群体的文字、图片、语音的全方位沟通、互动。

近期凯迪拉克刚好有一波"发现心中的 66 号公路"活动,微信公众账号上每天会发一组最美的旅行图片给用户,以引起共鸣。其他的内容基本以车型美图为主,如海外车展、谍照等。凯迪拉克也利用账号发布实时内容,如上海暴雨橙色警报时,就做了一个安全出行提醒。

案例十 1号会员店"我画你猜"微信营销活动模式：公众平台

微信公众号可以通过后台的用户分组和地域控制，实现精准的消息推送。普通公众号可以群发文字、图片、语音三个类别的内容。认证的账号则有更高的权限，不仅能推送单条图文信息，还能推送专题信息。据称，在推送的打扰方面，下一版本的推送将全部取消声音提醒，以便把私人信息和内容消息区分。

1号会员店推出了"我画你猜"微信营销活动，每天微信推送一个图画给用户，用户猜中后在微信上回复就可能中奖。

13.5 网络营销成功案例

案例一 百雀羚新神作：一镜到底海报设计，堪比007

一镜到底是导演们拍电影常用的手法，但是百雀羚竟然将它用在了广告上！一张长图广告名为《一九三一》，长427cm，看完大概需要6分钟。百雀羚也凭借它，在母亲节杀出重围，一夜之间风靡了整个朋友圈。

案例二 新世相，4小时后又逃离北上广

如果再给你一张逃离北上广的机票，你会加入吗？2017新世相"逃离北上广"活动再度回归，活动规则和上季一样，在规定时间内赶到北上广三个城市的指定机场，就有机会得到一张机票并免费旅游三天。不过有了上一季的影响力，这季"逃离北上广"又加入了许多明星与品牌元素。这场说走就走的旅行，你来了吗？

案例三 江小白鸡汤文案变成了独有的"江小白体"

江小白的目标人群是很鲜明的，是"80后""90后"小资年轻人，品牌定位是"青春小酒"。所以在营销渠道上，跟那些爱在电视上投硬广的白酒品牌不同，江小白完全是靠社交媒体打出知名度的。营销创意则是将品牌人格化，拉近与消费者的距离，尤其是江小白体的文案戳中了广大文艺青年的心。再加上不间断地营销活动的曝光，近两年还积极与影视剧合作开展娱乐营销，网红白酒江小白成功逆袭。

案例四 "机情四摄"某明星和某手机拍照更美

某明星和某手机品牌强强联合，推出了超长版段子连续剧。无论是大学生活、开黑、朋友聚会还是饭前拍照……都在某明星的演绎下，变成了令人捧腹的段子。某明星的搞怪形象恰恰符合贵司的需求，这位"欢乐缔造者"也与其"科技 悦生活"的主张不谋而合（见图13.7）。

图13.7 某手机品牌营销

案例五　肯德基让六月不再炎热：联合某明星讲起冷笑话

2017年6月刚到，肯德基联手某明星又来了，这次他们宣传的新品叫作现磨冰咖啡。为体现出咖啡的冰冷气质，某明星精心地从外形着手，中分长直发，嗯，果然好冷！再搭配冷到爆的台词"暴风雨之后不仅没看到彩虹，还感了冒"，简直分分钟神清气爽！

案例六　视觉盛宴H5《奇士江湖》来袭：淘宝造物节又来搞事情

创意上，继"双十一""双十二"后，此支H5同时也充满了营销的味道，利用手机重力感应＋360°全景＋动画技术，实现介绍"造物节"并在微信环境中发出对用户的"邀请"。"造未来""造音造艺""造原力"，顺带附有"购票密令"和"发送我的邀请函"，一个彩色导航菜单，清晰明了。本次还大胆用色，四个主色打造炫酷全景漫画效果：造未来——科技场，蓝色；造音造艺——音乐艺术，红色；造原力——创业相关，紫色；购票、分享——淘宝色，橙色。另外在文案、互交等方面均有创新。淘宝造物节邀请函迅速在网上火了起来，《全景＋视频类H5：安踏"奥运"去打破》《飞跃奇士江湖》等文章相继出炉，两天后就是造物节，邀请函所造成的声势可谓是打响了第一炮。

案例七　从微电影到全民约酒："五粮液，让世界更和美"

五粮液，1997年8月19日成立于四川省宜宾市，主要生产大曲浓香型白酒。五粮液用小麦、大米、玉米、高粱、糯米五种粮食发酵酿制而成，在中国浓香型酒中独树一帜。作为"酒王"的高端白酒品牌五粮液，也在广告及营销方式上悄然发生着改变。在"品牌年轻化"的大趋势下，2017年中秋，以"五粮液，让世界更和美"为主题的营销，通过微电影、纪录片视频营销、微博微信营销、电商促销、线下活动推广等网络营销手段，从微电影到全民约酒，从线上玩到线下，"酒王"开始真正走进寻常百姓家。

案例八　一盘番茄炒蛋引发的激烈讨论：招商银行凭一个视频彻底火了一把

招商银行对我们来说都不陌生，而就是这样一个我们平日里就很熟悉的银行，也做起了刷屏级的营销。从2017年11月2日午夜开始，招商银行凭借一番茄炒蛋的广告视频营销火了，微信指数当天暴增68倍，达到2445万，远超"王者荣耀"和"房价"等关键词，可以说是2017年短视频营销的可圈可点之作。但随之而来的是围绕这个视频进行的大量讨论：和招商银行有什么关系？视频内容存在重大bug，男主妈宝男，父母受虐狂，做作的情感营销……仅仅从网友的激烈争论来看，招商银行的这一营销就算是非常成功了。

以上列举的是2017年成功的网络营销案例。在信息碎片化的当下，用户注意力已经成为最为稀缺的资源。从某种意义上说，无论是营销、综艺、明星本身都是为了攫取用户注意力而存在的，只有这样才能获得用户的青睐，进而实现内容的链式传播。

13.6　思考与实践

1. 简答题

(1) 网络营销有哪些特点？

(2) 网络广告有哪些形式？

(3) 网络促销策略有哪几种？

2. 实践题

(1) 搜索引擎注册：对已经申请域名的花店网站进行搜索引擎注册。对要注册的网页关键词、网站的描述进行准备,将网上花店网站的信息登录到2~3家中文搜索引擎,方便消费者以关键词进行网站搜索。将花店网站在搜狐分类目录进行注册,记录注册的基本内容。

(2) 电子邮件推广实践:对要宣传的网上花店进行邮件推广,确定要推广的目标,设计三封邮件,包括邮件的主题、邮件的页眉页脚、内容。在邮件列表提供的网站上(如希网等)实施邮件推广,记录邮件推广的过程。

(3) 网站信息结构优化实践:访问《电子信息百强企业网络营销研究报告》中的企业网站,对前三名的网站和排名在最后的两个网站的信息结构进行详细的描述(导航结构、网页设计、内容质量、Web标准、基本功能等),并根据评价的几方面提出自己规划网站风格和信息结构如何修改的方案。

(4) 竞价排名推广服务应用实践:比较新浪竞价排名、搜狐竞价排名、雅虎搜索竞价,对其网站推广的费用、效果和性价比及服务优势进行评述。制订网站的搜索引擎竞价推广方案(详细推广内容,包括费用)。

(5) 网站推广方案实践:针对网上花店网站,设计一套推广方案,至少要包括四种网站推广方法(如关键词推广方案中,设计的关键词)。方案中要通过真实地实施某个推广方法来推广一个网站,掌握网站推广的主要技术方法,编写网站推广方案和实施报告。

(6) 微信营销实践:请思考房地产行业如何利用微信公众号营销和管理客户群,并做出一份微信营销方案。

第 14 章　电子商务的数据分析

本章学习目标
- 了解大数据营销;
- 了解网店数据分析的指标;
- 了解网店数据分析的流程。

对网络商店进行数据分析可以很好地监测网店运营过程中的情况,对不足的地方加以改进,更好地进行网站经营决策的实施。网络商店数据分析应该尽量采用网络信息技术,以提高数据分析的质量与准确性。

14.1　电子商务数据分析概述

网店数据分析是指对已经上线的网络商店进行运营数据和服务器流量数据的统计分析,以对网站的效益、营销策略、访客特性和购买行为等进行评估。

网络商店数据分析需要关注的内容很多,主要包括服务器每天的访问量、不同地区和不同时段访问的变化情况、网店中各个商品页面的点击情况等。根据这些数据统计分析,对网站的页面结构和内容、网店布局和质量进行不断完善,对网站的交易行为进行追踪,并以报告的形式进行展示,直观地揭示网站的运营情况,找到有益于网站运营的规律,使企业获得更多效益。

要做好电子商务的数据分析,需要注意以下九方面的问题。

(1) 拥有一个好的数据分析与统计系统。
(2) 持续关注数据的变化。
(3) 专人负责数据汇总和解读。
(4) 制定主要考核电子商务网站的运营指标。
(5) 定期做周度、月度、季度、年度或者某一个特别事件的专项数据分析。
(6) 采用一些图表来增强数据的可读性。
(7) 对数据做一些交叉分析来观察某一个特定问题。
(8) 关注行业数据变化。
(9) 了解中国整体网民对电子商务偏好度、用户属性和变化情况。

14.2 网店数据分析指标

网店数据分析指标包括网店基本流量、网店基础运营数据和网店重点数据。

14.2.1 网店基本流量分析

从网店经营管理的角度来进行定义,网店流量分析就是指在获得网站访问量等基本数据的情况下,对有关数据进行统计、分析,主要包括独立访问数、页面访问量、总访问次数、访问量、IP数、用户来源、用户停留时间、关键词、浏览路径、着陆页和不同时段流量等数据分析。各数据的含义介绍如下。

(1) 独立访问数(Unique Visitor,UV):独立访问数只对唯一IP访问数量进行统计,一天内同一访客多次访问网站只计算为1个访客,UV统计等同于访问网站的用户数量。

(2) 页面访问量(Page View,PV),用户每打开网站上的一个页面就会被统计工具记录一次PV。用户多次打开同一页面,则对页面浏览量值进行累加,就算刷新页面,该页面的页面浏览量也会增加1。

(3) 总访问次数:是指网店从上线运行至今被访问的次数,用于总体评估网店的人气。

(4) 访问量:是指用户从进入网店到离开网店的过程中,浏览的页面总数量,用于衡量用户一次访问的数量。

(5) IP数:是指一天内访问网店的独立IP数量。一天内相同IP地址的用户访问网店只计算1次。

(6) 用户来源:指用户进入网站的路径,如来自百度、搜狐等搜索引擎,来自其他网站或直接访问等。可以了解网页通过哪种途径打开的方式更好,以针对用户途径进行优化。

(7) 用户停留时间:用户停留时间包括页面停留时间和网店停留时间两方面。页面停留时间是指用户从打开页面到离开页面的时间间隔,只有在用户点击了下一个页面时才会记录。网店停留时间是指每个访客的停留时间,是指一个会话从开始到结束的时间。

(8) 关键词:是指用户访问关键词进行的统计,即用户是通过哪些关键词进入网站的。

(9) 浏览路径:指用户在网站的浏览路径,如浏览了什么网页、在某网页停留的时间以及从什么网页离开等。

(10) 着陆页:记录用户进入网站的第一个页面,在其中可统计出用户进入数量和比例。

(11) 不同时段流量:是指在日、周等时间范围内分析不同时段的网站流量变化。

对以上数据进行统计分析,以发现用户访问网站的规律,并将这些规律与网站营销策略相结合,从而发现网络营销中可能存在的问题,并为进一步修正或重新制定营销策略提供依据。

14.2.2 网店基础运营数据分析

网店运营过程中对流量来源、关键词、访客地区、流量分布、访客退出率、着陆页质量、不同时段的流量变化等数据进行分析,可以帮助网店更好地找到运营方向。

(1) 流量来源:通过分析流量来源,可以帮助经营者了解流量的效果,即哪些流量可以给网店带来更大收益。此外,对不同来源的流量进行单独分析,能够方便经营者对不同推广渠道进行跟踪,并通过跟踪结果选择合适的推广活动。

(2) 关键词:通过对不同搜索引擎、不同网站的关键词流量进行分析,可以使经营者了解不同搜索引擎带来的关键词流量情况,为搜索引擎推广方案提供准确的数据参考。

(3) 访客地区:了解访客地区,也有助于运营者做出正确的营销引导,如分析流量高地区的顾客特征,可以更好地寻找目标客户群,也可以对高流量地区的客户提供部分优惠,并进一步扩大该地区的市场。同时,在跟踪客户信息时,还可以对新老顾客进行区分,回访老顾客,维护新顾客,协同会员管理、邮件营销和自媒体营销等方式制定更好的营销策略,从而达到更好的营销效果。

(4) 流量分布:分析网站中不同网页的流量情况,帮助经营者了解店铺中的热门页面,并将此作为店铺打造爆款、打造畅销品的依据之一,从而更精确地将营销费用用在合适的产品推广中。

(5) 访客退出率:分析访客退出率,即对顾客离开原因进行分析。根据顾客退出率和退出页面的数据对比,了解店铺产品的劣势,以便进行修正。

(6) 着陆页质量:分析着陆页质量即是对着陆页商品销售情况进行分析,着陆页效果的好坏不仅是推广效果好坏的一种体现,也是商品转化率高低的一种展示。

(7) 不同时段的流量变化:对不同时段的流量和销售情况进行监测和分析,可以帮助经营者了解网店销售的活跃期,从而更合理地安排商品的上下架时间,合理安排运营人员的工作时间,提高网站的工作效率。

14.2.3 网店重点数据分析指标

除了上面介绍的一些数据分析指标外,网店经营过程中还需要对退出率、跳出率、转化率和购物车等重点数据进行分析。这些数据从不同侧面反映商品的各种问题。

(1) 退出率:退出率是指从该页面离开网站的次数占该网页总浏览次数的比例,是对直接从该网页离开网站的流量数据进行的分析。退出率是一项综合衡量用户离开网站行为的重要指标,对于网上店铺而言,退出率高的网页则是存在问题的网页,需要重点关注,分析用户可能退出的原因。

(2) 跳出率:跳出率是指当网站页面展开后,用户仅浏览了该页面就离开网站的比例,跳出率高对网店而言非常不利,需要及时找出跳出原因。影响网店跳出率的因素有很多,如目标顾客群定位不准确、访问页面内容不吸引顾客、页面访问存在问题、广告与访问页不符等都可能导致跳出率偏高。

(3) 转化率:转化率指在店铺产生购买行为的人数与到店人数的比例,转化率直接体现了营销效果。转化率的分析需要结合多个渠道的因素,如结合商品页面进行分析时,适当观察热门商品、热门品牌和商品分类等转化效果,并对低转化率的页面进行合理、完善的调整;当结合入口页面分析时,适合观察着陆页对网店销售的影响力,并可根据其数据评估相关促销活动的实际效果。

(4) 购物车:购物车收藏量也是反映商品情况的重要指标,购物车不仅可以反映买家选择商品的动向,还可以侧面体现商品的受欢迎程度。同时,将购物车信息与产品页面分析结合起来,还可以判断产品的转化情况,如购物车指标高,但最终的实际转化率偏低,说明产品在价格和产品描述等方面可能存在问题,需要对描述页或价格进行优化。

14.3　B2C电子商务数据分析的流程

电子商务的数据分析主要有两方面的作用。
(1) 发现问题,并且找到问题的根源,最终通过切实可行的办法解决存在的问题。
(2) 基于以往的数据分析,总结发展趋势,为网络营销决策提供支持。
B2C电子商务网站涉及的数据更是广泛,以下是B2C电子商务数据分析的流程。

1. 识别关键数据

每个B2C电子商务网站的定位和客户不同,运营的情况也千差万别,考察用户访问、内容浏览和商业行为等关键数据,就能够判断网站运营的基本状况。

(1) 独立用户访问量:独立用户访问量就是常说到的UV,即有多少台计算机在24小时内访问网站(UV和IP并不等同)。

(2) 积极访问者比率:如果你的网站针对正确的目标受众并且网站使用方便,你可以看到这个指标应该是不断上升的。

(3) 忠实访问者比率:每个长时间访问者的平均访问页数。这是一个重要的指标,它结合了页数和时间。

(4) 客户转化率:转化率指在一个统计周期内,完成转化行为的次数占推广信息总点击次数的比率。转化率是网站最终能否盈利的核心,提升网站转化率是网站综合运营实力的结果。

(5) 客单价:每一个顾客平均购买商品的金额,即平均交易金额。

(6) 客户满意度:客户期望值与客户体验的匹配程度。换言之,就是客户通过对一种产品可感知的效果与其期望值相比较后得出的指数。

(7) 用户回访率:衡量网站内容对访问者的吸引程度和网站的实用性,你的网站是否有令人感兴趣的内容使访问者再次回到你的网站。

(8) 投资回报率:用来衡量你的营销费用的投资回报,把钱分配给有最高回报率的营销方式。

2. 收集数据

网站数据分析之前,先是需要收集和获取数据的过程,尽量获得完整、真实、准确的数据,做好数据的预处理工作,便于量化分析工作的开展。

(1) 网站后台的数据:网站的注册用户数据(包括注册时间、用户性别、所属地域、来访次数、停留时间等)、订单数据(包括下单时间、订单数量、商品品类、订单金额、订购频次等)、反馈数据(客户评价、退货换货、客户投诉等)。

(2) 搜索引擎的数据:网站在各个搜索引擎的收录量(site),网站在搜索引擎的更新频率,关键词在搜索引擎的竞价排名情况,网站取得的搜索引擎信任的权重(Google有PR值,Sogou有SR)等。

(3) 统计工具的数据:网站统计工具很多,基本都会提供访客来自哪些地域、访客来自哪些网站、访客来自哪些搜索词、访客浏览了哪些页面等数据信息,并且会根据你的需要进行广告跟踪等。

3. 量化分析

量化分析不只是对数据的简单统计描述，而是从表面的数据中找到问题的本质，然后需要针对确定的主题进行归纳和总结。常用的分析方法有以下四种。

（1）趋势分析：将实际达到的结果，与不同时期报表中同类指标的历史数据进行比较，从而确定变化趋势和变化规律的一种分析方法。具体的分析方法包括定比和环比两种方法。定比是以某一时期为基数，其他各期均与该期的基数进行比较；而环比是分别以上一时期为基数，对下一时期与上一时期的基数进行比较。

（2）对比分析：把两个相互联系的指标数据进行比较，从数量上展示和说明研究对象规模的大小、水平的高低、速度的快慢，以及各种关系是否协调。在对比分析中，选择合适的对比标准是十分关键的步骤。选择合适，才能做出客观的评价；选择不合适，做出的评价可能得出错误的结论。

（3）关联分析：如果两个或多个事物之间存在一定的关联，那么其中一个事物就能通过其他事物进行预测，它的目的是挖掘隐藏在数据间的相互关系。

（4）因果分析：因果分析是为了确定引起某一现象变化原因的分析，主要解决"为什么"的问题；因果分析就是在研究对象的先行情况中，把作为它的原因的现象与其他非原因的现象区别开来，或者是在研究对象的后行情况中，把作为它的结果的现象与其他的现象区别开来。

4. 提出方案

（1）评估描述：对评估情况进行客观描述，用数据支持你的观点。

（2）编制统计图表：运用柱状图和条形图对基本情况进行更清晰的描述，运用散点图和折线图表现数据间的因果关系。

（3）提出观点：根据现实情况的数据分析，提出你的观点，预测网站的发展趋势，给出具体的建议性的改进措施。

（4）演示文档：基于以上三点进行归纳总结，列出条目，制作一份详细的演示文档，能够演示和讲解给部门领导。

5. 优化改进

根据改进措施的实施，及时了解运营数据的变化，不断优化和改进，不仅仅要治标而且要治本，使同类的问题不再出现；持续地监控和反馈，不断寻找能从最根本上解决问题的最优方案。

数据分析工作是长期且循序渐进的过程，需要专人实时监测网站运行并及时发现问题、分析问题并解决问题，这样才能使 B2C 电子商务网站健康持续地发展。

14.4 电子商务的数据分析案例

目前，绝大多数 B2C 的转化率都在 1% 以下，做得最好的也只能到 3.5% 左右（如以销售图书为主的当当网），究竟那 97% 去了哪里？网站在什么环节变成了漏斗，让进来的客户像沙子一样一点点地流失？怎么检修隐藏的漏斗，减少漏水的速度？

数据，这个时候可以是一双眼睛，可以让我们看到一些蛛丝马迹。

1. 分解 B2C 漏水的过程

大家只知道 B2C 的转化率不高,但是却不知道客户是怎么流失的。一群用户进入网站,他们经过首页、中间页、产品页、购物车以及结算等几个步骤,通常他们在这几个环节是怎么分批离开的呢?其实,这不是没有数据可查的。

假定 400 个客户到了你的网站,会到中间页(包括搜索页、分类页促销页)的只有 320(60%~80%)个用户,点击进产品页的只有 190 个用户,最后辛辛苦苦走到购物车的只有 9%~13%的用户,这个时候还不能开心,因为这并不代表这些用户会掏钱,留到最后会付钱的用户仅仅只有 3%~5%。

更叫人难以接受的是,在这最终购买的 3%~5%中(未包括支付成功),最后回头再次购买的,又要打一个大折扣。

在吐舌头惊讶 B2C 生意难做之后,可以检查一下网站的漏水数据。只有清楚了哪个环节漏水,才能补洞。

2. 排查每个环节的漏洞在哪里

下面按照漏水的顺序,一个环节一个环节地讲解。

(1) 三问首页。

大部分 B2C 首页有 20 以上的弹出率,可能许多人对这个数字都习以为常,认为非常正常。如果分析做得很细致,可能会有意外的收获。

问题一:每天来的新客户占多少?老客户占多少?新老客户的弹出率分别是多少?

以麦包包的数据为例,麦包包用了很多流量来支持网站首页,所以会有较高的首页弹出率。但是注意新老用户的弹出率分别是多少。这个是比较考验网站的基础能力。新客户的弹出率可以检验一个网站抢客户的能力。对于老客户来说,流程上的用户体验相对不是最讲究,这个就很考验实际营销(Onsite Merchandising)的能力,如产品的质量和价格是否吸引人。

一般来说,如果是一个新网站,拓展新用户比经营老客户更为重要,新老客户的比例最好是在 6∶4(甚至 7∶3),那么首页就要有一些手段偏向抓住新客户。

如果新用户的弹出率非常高,或者是老用户的弹出率非常高,那么网站运营者就该反思,是不是网站首页的设计没有照顾到新客户或者老客户。

建议 B2C 网站分新老用户两个首页,对于已经在网站购买过的用户,没有必要再向他介绍网站,而是直接刺激他消费。

问题二:流量分几个大渠道进来?每个渠道的弹出率情况如何?

可能发现从百度和 Google 进来的用户弹出率差异非常大。而且今天主流 B2C 网站都在费尽心思引进流量,如凡客诚品今天做很多促销,许多不是从"正门"(官网首页)进来,而是从"旁门"(促销页)进来,所以除了注意首页之外,还要看一下"旁门"。

针对自己的主要流量渠道排查下去,很容易发现,哪条渠道在漏水。找到了痛处之后,再找到相应的解决方法就不难了。

问题三:首页被点击最多、最少的地方是否有异常情况?

在首页,点击次数异常的高或者异常的低的地方,应该引起注意。

一般来说,首页的 E(以 E 字中间的"一"为界,上部是首页第一屏)部分是最抓用户眼球的地方,在这个 E 上如果出现点击次数较低的情况,就属于异常情况,应当注意,或者干脆将其移到 E 外面去;同理,如果在 E 的空白处出现了点击次数较高的情况,也可分析原因,可考虑要不要将其移到 E 上面来。

国内的 B2C 网站首页非常长,可能许多用户不会浏览到首页底部,所以 E 最下面的"一"就往往可去掉,变成了 F 规律。

(2) 中间页留客的技巧。

先说一下美国调查出来的现成数据。在 B2C 网站上的准买家,有 18% 的用户找不到需要的产品,有 11% 的用户找到了产品但是不自己想要的,这 29% 的用户基本会漏掉。

大部分用户进入首页之后开始找产品,第一看促销,第二看目录,第三用搜索工具。其中,大概有 60%~70% 的用户是通过搜索+目录的方式进入产品页面。

同上,这三个渠道都要按照新老客户分开去看一下离开率,并采用一些留客技巧。

(3) 产品页要特别留意用户停留时间。

到了产品页,用户留不留与产品描述、质量有非常大的关系。所以,要特别留心客户停留在产品页的时间,如果许多用户打开产品页不到 1 秒就走了,就要留意分析原因了。是不是这个产品没有吸引力?是不是产品描述不准确?要多思考一些问题。

另外,和传统零售业喜欢提到的"碰撞率"相似,网站运营者应该了解哪些产品是被看了最终页,哪些没有被用户点看。

(4) 购物车里多少产品没有付款。

图 14.1 是 2015 年第二季度中国主流自营 B2C 购物网站用户转化率,可以看到很多用户把商品放进了购物车,却最终没有付款。这对于一个 B2C 网站来说,是一个很严重的事情。

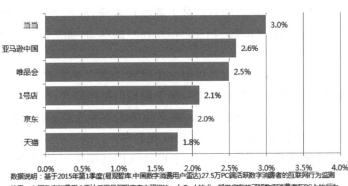

图 14.1 2015 年第二季度主流自营 B2C 转化率排名

这里有三点值得一提。

(1) 许多 B2C 网站,等用户要下单时,提醒"请先注册",30% 的人可能会选择离开。好不容易把用户从站外引进来,竟然还要求用户完成注册,有多少 B2C 网站思考过是否必要设立这一"提醒"?

(2) 如果找不到用户不付款的原因,可以直接给几个用户电话访问。

(3) 分析同时被放在购物车的产品之间关联性。

总之,到了购物车,是网站自己和自己比,定性的多,定量的少。

14.5 思考与实践

1. 思考题

（1）电子商务的数据分析有什么意义？

（2）网店数据分析的指标有哪些？

2. 实践题

（1）在网上的某个电子商务网站中任选两个销售产品类似的网店，利用相关的数据指标分析两个网店销售额不同的原因。

（2）在网络中搜索相关的数据工具，并进行注册，然后通过实际操作，并对该数据工具的功能进行整理。

（3）选择三个同行业的电子商务网站，通过分析搜索指数和网站权重，为这三个网站排名。

参 考 文 献

[1] 吴吉之,徐瑶之.电子商务概论与实例分析[M].北京:清华大学出版社,2012.
[2] 干冀春,董晓娟.电子商务理论与实务[M].北京:北京理工大学出版社,2012.
[3] 石鉴.电子商务概论[M].北京:机械工业出版社,2008.
[4] 杨坚争,赵雯.电子商务安全与电子支付[M].北京:机械工业出版社,2007.
[5] 吴清烈.电子商务管理[M].北京:机械工业出版社,2009.
[6] 杨路明.电子商务物流管理[M].北京:机械工业出版社,2007.
[7] 卢金钟,张昭俊.新编电子商务概论[M].北京:清华大学出版社,2012.
[8] 孙军.电子商务概论[M].北京:机械工业出版社,2010.
[9] 周明红.管理信息系统[M].北京:人民邮电出版社,2012.
[10] 赵守香,李骐.企业信息管理[M].北京:人民邮电出版社,2012.
[11] 王文琴.电子商务概论[M].北京:电子工业出版社,2005.
[12] 安淑芝.电子商务应用基础与实训[M].北京:清华大学出版社,2003.

图书资源支持

感谢您一直以来对清华版图书的支持和爱护。为了配合本书的使用,本书提供配套的资源,有需求的读者请扫描下方的"书圈"微信公众号二维码,在图书专区下载,也可以拨打电话或发送电子邮件咨询。

如果您在使用本书的过程中遇到了什么问题,或者有相关图书出版计划,也请您发邮件告诉我们,以便我们更好地为您服务。

我们的联系方式:

地　　址:北京市海淀区双清路学研大厦 A 座 714

邮　　编:100084

电　　话:010-83470236　010-83470237

客服邮箱:2301891038@qq.com

QQ:2301891038(请写明您的单位和姓名)

资源下载: 关注公众号"书圈"下载配套资源。

资源下载、样书申请

书圈

图书案例

清华计算机学堂

观看课程直播